马克思
美学思想的当代阐释
与性别审美研究

覃守达 著

云南出版集团

云南人民出版社

图书在版编目（CIP）数据

马克思美学思想的当代阐释与性别审美研究/覃守达著.—昆明：云南人民出版社，2023.2

ISBN 978-7-222-21605-1

Ⅰ.①马… Ⅱ.①覃… Ⅲ.①马克思主义美学—研究 Ⅳ.①B83

中国版本图书馆 CIP 数据核字（2023）第 017069 号

责任编辑：和晓玲
装帧设计：邱世乾
责任校对：刘　娟
责任印制：马文杰

马克思美学思想的当代阐释与性别审美研究

覃守达　著

出　版	云南出版集团　云南人民出版社
发　行	云南人民出版社
社　址	昆明市环城西路 609 号
邮　编	650034
网　址	www.ynpph.com.cn
E-mail	ynrms@sina.com
开　本	720mm×1010mm　1 / 16
印　张	12.25
字　数	260 千
版　次	2023 年 2 月第 1 版第 1 次印刷
印　刷	昆明珵煜印务有限公司
书　号	ISBN 978-7-222-21605-1
定　价	48.00 元

云南人民出版社微信公众号

序　言

在英国马克思主义理论家特里·伊格尔顿看来，或许正是由于马克思主义美学或文学批评的"零散性"与不系统性，我们研究文学的方式和方法反而可以更加地灵活和多样化，使得"一种可称之为马克思主义多样性的现象正在发展"。美学并非马克思开创的一门学科，相比于马克思主义的哲学与政治经济学的理论体系，马克思与恩格斯关于美学的相关论述都是比较零散的片段，并没有形成一套系统的理论体系。这是马克思主义美学存在某种"模糊性"的原因之一，同时也为它注入了巨大的理论活力。相比于其他美学理论，马克思主义美学还具有极大的包容性和开放性，在百余年来的发展历程中，呈现出一种动态的发展态势，但始终保持着自身独特的理论品质。马克思主义一个非常典型的特征在于特别注意资本主义自身的矛盾性，即资本主义社会生产力在创造了巨大财富的同时，亦产生了新的贫困，而马克思主义非常可贵的一点正在于对现代性问题的理论反思表现出一种特有的辩证立场。

当我们提出"马克思主义美学的传统"这个命题时，在一定程度上已经肯定了在马克思主义美学的发展脉络中存在着若干通行的、贯穿始终的规定性的方法或理论原则。这些方法或原则为不同时期的马克思主义学者们所推崇和发展，可以说是马克思主义美学得以确立的本质性规定。但与此同时，纵观20世纪的诸多美学理论，没有哪一种理论能够像马克思主义美学一样，在引起巨大轰动的同时，也引发了如此之多的理论争议或论战，这就意味着在马克思主义美学的内部，事实上并没有十分明确的理论评价尺度或公认的衡量标准，可以用来判定某一位理论家或某种美学观点是否纯粹是属于马克思主义的。由此，在当代美学的视域下，如何理解马克思主义，如何探索和把握马克思主义美学内部区别于其他美学范式的特殊的理论规定，对进一步研究和阐释马克思主义美学的核心观念和理论原则，弘扬马克思主义美学的学术传统而言，至关重要。

对于近现代以来的中国社会而言，马克思主义或马克思主义美学的传统问题已不仅仅是一个学理问题，还是一个与政治、文化、经济、社会生活等各个层面都息息相关的现实问题。对这一问题的正确理解和认识，有助于我们更加深入地分析和建设中国马克思主义美学，继而思考将其纳入世界马克思主义美学传统中的可能性与必要性。

1988年，陆梅林先生在他编选的《西方马克思主义美学文选》一书的导言部分，直接回应了安德森的观点。陆梅林认为，安德森书中最值得商榷的一个问题在于，他将马克思主义思想家葛兰西和卢卡奇包括在了西方马克思主义的范围内，"使人不太容易划清理论性质的界限，划清理论探索上的正确和失误的界限"。接着在《探索·开拓·建设——〈西方马克思主义美学文选〉编后》一文中，陆梅林进一步明确了两个重要的理论问题：其一，如何辨别"马克思主义者"与"西方马克思主义者"的问题。其二，如何划清或甄别"非马克思主义"和"马克思主义"之间的界限，以及如何科学地对待"西方马克思主义"的问题。归根结底，这一系列问题仍是卢卡奇提出的"什么是正统的马克思主义"的问题。按照卢卡奇的观点，马克思主义的正统性归根结底在于它的研究方法，即辩证法。尽管如此，陆梅林指出，其中最重要的问题在于我们需要正视研究方法的正确性，分析马克思主义之所以是马克思主义（而不是别的什么主义）的基本前提和本质规定，科学地对待和评价西方马克思主义中合理的理论资源。

陆梅林先生的观点代表了这一时期中国学术界的重要声音。在学理上，对马克思主义美学传统的合理分析，科学地对待西方马克思主义美学的理论资源，对于我们建设和发展中国的马克思主义美学而言，至今依然发挥着重要的导向作用。同样在80年代，王鲁湘等编译的《西方学者眼中的西方现代美学》是另一个非常重要的理论文本，不同于陆梅林的观点，卢卡奇在这里明确被认为是西方马克思主义美学的代表人物。编译者指出，在科学技术日益发展的时代，美学仍然是完整的人学的一部分或者就是人学本身，不仅"关系着主体与艺术的创造性"，"关系着艺术与真理以及艺术对生活的基本流向"，还"关系着艺术所具有的超越与解放的功能"。在此基础上，如何在现代社会的转型过程中解决美学的转型问题，如何结合特定时期的历史经验，建立起崭新的现代美学体系，建立起现代形态的马克思主义美学理论,可以说是中国美学界面临的重要挑战和任务。

在随后30余年的发展中,中国美学取得了非常显著的成就,马克思主义美学的当代发展与理论建设而今已成为我国美学界普遍关注的问题,讨论的话题也渐渐超出了"西马非马""如何对待西方马克思主义美学""没有马克思的马克思主义美学"等问题的论争,而是立足于更加开放的全球化与国际化视野,更加致力于中国美学学科与话语体系的当代构建。托洛茨基曾指出:"我们马克思主义者总是生活在传统中,而离开传统,就不再是革命者"。我们认为,在这一过程中,马克思主义美学的理论传统始终是贯穿于中西方马克思主义美学的重要核心和纽带。同时需要注意的是,相比西方国家,中国的马克思主义美学传统还面临着特殊的问题和挑战,主要表现在以下两个方面:一是如何将中国的马克思主义美学纳入世界马克思主义美学的传统中来。从五四新文化运动到延安时期,再到现在的中国特色社会主义新时代,经历了百年历练的中国马克思主义美学究竟是何种意义上的马克思主义呢?又在哪些层面上发展了马克思主义的优良传统呢?对这些问题的系统研究,是我们思考中国马克思主义美学传统的重要前提。二是社会主义革命的胜利是否只能在最先进的资本主义社会成功的问题。从上述西方马克思主义美学传统的研究中可见,西方学者的普遍观点是认为一个真正的社会主义革命只有在最先进的资本主义社会才会成功,这是西方马克思主义美学传统中一个重要的理论规定,而这无疑对中国马克思主义美学产生了巨大的冲击与考验,是中西方马克思主义美学传统之间的一个理论分歧。那么,这个结论究竟能否作为规定马克思主义美学传统的本质要素之一,需要我们将马克思与恩格斯所生活的特殊年代与当代社会鲜活的审美经验和社会实践联系起来进行思考,对这一问题做出合理的解释。

事实上,马克思在晚年曾经提出跨越资本主义的"卡夫丁峡谷"的设想,即思考通过现代的科学技术和现代的管理体系来跨越资本主义制度的可能性。虽然他当时得出的不是一个肯定的结论,但这一问题的提出具有非常重大的理论问题和实践价值,对于我们今天中国特色社会主义现代化道路的建设具有很重要的指导意义。中国社会复杂且特殊的历史语境已经注定了中国的马克思主义美学在现实基础和提出的理论问题等方面都与西方马克思主义存在很大的差异。中国的马克思主义美学在百年的曲折历史和社会主义实践中不断发展和走向成熟，衍生出明显不同于欧洲马克思主义的美学思想与理论形态，探索出了一条独特的中国式的理论道路。从美学的角度，如何从学理上论证这一问题，需要当代中国学者拿出实践型的研究姿态，结合中国当代社会的审美经验和审美关系，系统阐释并提炼出中国马克思主义美学在理论上的具体性与特殊性，同时积极地介入现实问题，树立起高度的制度自信和理论自信。在此基础上，结合马克思主义美学的经典文本，我们认为以下几个方面可以作为理解和切入马克思主义美学传统的关键，亦是马克思主义美学理论的重要特征。

第一，马克思主义的辩证历史观与异化理论。不同于西方资本主义社会盛行的进步主义历史观和浪漫主义缅怀昔日的历史观，马克思主义历史观最重要的贡献在于它的辩证性——一方面承认历史的进步，认为只有通过生产力的发展，人类才会向一个充满希望的未来迈进；另一方面又指出资本主义的发展过程是一个异化的过程。

第二，关于人的本质问题。在资本主义制度庞大且复杂的运行机制中，人变得越来越碎片化和个体化，但人自身的整体性始终不能被突破，这种整体性或共同性可以说是人类实现彼此认同的前提，事实上就是人的"类本质"。马克思试图通过审美来说明这种"类本质"，本质上是一种基于哲学人类学的反思。

第三，关于"美的规律"。艺术与审美具有抵抗异化的功能，现代艺术在商品身份的支配下以扭曲自身的方式，有意地转向了它自身，成为抵抗社会秩序的沉默姿态。在根本意义上，"美的规律"是强调内在尺度和外在尺度要达到一种充满人性的、和谐的创造，代表着一种最高的准则，这才是真正的人的创造和美的创造。

第四，关于未来的指向。马克思主义的目标是为了解放人自身。马克思通过对资本主义社会制度的深入剖析，认为这种美学感性能力的丰富展开在资本主义社会中是自相矛盾的，只有通过某种颠覆资产阶级社会关系的努力才能实现。在这个意义上，马克思主义正是一种指向未来的理论，它真正代表的是一种怎样使未来成为可能的理论和实践，代表着一种内容与形式相交融的崭新的崇高形式。

时至今日，关于马克思主义美学传统的研究仍是一项有待完成的理论任务。

随着马克思主义美学理论的不断丰富，这一任务不能在传统美学而必须在现代美学的视域下进行解决。与此同时，美学研究应该与我们的日常生活领域建立起有机联系。在这一过程中，历史阐释学、人类学、伦理学和精神分析学等理论方法的综合运用，有助于我们更系统地阐释鲜活的审美经验，并将其提升到复杂和抽象的理论高度，从而在改造世界的过程中发挥积极的力量。

覃守达是我在浙江大学传媒与国际文化学院美学专业招收的来自广西的2019级少数民族高层次人才骨干计划博士研究生。据我了解，2000—2003年，覃守达在广西师范大学中文系攻读文艺学硕士研究生期间，就已经对马克思主义美学传统研究产生浓厚的兴趣，尤其热衷于从有关经典文本中研究和阐释马克思的美学思想。时至今日，覃守达把他多年来在研读马克思有关经典论著基础上，结合当代美学发展实际和当代中国有关身体及其性别审美塑造等实际，创造性地对马克思的美学思想进行独特地阐释，并把这一阐释所形成的理论运用到具体的现实社会生活中来研究人的审美塑造、审美经验，独辟蹊径地分析各种审美范畴，自成理论话语体系，如今形成本书出版，确实不易，弥足珍贵！

本书所展示的这一理论话语体系的逻辑起点是人的身体及其身体性实践关系，力图在中国新时代语境下，基于马克思有关人的身体及其异化扬弃的经典论述，对人的身体、性别及其审美话语批评问题，进行系统整体研究，提出身体审美话语理论研究问题和性别审美话语理论研究问题。首先，以文献调查为主，考证人的身体和性别相互结合形成身体审美和性别审美的历史和现实的存在；其次，从马克思主义美学的角度深入分析阐释身体审美话语理论和性别审美话语理论，提出创新的理论概念，如"身体异化""身体审美异化""性别审美异化""身体审美欲望""身体审美话语""性别审美话语""男性审美话语""女性审美话语""人的审美塑造"等；最后，从审美和意识形态关系的角度，以及事物内外结合作用等方面，探讨人的身体"内在尺度"和"外在尺度"辩证统一规律、身体审美话语机制和性别审美话语机制等基础理论问题。以上这些具有创造性的理论话语探讨，至少在一定程度上说明了中国马克思主义美学传统特色问题，集中体现在马克思主义的辩证历史观与异化理论、人的本质、美的规律、未来的指引等理论视域。当然，覃守达是从他的理论视角即逻辑起点——人的身体及其身体性实践关系来阐释马克思的美学思想的，我们不能说这样的阐释是完全正确的，特别是诸多问题和概念的提出，在学理方面还是很欠缺的，这显然需要他在日后的学术研究生涯中付出更多的时间和更大的努力才能逐步完善起来，但仅仅从他敢于提出问题和新的概念来看，他表现出极为可贵的学术创新的勇气，和那些人云亦云、随波逐流的学术之辈大为不同。总之，本书勇于开辟一种全新的当代中国文艺批评话语模式和马克思主义美学理论话语体系的建构之路，抛砖引玉，值得肯定！

是为序。

2023 年 2 月 22 日

于浙江大学当代马克思主义美学研究中心

自 序

　　自从马克思主义传入中国，关于马克思的美学思想创造性研究与阐释就在中国萌芽、生长和迅速发展起来了。美学家们纷纷从不同的理论视角对马克思许多经典著作中所蕴含的美学思想进行挖掘、提炼、整理，逐渐形成了自己独特的美学思想，特别是对马克思实践美学思想的创造性研究和阐释，例如张玉能先生的新实践美学学说，一时之间成为具有代表性的学说。其中所主张的马克思实践美学思想中应该包含有人对自身的审美关系、人对社会的审美关系、人对自然的审美关系等三大维度的研究，美学学科的建构就派生出一些新的美学分支学科：人体美学，服饰美学等，研究人对自身的审美关系；交际美学，伦理美学等，研究人对社会（他人）的审美关系；生态美学，则专门研究人对自然的审美关系。[①]

　　本书十分赞同张玉能先生的理论主张，认为美学学科首先要注重人对自身的审美关系的研究，其中最为重要的基础理论问题是基于马克思有关人的身体及其异化扬弃的经典论述而产生的身体、性别及其审美话语批评问题。这正是本书写作的出发点和主要内容，也是本书学术研究要解决的最终问题。本书关于这方面的基础理论探讨是在新时代语境下，以对马克思经典著作中有关人的身体及其异化扬弃等的美学思想的挖掘、提炼和整理的方式来展开，并由此深入探讨基于人的身体和身体性实践关系的人的性别审美话语理论问题和批评问题。因此本书便以"马克思美学思想的当代阐释与性别审美研究"为题，共分十章，从身体审美话语的探讨开始，层层深入基于身体的审美意识形态逻辑起点问题、审美幻象中介问题、审美变形问题、审美批评问题、审美变性问题、性别审美话语理论问题与批评问题等，最后得出本书的结论。总之，从马克思有关经典论述出发，从身体、性别及其审美批评方面，结合当代中国实际问题生发开去，论述环环紧

[①] 2017年12月1—3日，张玉能先生应邀来到广西参加广西美学年会暨族别生态批评研讨会，在大会上简明扼要地阐明了他的新实践美学。他指出：以马克思主义的实践观点为基础的实践美学，是以艺术为中心的研究人对现实的审美关系的科学，人对现实的审美关系有三大维度，即人对自身的审美关系、人对社会的审美关系、人对自然的审美关系。本书是从其中的维度——人对自身的审美关系来创造性地研究和阐释马克思美学思想的。

扣，层层深入，最终形成了完整的关于马克思美学思想的当代阐释之新的美学基础理论成果。

本书不单单就马克思有关人的身体的经典论述来论身体问题，或者重新翻译式地对马克思有关论断进行一番表述，而是由此创造性研究和阐释出身体审美话语理论和批评方法，指出审美意识形态逻辑起点在于人的身体及身体性实践关系，由此构成了人的审美幻象中介以及审美变形机制，并由此衍生出人的性别审美话语冲突和矛盾统一的问题。该问题贯穿于人对自身的审美关系、人对社会（他人）的审美关系和人对自然的审美关系之中，以当代中国文艺中性别审美话语问题、男女审美现实问题、七大审美范畴中身体和性别审美问题为案例，进行深入剖析，进一步佐证本书对马克思有关人的身体美学思想创造性研究与阐释而形成的基础理论观点。由此构成了本书在马克思主义美学基础理论研究成果方面的学术价值：一方面具有促进中国特色马克思主义美学理论的创新和美学学科的建设作用和参考价值，另一方面对马克思美学思想的创造性研究和阐释具有学术借鉴和参考价值。

目 录

第一章　身体审美话语 ……………………………………………… (1)
  一　身体异化 ……………………………………………………… (1)
  二　身体审美欲望表达 …………………………………………… (11)
  三　身体审美话语理论研究的提出 ……………………………… (21)

第二章　审美意识形态理论研究的逻辑起点 ……………………… (32)
  一　逻辑起点的定位 ……………………………………………… (32)
  二　如何把握个人审美问题 ……………………………………… (34)
  三　人本身问题和艺术费解性问题 ……………………………… (37)

第三章　审美幻象作为中介 ………………………………………… (43)
  一　变形需要的美学基础 ………………………………………… (43)
  二　真正的审美需要是怎样的 …………………………………… (46)
  三　审美幻象的中介作用 ………………………………………… (51)

第四章　变形及其机制的美学分析 ………………………………… (54)
  一　斯芬克斯之谜——"变形" …………………………………… (54)
  二　"马克思幽灵"的闪现 ………………………………………… (59)

第五章　基于身体的审美批评 ……………………………………… (64)
  一　身体性话语批评 ……………………………………………… (64)
  二　历史性文本批评 ……………………………………………… (67)
  三　意识形态批评 ………………………………………………… (69)

第六章 基于身体的性别审美话语理论研究 (71)
    一　身体审美话语与性别审美话语的关系 (74)
    二　性别审美话语理论研究的学理依据、对象、目的、方法及意义 (84)

第七章 性别审美异化 (91)
    一　身体与性别的结合：性别审美异化的历史根源与规律 (91)
    二　性别审美话语矛盾冲突 (97)
    三　女性与人类性别审美异化的自我扬弃 (105)

第八章 当代中国文艺的性别审美话语问题 (109)
    一　由人体摄影所引发的文艺新问题 (109)
    二　女性审美话语现代危机及其文艺表达问题 (113)
    三　建构当代中国文艺批评新模式 (119)

第九章 性别审美塑造 (122)
    一　什么是变性？什么是变性审美塑造？ (122)
    二　男性审美塑造 (126)
    三　女性审美塑造 (134)
    四　审美和艺术中的变性审美塑造 (140)

第十章 七大审美范畴的性别审美话语阐释 (144)
    一　优美、壮美、崇高 (144)
    二　悲剧和喜剧 (151)
    三　意境和韵 (157)
    结　论 (176)

参考文献 (179)

第一章　身体审美话语[①]

在马克思看来，要想在异化现实中实现人类身体的自由解放，无产阶级就必须进行有组织的、自觉的社会主义革命。在1848年2月所发表的《共产党宣言》中，马克思、恩格斯明确指出："代替那存在着阶级和阶级对立的资产阶级旧社会的，将是这样一个联合体，在那里，每个人的自由发展是一切人的自由发展的条件。"[②] 共产主义实质是在社会主义革命基础之上，对人类身体异化的积极的扬弃，实现人类自由自觉的类本质的感性占有。而在此之前的《巴黎手稿》之中，马克思早已对此进行了深入探讨。马克思指出，人的类特性恰恰是自由的、自觉的活动，而异化劳动却使类同人异化，使人把类生活变成维持个人生活的手段。因此，人的身体产生了异化。"人同自身的关系只有通过他同他人的关系，才成为对他说来是对象性的、现实的关系。"[③] 这种关系就是身体性的对象化实践关系，它建立在劳动基础上。由于劳动异化及身体异化，这种关系也异化了，人类身体审美建造借以度量的身体"内在尺度"和身体"外在尺度"于是发生了断裂，人类身体审美欲望只有在文学艺术中寻求一种虚幻的满足，这就是身体审美话语产生和发展的原因。

一　身体异化

异化劳动是使工人的身体异化的实践活动。在异化劳动中，工人"他首先作为工人，其次作为肉体的主体，才能够生存。这种奴隶状态的顶点就是：他只有作为工人才能维持作为肉体的主体的生存，并且只有作为肉体的主体才能是工人。"[④] 劳动本来是人的自由自觉的实践活动，是人的身体自由自觉的意志、力量和欲望的对象性表达过程；现在，劳动却反对人的自由自觉的类本质存在，成为肉体的主体的可怕敌人。

因此，身体异化是异化劳动造成的。在异化劳动中，工人一点都不感到舒

[①] 本章部分内容已出版于本书作者独著的《黑衣壮神话研究》（第六章、第七章）（桂林：广西师范大学出版社，2005年）以及《审美人类学概论》（第一章）（南宁：广西民族出版社，2007年）。

[②] 《马克思恩格斯选集》第1卷，北京：人民出版社，1972年，第273页。

[③] 《马克思恩格斯全集》第42卷，北京：人民出版社，1979年，第92页。

[④] 《马克思恩格斯全集》第42卷，北京：人民出版社，1979年，第95页。

畅，因为劳动并不属于他，而是属于别人，这种活动是他自身的丧失。这就是说，身体原本是工人自己的，劳动原来是工人与客观世界发生的身体性对象化关系，但是在异化劳动中，身体及身体性对象化关系转过头来束缚、压迫工人自己。因为此时，工人的身体是属于别人的，工人的身体性对象化关系是别人强迫他劳动的关系。

在这种情形之下，资本主义社会中资本或货币的作用，致使人们的身体发生了"断裂"。如果我们把身体上升为肉体主体的文化存在，那么这种身体的"断裂"就明显地表现为人类身体"内在尺度"和身体"外在尺度"的断裂。这样一来，审美过程之中的两个基本问题产生了，即什么是人的身体？什么是人的身体"内在尺度"和身体"外在尺度"及其二者的关系？为了解答这两个基本问题，马克思先是十分注意地把人和动物进行比较分析，然后从哲学人类学和审美人类学的高度，深刻地指出：动物只是按照它所属的那个种的尺度和需要来建造，而人却懂得按照一个种的尺度来进行生产，并且懂得怎样处处都把内在的尺度运用到对象上去。因此，人也按照美的规律来建造。①

这段著名的论述关键的出发点是：作为一个种和类，人如何进行自己种和类的建造活动。显然，这里隐含的一个基点是人的身体问题。没有人的身体，所谓按照什么样的"尺度"或什么样的"美的规律"来建造都是不可能的。从这段论述的前后语境来看，马克思特别注重探讨人（工人）作为一个有意识的类存在物，是如何在异化劳动条件下通过自己肉体的强迫性的劳动来发挥自己的体力和智力，即身体所潜藏的人的劳动力的。显然，整个社会活动和资本的运行与工人的身体相关。没有工人那作为商品化的身体，这一切都无法进行。为什么马克思那么注重人的身体并从人的身体出发来探讨人的一切活动（包括审美活动）呢？这还得从当时的文化、思想和政治背景来加以分析。

首先，马克思在《巴黎手稿》序言中明确指出，不学无术的评论家（暗指布·鲍威尔等青年黑格尔派，即后来被马克思、恩格斯称之为"神圣家族"的主观唯心主义批评家）企图用黑格尔的现象学和"绝对精神"来完全批判地批判一切——包括法、国家、道德、市民社会和大批群众。他们的核心谬论是凡是一切存在只有经过绝对批判的改造，才能使其苦难灵魂获得拯救。假如有碍于批判的一切欲望和需要，都要统统毁掉。这种欲望和需要明显是围绕着人的身体而衍生出来的，所以为了灵魂得救，就应该灭绝身体的一切欲望与需要。在稍后的《神圣家族》这部著作中，马克思尖锐地批判了这种谬论，他指出：可怜的玛丽花那符合人性需要的身体，由于不能适合修道院的生活而死了，这被看作是批判家们拯救苦难灵魂的伟大胜利，却恰恰道明了资产阶级利用文化和意识形态的有害性，来剥夺人的身体符合人性的存在，以削弱革命群众的斗争力量的险恶

---

① 《马克思恩格斯全集》第42卷，北京：人民出版社，1979年，第99页。

用心。

其次，如何看待人的身体，是哲学、人类学、美学及文化学上一个唯物和唯心的分界点。承认人的身体是人类活动的物质基础，肯定其符合人性的存在（包括审美存在）是物质的、历史的，那么就是唯物的；反之，否定了这一切，而用黑格尔的现象学和"绝对精神"来决定人的身体存在的物质性，即主张精神（自我意识）决定物质，灵魂决定身体（肉体），拯救人类的途径是拯救灵魂而不是异化的身体（肉体），那么这就是唯心的。显然，如果不阐明身体的物质性历史存在及其作用的问题，就无法深入地揭示资产阶级的危害性。

最后，马克思对身体的高度关注，是和当时德国的自然科学方面的解剖学（自17世纪的解剖学家高尔的"骨相学"以来的解剖学）、生理学、心理学和人类学的发展对人体的经验式和实证式的研究有关，所以马克思说："我用不着向熟悉国民经济学的读者保证，我的结论是通过完全经验的以国民经济学进行认真的批判研究为基础的分析得出的。"[1] 费尔巴哈的伟大之处在于，他敢于指出黑格尔现象学和"绝对精神"具有神学和宗教异化人的身体和心灵的超验性和虚假性。但是他把人的身体束缚在自然直观的机械唯物论范畴内，当涉及人的社会历史活动时，就只能从人的身体内在的爱欲本能出发，最后把人归结为宗教的爱的结果，同样也陷入了唯心史观的泥淖之中。

那么，到底什么才是人的身体呢？在马克思看来，从哲学人类学和审美人类学的高度言之，身体是人类文化活动和审美话语实践的物质基础，同时身体（特别突出的是身体所有的感知觉的进化方面）又是在人类文化活动和审美话语实践中逐渐倾向"人"生成的。因此，身体富含人的文化话语特征及审美特性，富含人性自由的实践特性，并以此来调节身体自然欲望的表达与满足，从而身体不仅仅是动物性的身体，而且主要是属"人"的具有人性的身体。一言以蔽之，所谓人的"身体"就是指在一定的社会历史阶段受一定的文化话语和审美话语塑造的属"人"的生命有机体。基于这样的身体及身体性实践关系基础之上，人就能运用"两种尺度"——"物种尺度"和"人的内在固有尺度"——来生产美。

其中，所谓的"物种尺度"无疑是指一种源于人的身体动物性欲望的有意识表达和必须得到物质满足的尺度；由于外在表现于人的身体自然欲望（物质欲望）的实现，因而可称之为身体的"外在尺度"。为什么身体的"外在尺度"源于人的动物性欲望呢？这是因为人类首先是自然界的一种动物，他们同样具有动物肉体方面具备的一个种和类的本能、欲望和需要（包括生存本能、欲望和需要——吃、喝、住、性欲望和种的繁衍以及生命安全和身体舒适需要等等）。也就是说，人能够按照各种物种的客观自然规律来生活和生产，即人是符合客观规律

---

[1] 《马克思恩格斯全集》第42卷，北京：人民出版社，1979年，第97页。

的自然的动物肉体的存在。所以,所谓身体的"外在尺度"源于人的身体的动物性欲望,就是说人是符合客观规律的自然动物肉体存在,这种存在外在强烈地表现为人的身体动物性的自然欲望(物质欲望)的要求满足。然而,人们征服和改造自然,甚至大量掠夺自然资源和破坏生态环境,以及发展科技、市场竞争、争权夺利、互相残杀等社会行为,无一不和这种欲望的实现相关。因此人的社会欲望不过是人的身体自然欲望的一种异化表现(关于这一点,下文还要详加探讨),社会历史可以说是一部关于人的自然发展史。

相反地,所谓"人的内在固有的尺度"是指人的类本质力量(类特性)内在化地无意识对象化的尺度,它积淀着追求人性自由和人的全面发展的文化心理和审美心理,由于内在表现于人的身体审美欲望(精神欲望)的实现,因而可称之为身体"内在尺度",这也正是人类审美建造所依据的"美的规律"。之所以说身体的"内在尺度"是"美的规律",是因为身体的"内在尺度"是人的身体内在的合乎"人"的文化需要和审美需要、合乎"人"的本质力量及其对象化目的的尺度,而"合乎'人'的文化需要和审美需要"是美能够产生的人的身体性实践依据。"合乎'人'的本质力量及其对象化目的"是美的存在本质及发展变化的历史依据,这两者显然指明了美是什么、美为什么能够产生以及如何能够产生和发展的文化人类学和审美人类学的问题的答案,这也正是"美的规律"所包含的内容。

由于身体"内在尺度"内在化于人的身体及身体性实践活动。例如,劳动过程、劳动关系和劳动产品等等之中,是精神性的人的文化和审美的抽象存在,必须求存于身体"外在尺度"即通过身体及身体性实践活动的物质欲望形式来达成具象性的文化存在。因而"美的规律"必然体现为身体"内在尺度"和身体"外在尺度"的辩证统一,即所谓的内容和形式的辩证统一。关于这一点,马驰先生认为,"尺度"是黑格尔哲学的一个概念,"在黑格尔看来,尺度就是一个事物的质的规定性,即一事物之所以是该事物而不变成他事物的标准、界限、本质特征。马克思在《巴黎手稿》中也是在这个意义上使用'尺度'这个概念的。所谓'物种尺度'就是该物种的标准、本质特征。"那什么是"内在尺度"呢?"劳动的目的是根据人的需要决定的,人的需要当然是内在于人的,所以这是一个'内在尺度'。"[①] 这样的阐释到底还是不太具体,因为所谓"物种的标准、本质特征"及"人的需要"的提出,没有进一步从文化人类学和审美人类学方面对动物和人类加以比较分析,尤其是还没有注意到"身体"的具体生动的文化话语和审美话语的存在。于是往下的论述便得出历来研究中都差不多一致的观点:"所以人的实践,一方面使自己的活动符合自然的物种尺度,但又并不是消极地适应自然,而是要干预自然。所以另一方面,人的实践活动又要符合

---

① 马驰:《马克思主义美学传播史》,桂林:漓江出版社,2001年,第26页。

人自己的内在尺度，人把自己的尺度运用到对象上去，就是对象化、人化，从而使事物的尺度和自己的内在尺度获得的统一，改变事物自在的、现成的形式，创造符合人自己本性需要的客体。"① 这里的所谓的"自然的物种尺度""对象化、人化"以及"创造符合人自己本性需要的客体"，在哲学阐释方面倾向于一般化，尤其所谓的"本性需要"，很容易使人产生理解上的模糊感。总之，这里的论述还是不能充分注意到马克思从文化人类学和审美人类学方面对人的身体及身体性实践关系做出极为深刻的哲学化思考，认为基于人的身体及身体性实践关系之上的"物种尺度"和"内在尺度"不仅是"符合人自己本性需要"的统一，而且是生动具体的现实感性的身体性的辩证统一。

由此可见，身体"外在尺度"和身体"内在尺度"的区别在于：前者是有意识的，而后者是无意识的；前者是外在的物质方面的满足，而后者是内在的精神方面的满足。比如说，人们建房居住，不同的社会及其不同的生产力发展阶段都有一种建房的规定、规则、经验、价值，能让人居住得舒适方便，这些均为人们有意识的外在的物质方面的满足的表现。它们最初源于人们的身体动物性欲望（即如同动物一样要求生命安全和身体舒适的自然欲望），主要属于人们的身体"外在尺度"，人们便能外在地把握之；而人们往往在建房时力求房子设计尽量完美，即理想化，房子内部装饰要求审美化或个性化，房子周围环境要求幽雅宜人。这些有时和当时当地建房的规定、规则、经验、价值等等不相符合，甚至是事先无法意识到的，但它们确实来自人们的身体内在积淀下来的文化实践和审美实践，主要属于人们的身体"内在尺度"，人们必须在一定的实践基础之上和某种意识形态氛围之中内在地把握之。从这里可以看出，身体"外在尺度"是身体"内在尺度"的物质基础，其中就蕴含着身体"内在尺度"（建房的规定、规则、经验、价值等等，本身就已经体现人的本质力量的对象化）；而身体"内在尺度"则是身体"外在尺度"的精神升华，必须基于和包含着身体"外在尺度"的实现（房子的审美化、理想化离不开当时当地的一定身体欲望的实现和一定的生产力的发展）。因此，此二者是辩证统一的关系。

此外，马克思指出，人类劳动一开始就是属"人"的文化活动，懂得如何在劳动过程中、在劳动对象上复现人类类特性或人的本质力量。"劳动的对象是人类的生活的对象化：人不仅像在意识中那样理智地复现自己，而且能动地、现实地复现自己，从而在他所创造的世界中直观自身。"这样一来，"自然界是人为了不至于死亡必须与之不断交往的、人的身体。所谓人的肉体生活和精神生活同自然界相联系，也就等于说自然界同自身相联系，因为人是自然界的一部分。"② 正因为这样，社会与自然界一样，无非是人在劳动基础之上的人的身体

---

① 马驰：《马克思主义美学传播史》，桂林：漓江出版社，2001年，第27页。
② 《马克思恩格斯全集》第42卷，北京：人民出版社，1979年，第95页。

的复现。这就说明了，人类总是按照身体内在的本质力量或类特性要求，进行对象化的、感性现实的、身体性的审美建造（包括生活生产等一切身体性实践活动）。这正是人类的身体"内在尺度"的具体运用，即"按照美的规律来建造"。这时候，人类的身体"内在尺度"应该和身体"外在尺度"，即物种需要的直接的、外在的表现是一致的，这样，身体才是完整的、自由自觉的感性现实存在。然而，由于资产阶级的私有财产及其阶级本性的作用，工人被看作一种商品甚而是一种活的、贫困的资本，工人的身体性实践关系被当作私有财产或资本的关系。资本主义社会因此必然处处以金钱——商品价值为身体的"外在尺度"，而资产阶级从此堕落为非"人"的追逐利润的魔王（偏执狂），不断制造着人的类特性和人自身丧失的悲剧。这正是资本主义社会异化现实中身体的"外在尺度"的具体实践，它产生出强大的、神秘的异化力量，使工人的身体"内在的尺度"也发生扭曲与变形，即异化。从人类学角度而言，身体"内在的尺度"虽然能坚韧地表达出人类自由解放的不可征服的力量，但是在私有制条件下，"外在尺度"总不能完美地表达出"内在尺度"，亦不与之有任何一致之处，而是使二者由激烈的对抗过程进入严重的断裂过程，人的身体因此发生了"断裂"。

关于身体"断裂"的问题并不是从马克思开始的，单从西方美学史上看，其源头可以追溯到柏拉图那里。柏拉图首先用"神"来解释两性身体的由来。从文化人类学角度出发，他假定了人本是"神"创造的，而"神"本是纯一的"两性同体"，故而造出"两性同体"的人，这是最初的人。柏拉图这样描述最初人：这种人的体力和精力当然都非常强壮，因此自高自大，乃至于图谋向天上的神们造反。他们的故事正和荷马所说的厄法尔提斯和俄图斯的故事一样，想飞上天，去和神们打仗。于是宙斯和众神便把这种人切成两半，此后，这种人的这一半想念着那一半，想再合拢在一起，常常相互拥抱着不肯放手，饭也不吃，事也不做，直到饿死为止。若是这一半死了，那一半还活着，活着的那一半就到处寻求配偶，一碰到就跳上前去拥抱，不管那是全女人切开的一半（就是我们现在所谓的女人），还是全男人的一半。这样，人类就逐渐消灭了。宙斯起了慈悲心，就想出一个新办法，把人的生殖器移到前面——从前都是在后面，生殖不是借男女交媾，而是把卵下到土里，像蝉一样——使男女可以借交媾来生殖。由于这种安排，如果抱着相合的是男人和女人，就会传下人种；如果抱着相合的是男人和男人，至少也可以平泄情欲，让心里轻松一下，好去从事人生的日常工作。就这样，从很古的时代起，人与人彼此相爱的情欲就种植在人心里，它要恢复原始的整一状态，把两个人合成一个，医好从前切开的伤痛。

在这里，柏拉图把爱情看作生物学意义上的爱情，为了寻求身体的满足，人像动物般地去追求情人或爱人，不管是异性还是同性。实际上，爱情是人类文明的产物，人与人彼此相爱的欲望不等于情欲。当然，我们不能不承认，柏拉图发现了欲望的问题是人类身体欲望最大的文化压抑问题，这在后来的弗洛伊德主义者那里获得"科学"的实证。但我们并不因此而承认,欲望正是爱情的本身,这与柏拉图本人强调的真正的爱情,即弃绝肉欲而追求心灵生殖,是自相矛盾的。实际上,柏拉图给我们指出了人的两种分裂对立的身体:一种身体只是追求快感的、感性方面的欲望满足,当然可以多种丑陋的堕落的文化形式来达成;另一种只是追求真知的抽象理性方面的,即纯粹精神审美自由智慧状态的神性满足,只有那些爱美并歌颂爱神和美神的诗人才能达成。前一种身体叫作欲望化身体,后一种身体叫作理想化身体。柏拉图倾向于理想化身体,他爱一个人不是爱其肉体,尤其是异性的肉体,而是爱其精神灵魂的理念美的状态,即两个理念美的人及其心灵通过思想交流摩擦出心心相印的和谐状态,人性在理念中达成真正的双性合一,即达成完整的人,因为只有理念才是真实的。

无论怎么说,柏拉图的伟大之处就在于:他首次向人类指出这样的真理——人是必然地被分裂着的,人的身体是"断裂"的,而人类的爱情等等是基于人的"断裂"的身体之上产生的。因此,无论在肉体欲望上还是在灵魂生殖上,主体(人)是不可能恢复到完整的人性状态了,而人类的悲哀(包括文化的悲哀)正是从这里开始发生的。

中世纪的神学美学继承了柏拉图的身体"断裂"的理论,由于找不到恢复人的身体完整的人性状态,因而只能把人皈依于上帝,与上帝同在才能获得身体的神性整一,即所谓的"神人以和"。以达·芬奇为代表的文艺复兴时期的艺术家们,为了把真正属人的神性整一还给现实的人本身,大胆研究人体解剖学,寻求人性最完美的艺术表现形式,人们现在所看到的《蒙娜丽莎》正体现了这一点。毫无疑问,从这时起,审美和艺术开始注重人的身体"内在尺度"和身体"外在尺度"的辩证统一问题,但往往把这个问题的解决高设在与古希腊的"高贵的单纯和静穆的伟大"(温克尔曼语)相似的抽象而遥不可及的审美理想之上,这种美丽而虚幻的艺术最终不可能拯救人本身。从近代的英国资产阶级工业革命开始,这一弱点越来越暴露出来。

于是,古典优美的镜像被机械化打碎了,到处是人的分裂、对立及其衍生出来的各式各样的幻想和激情。人的身体"断裂"由于资本主义的异化劳动和身体异化而显得更加激烈而突出,人怎样拥有自己真实的身体及其欲望表达,成为美学家们关注的焦点。康德实际上已经深入地思考了这一问题,他的《审美判断力批判》和《实用人类学》等著作,都是从人的身体生理、心理如何和谐一致出发的,这样,优美只不过是人的身体和谐愉悦的美感问题,崇高只不过是人的身体如何由恐惧、分裂到道德上的无限神性整一的美感问题。谢林特别研究了人的身体所体现出来的有意识和无意识的心理行为过程,主体如何达成同一的整体,这在神话中得到具体的实践,因此他认为,神话是所有艺术的材料和土壤。黑格尔进一步分析了人的文化和历史的自我异化发展过程,深入探讨了人的身体如何在感性和理性的辩证统一中达成和谐和美。他所举的一个小男孩投石入水然后静观其中荡开的水波的著名例子说明了，人如何才能从现实异化状态中走出来，直观自己创造的美，在对象化之中，试图弥合身体"内在尺度"和身体"外在尺度"的断裂。

然而，黑格尔的理性主义仍然不可能拯救对立分裂的个体化过程所带来的人的身体进一步"异化"和"断裂"的危机。与马克思基本上同属于工业现代化起步时代的叔本华和尼采，首先看透了理性主义伤害人的身体及其人性的骗人的话语，开始真正高举人的身体欲望表达需要决定一切的旗帜向理性主义冲锋陷阵。叔本华从生命意志及其冲动出发，认为人的身体欲望体现了生命意志的冲动，是不可抑制的，欲望永远不可能获得满足。一个欲望达到自己认为满足了的地方，就会无形中产生出令人恐惧的孤独和寂寞、无聊和缺失，新的欲望就会从中衍生出来，人就这样陷入欲望无底的痛苦深渊。所以，人生的本质是痛苦的，这是因为人的身体内在的无穷无尽的欲望是不可表达的，即外在的现实不可能满足之而造成的，人的身体就这样产生了断裂。怎样拯救"断裂"的身体呢？有两条途径：一是创设审美幻觉，即进入艺术幻想状态中生活。二是自我毁灭人生的痛苦，即进入涅槃状态中。这样做的目的是摆脱痛苦意志的纠缠，泯灭身体的一切欲望。然而欲望是不可泯灭的，如何超越身体欲望才是重要的。因此，尼采不赞同叔本华的身体的生命意志论，他认为，人有无限的欲望就是证明人有无穷的生命潜能，它能促使健康的人不断去开拓未来，追求非凡的业绩，这就是超人的权力意志。超人不是一般的人，因为一般人永远不可能达到身体潜能最佳、最完整的发挥状态，超人是人类普遍情感价值的集合体，能够在身体"断裂"状态中重新使身体达成整一的人类精英的精英。为什么一般人不能超脱现实呢？尼采认为，现实是被人们约定俗成的语言束缚着的，人们的个性情感和价值理想都被它所剥夺了，语言表达往往是有意识的话语规定的，那些对人来说真正重要的无意识的话语却不能够说出。正因如此，只有突破语言的障碍，人才能拥有真正的富有生命创造力的个性情感和价值理想。要达成此点，有必要提倡"酒神"精神。我们认为，尼采的观点是十分重要的。不能否认，语言及其结构束缚着整个人类社会和社会个体，而充满意识形态特性的语言及其结构更加扭曲压抑人的身体，使之变形甚至变性。尼采这些伟大的发现给予后来的艺术家、美学家以及哲学家们重要的启迪，后来伟大的思想家们不能不受到他的影响。

拯救人的身体"断裂"首先得关注人的身体，在尼采的启迪下，现代和后现代的艺术家、美学家以及哲学家们开始从语言、意识形态、文化等等方面来对人的身体进行把握。凡高、塞尚、达利们，用他们手中的画笔和刻刀塑造一个个从语言、意识形态、文化上都无法阐释的人的身体。在他们看来，社会是人的身体及其欲望的投射和象征，设问——社会中一切存在（包括战争和科技发明），哪一样不是人的身体变形需要及其表达？在马克思看来，自然界已成为人的无机的身体，这些都是因为人是有意识的存在物，有意识的重要标志是有语言、有话语。现代、后现代的艺术家们所创造的无法解读的艺术形象，就是看到了语言及其所象征的意识形态、文化的与人敌对的性质，意识形态、文化及其表征它们的语言，把人的身体扭曲抽干了，欲望也随着话语的异化而异化。看来，意识形态和文化及其表征它们的语言确实有与人构成敌对的一面，这是它们的实践功能的一种突出表现——把人的身体"内在尺度"和身体"外在尺度"活生生地剥离了。语言、意识形态和文化越是进化和文明，人的身体的"断裂"就越加严重。在我看来，当代在这方面深入揭示的有三个学术流派：一个是精神分析学派，一个是法兰克福学派，另一个是西方马克思主义学派。精神分析学派主要是弗洛伊德到拉康，法兰克福学派主要是霍克海默、本雅明、阿多诺、马尔库塞到哈贝马斯，西方马克思主义学派主要是阿尔都塞、威廉斯到詹姆逊和伊格尔顿。此外，结构和后结构主义或解构主义的福科和德里达、女性或女权主义者们以及心理分析学派的荣格也从不同的角度对此问题进行了探讨。值得当下学界注意的是拉康的理论和伊格尔顿的理论。

拉康指出，无论男性女性，其身体总是要受到现实的符号规则和符号组成的网络的干预，"我们的目标是把自己完全融入这种符号规则中去，尽可能地接受并吸收符号。"[①] 身体是一个基本分裂的实体，被它所属的语言规则割裂开来，分裂到它不知道自己想要到什么的地步，由此激发起主体的妄想和幻想来构造一种自我理想形象并以之自居。这种身体断裂式的体验固着于我们的身体，成为我们的身体特有的一种审美需要和审美能力。南宁国际民歌艺术节和张艺谋的电影以及《蜀山传》和《木乃伊复活》等影片所创设的神奇惊人和怪异超凡的形象都能满足我们的这种体验。我们很多青年崇拜明星偶像，妄想或幻想自己成为明星并以之自居，无意识地陷入极度分裂的主体及其身体的存在状态。因此，我们确实感到无限的痛苦和莫可名状的绝望漂泊，可是我们有时并不以之为悲哀，反而为之亢奋起来，乐此不疲。我们的身体显然存在着这种审美感知问题，我称之为"断臂的维纳斯问题"。正是在"断臂的维纳斯"所呈现出来的断裂之环口处，涌现出无数的审美话语和审美幻象，衍生出无数的审美欲望和审美需要。断裂成为生命存在的"无"，从"无"中生"有"，这"有"就是话语、幻象、欲望和需要，然而这"有"又并非主体所真实或真正地拥有或追求的，能导致有无相生，导致自我的异延狂欢、变幻莫测、神奇自居，从而使"断臂的维纳斯"闪射出幻觉状态中的"永久的魅力"。

伊格尔顿在《美学意识形态》中，着重从意识形态角度分析了美学作为一种关于身体的话语，身体的分裂激发美学意志的崇高，因此该书不断涉及的一个主题是肉体。肉体的审美快感的达成，衍射出审美主体的价值断裂，即文化断

---

① LACAN, *Darian Leader and Judy Groves*, Icon. BOOK Ltd, 北京：外语教学与研究出版社，1999 年，第 157 页。

裂，恰好反映出人的复杂矛盾的现实关系。可贵的是，伊格尔顿把身体的"断裂"和一定的文化、阶级、性别等等联系起来。不管怎样，拯救人的身体"断裂"的任务依然是十分艰难的，这个任务的完成也只有马克思所主张的共产主义社会革命才能解决吧。在《后现代主义幻象》一书中，伊格尔顿进一步探讨了这一问题，指出后现代文化把欲望追求放在首位，达到使人疯狂断裂的地步，这将会把人的身体内在的欲望引爆，导向法西斯主义。这个论断并非危言耸听，看来，文化作为一种上层建筑所具有的意识形态，对人的身体塑造的功能是急需学界加以探讨的。在文化全球化的后现代语境里，这个问题的解决还必须重新回头把握马克思对经济基础和上层建筑的矛盾运动以及人们的交往关系的研究，而这些又是在其早期著作《巴黎手稿》中已经着手要进行的研究。因此，《巴黎手稿》应该成为这一研究的开端。

在后现代语境中，身体"内在尺度"和身体"外在尺度"的断裂仍然是在身体异化基础之上发生的，它表明了人的文化断裂。即文化外在表现为满足人的身体欲望，但内在表现为否定人的身体内在的类特性的占有，成为束缚人、压抑人的异己力量。当代中国人的文化断裂表现为两个共时性层面：①西方文化话语冲击中国文化话语。②少数民族文化话语受到现代、后现代话语的冲击。西方文化话语和中国文化话语相互冲突、相互碰撞，塑造了当代中国人"断裂"的身体，这种身体的"断裂"集中体现在当代少数民族文化话语受到现代、后现代文化话语的冲击，呈现出极度狂欢的"悲剧性状态"。南宁国际民歌艺术节正是这种"悲剧性状态"的集中体现。有人认为，南宁国际民歌艺术节不是真正意义上的民歌节，因为真正意义上的民歌节是民间自娱自乐的组织活动，当要会歌的时候，人们或者云集于山头田间，或者在公共场所围坐下来，面前摆着解渴提神所用的茶，并且对歌时为了即时抒情的需要而按照一定的韵和规则来自编自唱。可现在，这种民歌节在市场经济、高科技媒介作用下，在现代、后现代文化话语强烈冲击之下发生了断裂。正如同维纳斯雕像的断裂一样，经过现代、后现代以及西方和东方的各种文化话语的冲撞而产生了叠合不一的审美幻象。体现为：灯光变幻闪烁的大舞台、流行歌星云集、现代音乐技术制作等等——使得真正意义上的民歌和民歌节"满身创伤、双臂残缺"。然而令人吃惊的是，这更加激发了人们怀着无限狂热的崇拜心情和仪式活动心理来重塑已断裂了的美本身的神性，以满足身体完整的审美需要，这就有一种福柯所提倡的"极限体验"的悲剧性了。

总之，在马克思看来，身体"断裂"决定人的文化断裂，正如身体异化决定人的身体"断裂"一样。这是因为，假如身体不发生"断裂"，那么人类文明不可能如此灿烂辉煌；假如身体不发生断裂，正像物种的存在一样，那么人类也不可能有文学艺术，不可能有伦理道德、宗教神话以及哲学和自然科学。反之，文化断裂反作用于身体"断裂"，正如身体"断裂"反作用于人的身体异化一样。这是因为，人们的文化活动，一方面让身体在异化现实中得以坚韧地审美建造；另一方面，却让身体遭受折磨，伤痕累累。总而言之，身体断裂和文化断裂均决定于人的身体异化，根源于私有制条件下的异化劳动。在私有财产即人的自我异化未被积极地扬弃之前，也即异化劳动未被消除和身体异化未被积极扬弃之前，人类发展必然要经历身体"断裂"和文化断裂的悲剧性的痛苦过程，从而逐渐丰富发展人的本质力量。最后，到了共产主义社会，那必然是对人的身体异化的积极扬弃的社会，身体"断裂"和文化断裂逐渐消失。共产主义是"通过人并且为了人而对人的本质的真正占有，因此，它是人向自身、向社会的人的复归，这种复归是完全的、自觉的而且保存了以往发展的全部财富的"。[1]

二 身体审美欲望表达

在《巴黎手稿》中，马克思具体剖析了人的需要和工人的需要之间的矛盾关系，这种关系是私有财产和货币的本质所引起的，也就是资本异化控制所引起的。工人不过是一种商品，一种资本，他只具有对他是异己的资本所需要的那些人的特性。工人不是作为人，他的资本存在就是他的存在、他的生活，他的自然和人性彻底工具化了。"因此，在国民经济学看来，工人的需要不过是维持工人的劳动期间的生活的需要，而且只限于保持工人后代不致死绝的程度。"[2] 这种需要从根本上说不是人的需要，因为这种需要维持的是工人作为资本的身体存在而不是工人作为人的身体存在。也就是说，这种需要满足的是工人身体"外在尺度"的要求而不是工人身体"内在尺度"的要求。

在异化现实中，人的需要作为一种动机和目的，必然刺激起人的各种欲望和激情。人的欲望可以分为自然欲望和社会欲望，自然欲望是人的身体内在的生物欲望（包含原始自然的生理、心理欲望）；社会欲望是人的身体外在的权力和金钱欲望以及各种因此而产生的文化欲望。马克思的深刻之处就在于，他不囿于费尔巴哈的人本主义和自然直观的唯物论，而是把这两种欲望放到现实中历史性地联系起来进行分析，认为社会欲望取代自然欲望而成为人的根本的类本质属性，但社会欲望并不能脱离自然欲望这一生物基础。正是在这一基础之上，社会欲望才被看作人的自然欲望的文化表现与异化表现。社会欲望充塞于人的现实，深深楔入主体身体（肉体）之中，而身体（肉体）的每一种自然欲望总是不能获得最终的满足，就必然内含着或外化为一定的社会欲望。异化现实往往使身体（肉体）这种复杂多变的欲望总是不能获得最终的满足，于是主体的欲望对象很难达成，这就会激发主体的各种审美幻象，以此坚信经过艰苦努力，未来的生活一定会美好。这样，借助于一定的审美幻象机制，主体把现实的欲望转化为身体审美

---

[1] 《马克思恩格斯全集》第42卷，北京：人民出版社，1979年，第105页。
[2] 《马克思恩格斯全集》第42卷，北京：人民出版社，1979年，第120页。

欲望。

因此，我们认为，所谓的"身体审美欲望"是指在身体异化和断裂的文化和意识形态话语构成的对象化世界中，主体把身体（肉体）复杂多变的欲望经过一定的审美幻象机制作用转化成幻觉性欲望。这里所讲的"一定的审美幻象"是指意识形态的情感性话语实践。在马克思看来，人的身体经过劳动的磨练和社会历史文化的层层积淀，变为异化劳动状态下必须把有意识的身体实践对象活动当作一种被迫的谋生的身体活动。也就是说，资本主义社会的人们，必须在真实的肉体欲望和需要之外用资产阶级意识形态来构筑一个能够谋生的理想自我的身体。如果他们不得不如此想象着身体欲望处于如同资本家那样的美好的充分满足的存在状态而去奋斗或去革命的话，那么，这就决定了无产阶级革命势在必发，促使私有财产的自我异化必然走向扬弃。到那时，人的身体一切感觉终将获得完全的解放，即身体审美欲望才能真正和真实的肉体欲望和需要一致起来，在审美人类学和伦理学高度上使欲望审美感性地回归人本身。

什么是人本身？我国著名的民族学家杨堃认为，"人本身"不仅是指人的体质，而且是指人的社会和文化。人必须首先凭借自然的肉体组织，按照生物规律来进行身体的生命活动。随着人的社会和文化的发生和发展，社会规律逐渐取代了生物规律而对人的生命活动起到决定性的作用。但正如恩格斯在《反杜林论》中所指出的："人来源于动物界这一事实已经决定了人永远不能完全摆脱兽性，所以问题永远只能在于摆脱得多些或少些，在兽性或人性的程度上的差异。"[①] 作为一种原始自然的兽性需要，生物规律依然存在于人身上，从而使得身体的自然欲望和社会欲望发生矛盾而构成了异化的人本身，必须通过社会和文化的文明进步来扬弃人本身的这种异化和矛盾冲突，并使之和谐统一起来，这只有到了共产主义社会才能实现。看来，现实的社会和文化还不可能使人本身获得彻底解放，而只不过是人本身的一种审美幻象，即按照阿尔都塞的说法，只不过是由意识形态话语构成的想象的欲望表象体系。我们认为，对于这一点的认识，早已经暗含在马克思和恩格斯合著的《德国意识形态》之中了。在这部伟大的著作中，马克思和恩格斯从历史唯物主义角度深刻地指出，任何人类历史的前提无疑是具有生命的个人的存在，因此第一个需要确定的具体事实是这些个人的肉体组织以及受肉体组织制约的他们与自然界的关系。首先，他们必须以一定的方式进行生产活动，人的身体欲望和需要成为人的类活动的尺度；其次，他们必须发展一定的交往（交换）形式——这在《巴黎手稿》中已经试图探讨——来实现他们的身体欲望和需要，与现实生活交织在一起的观念、思维、人们的精神交往，在这里还是人们物质关系的直接产物；最后，精神从一开始就很倒霉，注定要受物质的纠缠，物质在这里表现为震动的空气层和声音即语言。"语言和意识具有同样

---

① 转引自《杨堃民族研究文集》，北京：民族出版社，1991年，第289页。

长久的历史,语言是一种实践的、既为别人存在并仅仅因此也为我自己存在的、现实的意识。语言和意识一样,只是由于需要,由于和他人交往的迫切需要才产生的。"① 毫无疑问,也正如前文所论述的,由于身体是在一定社会历史阶段受一定文化话语和审美话语塑造的生命有机体。因而在异化现实中,人凭借这样的身体去生存和发展,其身体审美欲望势必需要借助于有意识的即有语言支配的文化话语和审美话语来达成交往(交换)的要求,故而呈现为虚幻多变的、充满欲望诱惑的情绪或情感的多棱晶体物质形态。

  提出"身体审美欲望表达"不仅是马克思美学和人类学研究话语中应有之意,而且也是人类审美思想发展的一个必然结果。在柏拉图那里,关于"身体审美欲望表达"的问题很早就已经开始萌发了。柏拉图认为,宇宙万物虽是物质的,但却是在造物主(始祖神)根据"理式"——原理大法和原则观念——创造灵魂之后创造的。也就是说,精神在先,物质在后,精神决定物质,即"神"("理式")决定物质,决定人本身。人的身体是感性存在物,是"神"创造的,即是"理式"的摹本或幻影,是不真实的。因此,不能通过身体来把握人的真实存在,只有通过心灵的知觉,即运用理智和理解来把握。这样,人把握了自己的心灵知觉,使之至善至美,便能由心灵知觉进一步把握"神",最后把握"理式"的存在,人才能够认识与拥有"美本身"。因为"美本身"即"理式",也即是"神"本身,总是隐身于所有现实的具体的美的背后,其原本就是永恒的、无始无终的、不生不灭的、不增不减的、自存自在的,以形式的整一与它自身同一。这是一种奇妙无比的绝对美,是至善至美至真,其目即为其自身。绝对美即"美本身",成为美的本体,所有现实世界(所有的身体)的美均分有其"美"的因素而只具有了相对美性质。这样,一个人能不能回归"神",关键在于心灵方面伟大丰富与否,从而产生一种神话思维(想象性思维),使这个人忘记自己的身体和各种私心杂念,由现实世界进入"理式"世界,即由虚幻的存在进入真实的存在。

  在这里,柏拉图感到十分棘手的问题产生了:现实世界里的人们却不懂得按照"理式"即"神"来审美建造,他们往往出于身体强烈欲望表达的要求,争权夺利、尔虞我诈,把肉欲满足当成爱情的幸福。因此,柏拉图要引导人向"神"的审美,就必须首先解决人的身体欲望与"神"("理式")之间的矛盾。首先,必须把人们久已忘却的爱神召唤回来。因为爱神的伟大功德就在于,让每个人都得到一个恰好符合理想的爱人,从而重归完整的身体状态。所以,爱神值得我们歌颂敬仰,他用"双性同体"的人的本质即"理式"让人回到完整的真、善、美的纯一身体欲望表达状态,也就是说,爱神对每个人进行"双性"的审美修复。他本身正是双性本质合一的真、善、美的"理式"存在,人跟他

---

① 《马克思恩格斯选集》第1卷,北京:人民出版社,1972年,第35页。

的审美关系正在于追求这个存在。至此，柏拉图把人的身体欲望（尤指性欲）经过"神"（"理式"）的教化与引导，转变为"双性同体"的身体审美欲望，那就是人们因此懂得了像爱神一样有正义、有节制，懂得真、善、美的存在。不仅懂得身体方面生殖力旺盛而获得后世无穷的福气，而且最主要的是懂得心灵方面生殖力旺盛可以产生对于美的对象寄托一个生殖种子的欲望，如果他碰见一个美好高尚而资禀优异的心灵，他对于这样一个身心调和的整体就会五体投地地去爱慕。因此，只要心灵方面具有满足双性合一的生殖力的人，那么就可以彼此相爱并结合而生育出无限的思想及真、善、美。也就是说，如果同性恋者是因为心灵方面生殖欲望的强烈要求而结合，那就不应该受到谴责与排斥。因为这是"神"赋予人类爱美的本性，即按照"理式"来建造人本身。真正的爱是对"理式"（神）和心灵的真、善、美的爱，真正的爱就要把疯狂的或近于淫荡的东西赶得远远的。那样一来，真正的爱不是庸俗卑劣的凡人们津津乐道的肉欲满足，而是用有节制的、正义的心灵去获取欲望的满足，如果人们真正相爱就不能走近情人和爱人身边，不能享受那种满足的快感。这就是通常所说的"柏拉图式的爱情"，是心灵方面的爱情，是"神"们的爱情，如果使社会成员彼此在心灵方面共同追求真、善、美，彼此相亲相爱，那么他们将会战无不胜，攻无不克！

如果说柏拉图的身体审美欲望学说是现在我们提出"身体审美欲望"这个范畴的历时性学理基础，那么拉康的身体审美欲望学说就是这个范畴的共时性学理依据。在拉康看来，一个人不是一生下来就能像自然界里的动植物那样简单地自然生长然后自然死亡的，而是在复杂的话语符号中，矛盾地生长然后矛盾地死亡的。因此，拉康告诫我们说，我们在生死之中的符号世界里构造了一切形象，但千万要记住：不要轻信形象（Be wary of the image）。

1932年，拉康在他的博士论文《妄想狂精神病及其与性格的关系》中，具体分析一部小说女主人公的妄想病症，这个女主人公叫埃梅。埃梅非常渴望成为巴黎名伶，但现实不允许。她由此十分嫉恨巴黎名伶于盖特·迪芙洛，迪芙洛代表着拥有自由和社会名望的妇女——这正是埃梅既渴望的理想形象又十分憎恶的对象，因为她把迪芙洛看成威胁她的小儿子的根源。她攻击迪芙洛，刺杀未遂而被捕入狱。埃梅得到了惩罚，而这惩罚正是她的行为本身的真正根源。她在一定程度上明白了她自己就是惩罚的对象。

埃梅的本体自我即理想形象——迪芙洛确实是在她的身体的生物界限以外的因素。拉康指出，这涉及人物的自恋、表象、理想及性格如何超越身体的限制，融入复杂的社会网中，由此提出了著名的"镜像阶段"的理论。"镜像阶段"理论的出发点是：婴儿是如何逐渐掌握自己与身体的关系的？刚出生的婴儿不会捡东西，也不能来回走动，只掌握一丁点儿运动功能，从生物的角度来说发育得很不完全。他们对自身的"不成熟"有什么反应呢？拉康认为，生物体在外界形象上存在着一个与之相似的虚幻痴迷的形式，在这形式作用之下，婴儿自然而然地与这外界形象（可能是镜子中的影像，也可能是另一个孩子的形象）等同起来，从而找到控制身体的新办法。如果我以我自身之外的一个形象自居，我就可以做以前不能做的事。于是，自我在假想中产生了，它是由一种导致异化的自居作用构成的，其基础是身体和神经系统最初的不完备。如果自我看起来完整统一，在它之外就只是分裂的、不协调的肉体。如果自我是根据我们自身之外的形象塑造的，如果我们在异化中形成了对自我的认同，那么在世界仿佛要崩溃，自我与他人并非彻底造成疑问的疯狂状态中，自我的真相就显现出来了。在这里，自我在自我表演时自行解构自身，揭开虚伪的、扭曲的假象，而达利的画作正反映了这一点。

人为什么会困在自我形象之中呢？拉康苦苦思索着：譬如说，人为什么容易在文艺表演中和阅读小说中对某一角色与形象产生认同并不自觉地让它塑造自己的身体呢？为什么男人和女人见到美貌健康的同性或异性，会在无意识之中对其形象产生认同并不自觉地让它来塑造自己的身体呢？这大都与人的大脑的思维工具——语言符号（话语）作用（按照日本学者池上嘉彦的文化符号学，这里讲的话语作用不仅指表现、传达着的语言的功能，而且指与之相对立的具有无限创造性语义作用的语言的功能，即美的或诗的功能）相关。因此，拉康提出了一个响亮的口号："回到弗洛伊德去！"因为弗氏的《梦的解释》、《方案》（1895）、《日常生活中的变态心理学》和《玩笑及其与潜意识的关系》等所讨论的话语活动，从词与词之间的关联到精神病人的症状本身的结构进行了分析，都是根本上具有语言学性质的。所以，拉康解释要"回到弗洛伊德去"的目的时说，提倡认真地重读弗洛伊德的著作，重点集中在其中不断提及的语言及语言功能上。

确实，人一出生就在语言符号（话语）所构成的形象世界中寻找自我人格形象的生长点，其身体欲望显然包含着某些导致欲望对象化的语言机制，这些机制把某些因素扭曲变形为其他因素都是在语言无意识之中完成的。我们并不知道世界不仅仅是符号的，而且我们还努力地把这些符号变成我们身体的组成部分，这使我们自己无法把握真实的现实关系。在这里，拉康与马克思相通的地方是人，如何把握真实的现实关系（包括我们的身体）？从以上的论述过程中可以看出，拉康已经十分注重从语言学和人类学角度，来探求人类的身体欲望如何在一定的话语符号网络控制之中，通过一定的变形使之获得想象性地解决的。这已经深入人类在一定文化话语和审美话语的塑造下如何进行身体变形来表达身体欲望的审美人类学的基本问题——美的永久魅力问题或者说内容和形式的辩证统一问题。可见，拉康无形中深受马克思美学思想的影响，他的学说进一步试图阐释马克思要向我们暗示的现实非常费解的美学问题——人是如何在自己的文化和意识形态话语符号世界中达成自己的身体审美欲望的完满表达的。

在我看来，为了解决这个难题，马克思进一步从具体分析人和人所需要的欲望对象之间的自然的现实的对象化关系的问题切入。他这样写道：

人直接地是自然存在物。人作为自然存在物，而且作为有生命的自然存在物，一方面具有自然力、生命力，是能动的自然存在物，这些力量作为天赋和才能、作为欲望存在于人身上；另一方面，人作为自然的、肉体的、感性的、对象性的存在物，和动植物一样，是受动的、受制约的和受限制的存在物。也就是说，他的欲望的对象是作为不依赖于他的对象而存在于他之外的。但这些对象是他的需要的对象。是表现和确证的本质力量所不可缺少的、重要的对象。①

马克思指出，要求人自然感性的现实存在，应该是基于人的本质的力量的对象化关系基础之上，即要求身体性现实的存在。人和人之间、人和人所需要的欲望对象之间发生的关系，是一种身体性对象化关系，彼此之间能通过这种关系自然地、真实地实现人类类本质力量的对象化（其中也包括欲望的对象化）。

首先，人的需要实际上表现为身体的需要，身体的需要又表现为文化的需要，这些需要基于异化的人的类本质及本质力量的对象化关系之上而产生极大的内在审美欲望，要求人必须进行身体性的对象化活动即劳动。然而在异化劳动情况下，"结果，人（工人）只有在运用自己的动物机能——吃、喝、性行为，还有居住、修饰等等的时候，才觉得自己是自由活动，而在运用人的机能时，却觉得自己不过是动物。动物的东西成为人的东西，而人的东西成了动物的东西。"②身体异化和断裂使工人无法拥有自己的身体、自己的类本质及本质力量，从而无法拥有自己的身体审美欲望。一旦进行身体性的对象化活动（劳动），工人就会失去这些"人的东西"，越是进行这样的活动（劳动），工人就越是失去这些"人的东西"，于是工人越是创造财富，他自己就越贫穷，"劳动创造了美，但是使工人变成畸形。"工人的"畸形"化，就是非"人"化，而且是资本化、商品化、机器化。

其次，货币本身正是这种非"人"化的表现。"货币是一种外在的、并非从作为人的人和作为社会的人类社会产生的、能够把观念变成现实而把现实变成纯观念的普遍手段和能力，它把现实的、人的和自然的本质力量变成纯抽象的观念，并因而变成不完善的和充满痛苦幻想的。另一方面，同样地把现实的不完善性和幻想、个人的实际上无力的、只在个人想象中存在的本质力量，变成现实的本质力量和能力。"③莎士比亚的高明之处就在于，他把金钱世界本质特征通过人们的金钱关系深刻揭示出来，把货币的本质描绘得十分出色。他在《雅典的泰门》中这样写道："金子！黄黄的、发光的、宝贵的金子！——这东西，只这一

---

① 《马克思恩格斯全集》第42卷，北京：人民出版社，1979年，第94页。
② 《马克思恩格斯全集》第42卷，北京：人民出版社，1979年，第154页。
③ 《马克思恩格斯全集》第42卷，北京：人民出版社，1979年，第167页。

点点儿，就可以使黑的变成白的，丑的变成美的。"在资本主义社会，金钱就是上帝，货币的增殖就是主体的本质力量的增殖。这样，"财富是劳动创造的，是欲望实现的外在尺度。在现代化社会，财富成为人的本质力量的主要标志。"①货币实行一种无情的交换本质力量的职能，它本身没有生命，没有任何本质力量，但异化现实却使它具有神一般的魔力，从而通过它使人身体性对象化关系走向更为深广的异化状态，并且直接把人的身体审美欲望表达导向人的自由自觉的类本质力量的对立面。

这样我们便会发现，人类身体内在的审美欲望表达，即按照"内在尺度"（人的类本质及本质力量的感性现实的对象化或占有）来进行的身体性对象化活动，在身体异化和"断裂"的情形下，严重地"畸形"化了，不可能自由自觉地实现，而只能被异化现实压抑在身体无意识话语底层，只有在文学艺术或其他审美时空中凭借想象性机制才能获得满足。在审美想象领域内，人类身体内在的审美欲望表达往往表现为身体审美话语情感性的实践过程，这一过程交织着克服身体异化和断裂的话语斗争，力求使身体"外在尺度"（在资本主义社会即为金钱—商品价值尺度）获得审美变形的表达，也就是想象性地改造身体的现实关系，并使之转化为身体"内在尺度"的优美化表征。在这种时候，身体"内在尺度"直接实行了自己的对象化或交换职能，而不必用货币代劳了。

肖鹰在论述到崔健的摇滚乐时写道："摇滚乐在当时生活中的广泛的煽情力量并不能使它完全融入个人生活而成为一种流行形式。正如相对于个人在现实生活的欲望，它对个人欲望的赤裸裸的表达必然显得夸张虚浮一样，摇滚乐同个人的关系在根本上又是抽象空泛的——它在更大的程度上是个人存在的神话仪式而非现实行为。"②崔健式身体审美欲望表达实际上力图在身体异化和"断裂"的现实中，让自我的虚无和欲望的膨胀来彻底无情地反叛主体和现实，让身体化为碎片。有如本杰明所渴望的机械复制时代的艺术革命那样，产生一种震惊的艺术效果，从而在异化现实中对身体内在的创伤进行审美修复，直接让身体"内在尺度"实行自己的对象化或交换职能。但为什么说"它在更大的程度上是个人存在的神话仪式而非现实行为"呢？这里关键是对神话仪式进行理解。

乌格里诺维奇在《艺术与宗教》中指出，各种社会意识形态之间的相互关系、相互作用决定于人类实践活动及一定的社会关系。神话作为一种社会意识形态，最初是原始人实践活动发展的结果：当原始人越来越意识到他们的身体及身体性实践关系中不自由程度的加大，他们的意识之中就会涌现出大量的神秘不可知的幻象。这时，他们对周围的事物及其现象从何而来以及各种社会风俗和禁忌（塔布）从何而来等等问题，无法切实合理地加以解答，便只能借助于意识中的

---

① 王杰：《马克思主义与现代美学问题》，北京：人民出版社，2000年，第202页。
② 肖鹰：《形象与生存》，北京：作家出版社，1996年，第71页。

幻想形式来想象性地把握这些问题，从而产生了原始神话。

显然，图腾崇拜是神话意识的原始形式，因为原始人在进行图腾崇拜时所举行的仪式活动本就是用意识的想象性畸变或变形机制发展出具有对超自然力的交感与互渗的神的话语。因此，乌格里诺维奇指出，神话和仪式本是同时产生的，而且彼此构成一个整体。原始人在这种神话仪式活动中，借助神的有声语言（有神秘力量的语词）和无声语言（手势、动作、神态等），生动逼真地再现出神的形象和业绩，并把它们移入现实（把这种神话仪式活动当成现实的实践活动），这就是把神话现实化或把现实神话化了。

原始人为什么以及如何才能做到这一点，这与他们独特的身体感知觉相关。列维·布留尔在其《原始思维》一书中指出，原始人的身体感知觉不同于现代人的。原始人感知事物是完全带着神的话语来进行的，往往通过"互渗"作用来感知有生命的东西，至于问他们为什么这样感知，他们是说不出原因的，因此其身体的感知觉亦因为感知形式的神秘性而变得神秘起来。比如，只有巫师或巫医看得见的某种动物的神而一般人却看不见，原始人于是确信巫师或巫医能通过神秘的感知觉与某种看不见的神秘力量进行交往、融合，从而成为神的肉体化身并且具有了神的法力，故而能驱魔赶鬼、治病救人甚至祈子求雨。"因而，原始人生活在和行动在这样一些存在物和客体中间，它们除了具有我们也承认的那些属性以外，还拥有神秘的能力。他感知它们的客观实在时还在这种实在中掺和着另外的什么实在。原始人感到自己是被无穷尽的、几乎永远看不见而且永远可怕的无形存在物包围着：这常常是一些死者的灵魂，是具有或多或少一定的个性的种种神。"[①]

毫无疑问，原始人相信神的话语存在跟他们对于自己的身体生理、心理缺乏科学认识相关，也跟他们对于自己已经组成的人群、部落的社会性特征缺乏科学认识相关。因而不可能像现代人那样凭借社会的逻辑感知方式来把握人与自然（包括人本身）、人与社会的关系，甚至把自然与社会混为一体，确信社会也如同自然那样按照神的话语组织起来，而具有一定政治权力和智慧力量的人物成为这个社会的"神"（后称"神人"）。正如弗雷泽所指出的，这些"神"或"神人"关系到整个部落或国家的兴衰存亡，由于他们具有某种神秘的超自然力量而最终被处死。

原始人确信身体是由于某种神秘力量（柏拉图称之为"灵魂"）的作用而能活动起来的，甚至相信各种器官自有一个神秘力量（灵魂）主管着，假如这些神秘力量（灵魂）不发生作用了或离开了身体，那么身体就会得病或死亡。如果身体受了伤或得了病，就会认为是由于身体的某种神秘力量（灵魂）离开了身体而造成的。我们可以把这种关于身体的神话称之为原始身体无意识话语。这

---

① [法]列维·留尔：《原始思维》，北京：商务印书馆，1987年，第58页。

种话语可以说是因为自然神秘力量（灵魂）的压抑作用而形成的，因此原始人实际上生活在不和谐而又充满恐惧感的神的话语环境之中，他们的存在是极为不自由的，但他们对此却毫无所知。他们正是凭借神的话语来组成社会的，而社会所有的存在几乎等同于这种神的话语存在，也就是说，原始人几乎把神的话语（意识）的存在现实化。例如，他们把梦（神的话语活动）等同于现实，把神话仪式活动当成现实的实践活动。这些梦和仪式无疑是原始人的身体内在欲望、情感、意志、幻觉等等的话语表现形式，而原始人却无意识地把它们当成了现实活生生的话语实践内容。

现代摇滚乐队在演绎一首歌曲时，总是以离奇变幻的声、色、光、形及其断裂式的疯狂组合，来构造神秘莫测、激荡震撼的舞台形象和音响效果，在一定审美幻象机制作用下，把身体内在欲望、情感、意志、幻觉等等转换为任意自由的审美话语表现形式，并且无意识地把它们当成了现实活生生的话语实践内容。这显然与原始人把现实神话化与把神话现实化的仪式活动是一致的，所以说摇滚乐"在更大的程度上是个人存在的神话仪式而非现实行为"。

正如特里·伊格尔顿所指出的，马克思把人类的"真正"生产赋予在直接的需要中创造出自由的特点，而艺术这种审美地把握世界的身体性话语正因此能集中表征出人的各种欲望和激情，让身体"内在尺度"和"外在尺度"在严重断裂、对抗过程中努力凸现出人的身体"内在尺度"的创造性运用。在这一对象性现实的创造性运用之中，把现实的各种自然和社会的欲望转化为身体审美欲望来表达，这就需要考虑内容和形式的辩证统一问题。在特里·伊格尔顿看来，人类社会的现代性使人的需要所激发的身体审美欲望表达极富于个体化，内容于是获得崇高的表达形式，内容内在于这种崇高形式之中，而"马克思已经有效地把这种内在性与康德的选择性审美状态，或者说崇高结合起来。"① 因此，马克思主义美学是一种内容和形式相融合的崇高美学。在我看来，这种崇高美学研究的主要对象之一是身体审美欲望表达，认为研究身体审美欲望表达问题必须考虑两点：①审美交流（交换）的现实性（内容方面）；②审美变形机制的运用（形式方面）。

首先，马克思指出，欲望对象的达成"只有通过发达的工业，也就是以私有财产为中介，人的激情的本体论本质才能在总体上，合乎人性地实现。因此，关于人的科学本身是人在实践上的自我实现的产物。"② 也就是说，身体审美欲望表达的根基正是人和人的交流（交换）的现实性即私有财产异化的社会现实性。人这时不仅是受动的主体，而且是能动的主体，激情、幻象等等所达到的极度亢

---

① ［英］特里·伊格尔顿：《美学意识形态》，王杰、傅德根、麦永雄译，柏敬泽校，桂林：广西师范大学出版社，1997年，第210页。

② 《马克思恩格斯全集》第42卷，北京：人民出版社，1979年，第150页。

奋、复合程度,恰恰表征出人性在实践中如何崇高地获得自由和满足。

马克思写道,我们现在假定人就是人,而人同世界的关系是一种人的关系,那么你就只能用爱来交换爱,只能用信任来交换信任,等等。如果你想感化人,那你就必须是一个实际上能鼓舞和推动别人前进的人。你同人和自然界的一切关系,都必须是你的现实的个人生活的、与你的意志的对象相符合的特定表现。如果你在恋爱,但没有引起对方的反应,如果你的爱作为爱没有引起对方的爱,如果你作为恋爱者通过你的生命表现没有使你成为被爱的人,那么你的爱就是无力的,就是不幸。①

人与人之间的爱、信任等令人感到自由的方面能够在交流(交换)中充分地实现,这就必须强调人的个体的现实性存在,这种现实性存在规定了交流(交换)对象的达成。然而交流(交换)往往很难达成,这原因也就在于交流(交换)的现实性本身,因而往往导致表达的"无力"和"不幸"。身体审美欲望表达正基于这种交流(交换)的现实性而产生。

其次,在马克思看来,这种交流(交换)的现实性也规定和制约着身体审美欲望表达的变形机制。审美变形机制的运用,事实上是一种身体审美话语的变形表达。马克思指出:"说人是肉体的、有自然力的、有生命的、现实的、感性的、对象性的存在物,这就等于说,人有现实的、感性的对象作为自己的本质即自己的生命表现的对象;或者说,人只有凭借现实的、感性的对象才能表现自己的生命。"②人在异化现实中,必须也只能借助于异化现实的感性具体的对象的审美变形来进行身体审美欲望表达;换句话来说,人必须、也只能运用审美变形机制对异化现实进行身体审美话语的变形表达。所谓"审美变形",就是对异化现实有关欲望对象的话语材料进行审美加工处理(典型化或陌生化)来达成人与人之间身体审美话语的交流。由于个体化和社会化彼此分裂对立,因此,对于孤立的个体来说,这种变形往往导致震惊的效果,甚至令人感到恐惧。

在批判现实主义大师巴尔扎克笔下,老葛朗台对金钱的变态心理及其守财奴的典型形象,是经过作家对十九世纪法国资产阶级上升时期拜金主义盛行所造成的欲望的异化现实进行典型化处理而塑造出来的。在老葛朗台身上,我们看到金钱欲望极度膨胀所带来的后果:身体"内在尺度"完全被破坏、撕毁和抛弃,人不再是人本身,而是金钱的奴隶,其人格分裂、身体"断裂"、精神扭曲、心理变态,令人震惊。而在现代主义戏剧大师布莱希特那里,这种震惊不再以典型化手法达成,而是以陌生化手法来达成。在本杰明看来,布莱希特的史诗剧打破了传统戏剧的幻象,用片段式、零散式和身体性的碎片来呈现异化的现实关系。"这里,戏剧情境的间离效果是通过'痉挛和惊动'打断整体过程来完成的,这

---

① 《马克思恩格斯全集》第42卷,北京:人民出版社,1979年,第155页。
② 《马克思恩格斯全集》第42卷,北京:人民出版社,1979年,第168页。

和电影蒙太奇引起的震惊感完全一致。"① 现代电影技术的运用最重要的特点是蒙太奇,即通过镜头的变化组合来打破日常僵化的话语系统,从而揭示意识形态的政治危机。不言而喻,布莱希特的戏剧和现代主义的电影,以陌生化手法来塑造艺术形象,直接呈现出人的身体"断裂"和文化断裂,以之击溃人们欲望的对象化镜像,给人产生极为强烈的震惊效果。总之,无论是批判现实主义的典型化还是现代主义的陌生化,都不同程度地对异化现实的欲望对象化的话语材料进行审美变形,使人们在震惊与恐惧之中进入理性的批判与反思,重新找回真实的人的身体审美话语。或者说,典型化或陌生化是对异化现实的人的身体审美话语及其交流过程的变形表达。

三 身体审美话语理论研究的提出

特里·伊格尔顿在谈到马克思主义美学意识形态问题时指出:"美学是作为有关肉体的话语而诞生的。""美学话语讨论感性和精神、欲望和理性之间的严重异化现象,对马克思来说,这种异化植根于接近社会的本质之中。在资本主义制度下,随着自然和人性的进一步工具化,劳动过程处于欺骗和抽象的法律的支配之下,从肉体快感中剥离出来。"② 因此,美学是一种关于身体的话语,这种话语内含着矛盾复杂的意识形态斗争。在这里,伊格尔顿看到了美学的物质基础在于人的身体,但在我看来,马克思主义美学作为一种身体性的意识形态话语,其物质基础不仅在于人的身体,而且更为重要的是在于人的身体性实践关系,即人的类本质力量的对象化关系,其核心范畴应该是身体审美话语。身体审美话语是指在人的身体及身体性实践关系基础之上,以审美话语表现形式进行的人类身体内在的审美欲望的表达,或人类身体的"内在尺度"感性实现过程,或人类身体内在的类本质及本质力量感性现实地对象化或占有过程。作为身体审美欲望表达,身体审美话语充满着生命的激情和幻象,是一种情感性的话语实践。而作为人的身体"内在尺度"的自由自觉地创造性运用或人的本质力量的感性现实的对象化过程,身体审美话语表达既是合规律的又是合目的的情感性话语实践。必须明确指出,审美和审美话语是相互联系又相互区别的两个概念。审美除了包括审美话语即主体之间想象性(精神性)话语实践关系之外,还包括审美主体、客体物质性方面及其实践关系。也就是说,审美实践(或审美活动)既包括精神性话语实践,又包括物质性现实实践,而后者必须通过前者来达成,因而审美话语成为审美是否成功的关键环节。审美话语显然是对主体的物质性现

---

① 杨小滨:《否定的美学——法兰克福学派的文艺理论和文化批判》,上海:三联书店,1999年,第81页。

② [英] 特里·伊格尔顿:《美学意识形态》,王杰、傅德根、麦永雄译,柏敬泽校,桂林:广西师范大学出版社,1997年,第1页。

实实践关系的情感性变形表达，即主要是把那些现实中无法实现的人的身体欲望经过一定的话语材料的艺术陌生化和审美化，转化为想象性的具有一定情感价值的身体审美欲望来表达。一言以蔽之，即把人的身体的现实世界换喻为人的身体的虚拟世界。诗人的审美话语就是诗的语言，画家的审美话语就是绘画的语言，音乐家的审美话语就是音乐的语言，舞蹈家的审美话语就是舞蹈的语言，等等。依此类推，文学艺术家自己进行哪方面的文学艺术创作，他/她就是使用哪方面的文学艺术的语言，即审美话语。在日常生活中，人们时时刻刻与身体审美欲望表达关联着，他们/她们在审美过程中，所使用的审美话语更加矛盾复杂。正如特里·伊格尔顿所说的，始终关涉到肉体生命的感性存在问题，围绕着这一点，又牵连到个人的种族、性别、阶级等等意识形态话语方面的问题。因此说，审美和意识形态是既矛盾又紧密相连的关系。

我们认为，身体审美话语是主体想象的、审美的情感性意识形态话语，能曲折地表征或把握身体异化和断裂的现实关系。它建基于人类身体及身体性实践关系之上，根源于人的异化现实，借助于人的身体的审美感知方式来达到。马克思指出：人们通过身体丰富的感知觉来审美，从而达到身体审美话语状态的人性自由，所有的审美感知觉这时候必体验身体"内在尺度"即人的本质力量的对象化这一美的规律，同时处处体现了这一规律。"我们看到，工业的历史和工业的已经产生的对象性的存在，是一本打开了的关于人的本质力量的书，是感性地摆在我们面前的人的心理学。"① 我们如果消除了其中的身体异化和"断裂"，使之处处呈现出身体审美话语的感性的人的现实，那么人岂不是获得了全面发展的人本身了吗？社会主义革命的目的就是要消除人类身体异化现实，共产主义社会是在此基础之上对人类身体异化的积极扬弃，是人类身体审美欲望表达现实的、完全的、自觉的实现，即实现人的身体审美话语的感性现实地存在，实现人的类本质及本质力量感性现实地对象化或占有。这时候，人类不就实现了自由解放了吗？

人类在地球上开始出现时，第一个强大的异化力量是自然界。"人本身——在未开化的野蛮状态下——以他自己直接需要的量为他生产的尺度，这种需要的内容直接是他所生产的物品本身。"② 原始人所生产的物品极为稀少且来之不易，生命的发展延续因此受到极大的影响。在这种情形下，原始人仅能凭借一种"诗性思维"或"神话思维"方式来把握生命。在他们看来，自然界仿佛有无穷的神秘不可战胜的神灵，如果通过一定的方法获得其神力，生命就可以发展延续，这样，图腾崇拜应运而生了。在图腾崇拜中，原始人的身体奇迹般地凭想象性机制与自然界神灵同质同构，从而虚幻地获得某种神力并借以对抗大自然的异化力

---

① 《马克思恩格斯全集》第42卷，北京：人民出版社，1979年，第33页。
② 《马克思恩格斯全集》第42卷，北京：人民出版社，1979年，第127页。

量，达到"天人合一"的境界，于是身体异化顿然消失了。事实上，这种神力仍然来源于人的身体内在的类特性即自由自觉的创造性活动，在一定的想象时空中，促使原始人完美地表达这种自由自觉的创造活动，并在活动中使人的本质力量获得对象化而产生了极大的情感愉悦。原始人处于神话思维状态中进行活动，在我们看来，几乎没有身体异化"断裂"的痕迹，因此他们所生活的时代被称为"人类的童年时代"。从审美人类学的高度来说，要求实现身体的自由自觉的创造性存在，就是人的感性现实地、对象化地审美存在。这就是说，异化的身体或人复归了人本身。然而，由于人类一开始就在自然界异化条件下生存，因而人类身体审美话语势必借助神灵的话语来自然扭曲地表达着，即在神话中借助于神的有意识的话语和欲望形象——这可以被看成原始人身体"外在尺度"——来表达人的身体"内在尺度"。在这种表达中，原始人把人的欲望、幻想、愿望、意志、智慧、力量、感觉和感情等等，通过神的有意识的话语和欲望形象来实现其无意识的对象化或占有，从而仿佛获得某种神力或魔力来自由自觉地创造性发挥人的内在的潜能，以获得现实的自由幸福和美满生活。这种时候，原始人并不知道"神"的实质正是人的类本质力量对象化的一种精神实体化或审美幻象。在这种情况下，原始神话对人的身体及身体性实践关系产生了神的意识形态塑造作用，在这种作用之下，原始人并不像后来的浪漫主义美学所认为的那样处于无限自由和谐的身体性实践状态之中，而是处处充满身体性"断裂"和恐惧。

如果按照弗洛伊德的压抑理论和容格的集体无意识理论，原始人的这种神话生活实际上是受自然异化力量的压抑而产生的变形（变态）生活。他们在神化的集体无意识话语实践中表现出某种剧烈的精神分裂或错乱，往往把主客观混融，并无意识地按照幻觉形式来表现自己的欲望对象化（象征），强大、神秘、粗俗、野蛮而且又充满着对神的无限恐惧感，显然带有神话的神经强迫症和恐惧症。这种情况类似于阿多诺所说的，审美幻象的机制作用必然引起某种幻觉效应。这可以说是原始人的身体内在的审美欲望表达的一个主要的话语特征。由此可见，原始人通过神话把身体自然欲望转化成虚幻的身体审美欲望来表达，反过来却极大地压抑、扭曲着他们的身体及身体性实践关系，他们的身体审美欲望的对象化正是他们的身体自然欲望的一种异化表现。

在敬奉狄奥尼索斯的神话仪式活动中，维奥蒂亚人把他当作树神，给他戴上神的面具，披覆枝叶。而克里特岛人和雅典人却分别把他当作公牛和山羊的化身，当场撕碎所献祭的一头公牛和山羊，放纵地狂奔乱叫，以示神的复活。人们戴着公牛或山羊的面具，披着厚厚的公牛皮或山羊皮，狂舞乱饮，极度恐怖地纵情纵欲。现代人对这样的仪式活动也许感到不可思议，认为人的精神病发作了。但现代人却会感觉到原始人必定采用不同于现代科学思维的神话思维来进行集体无意识的身体审美话语的表达，这种表达无疑是十分神秘和不可理喻的，状如精神病人的神经强迫症和恐惧症发作。

显然，按照弗雷泽的看法，原始人必定带着对神的交感意识来组织原始社会、选择婚配、举行墓葬以及各种成年礼、割礼和初夜权等等，以为必定有一种不可见的神秘力量渗透到这些活动中，并且还渗透到石头、羽毛、花草、水以及各种动物身上。只要人能拥有它们就能拥有了某种神秘力量，甚至以为只要拥有神的名字，就可以拥有神的力量和智慧。这种交感意识容易把具有神性或某种神秘力量的人当作神的化身，即所谓的世间"神人"。例如，一个猎手猎取到的猎物越多，他所佩戴的兽牙或兽骨就越多，也就越容易被称为"神人"。弗雷泽发现，原始部落的氏族长、酋长往往拥有某种神秘力量，能够呼风唤雨、驱鬼赶魔，是神的肉体化身。但当这些"神人"表现出某种病症或衰老的迹象时，他们就会被新的继承者杀死。因此，"神人"们过着恐惧不安的生活，时刻与"神"保持神秘的情感话语交流，必须按照神谕完成"神"的使命，必须按照神的安排来规定日常起居饮食、社会交往和日常生活，平时必须关门闭户，奉若神明。毫无疑问，他们的身体欲望经过"神"的意识形态话语的塑造而发生了审美变形，即转化为"神"的身体审美欲望。

正因为这样，原始人的身体审美话语表达机制只能是"神"的话语的变形作用所引起的原始审美幻象的机制。卡西尔指出："神话不是别的，终归只是一种名副其实的幻象，即一种不是有意识而是无意识的欺骗。它完全是人类精神的本性，并且首先是人类语言的本性所产生的一种欺骗。神话总是保持着某种病态。"① 对于这种病态，原始人自己是不可能自觉意识到的，他们的这种病态表现是一种欲望的伪装，这种伪装完全是无意识的情感话语实践，如同做梦一般。然而，正因如此，原始人才能保持与大自然发生无意识的生命契合，使身体感知觉的灵敏度远远超过现代人。列维·布留尔认为，其中的主要原因在于原始思维的独特性。"对原始人来说，他周围的世界就是神灵与神灵说话所使用的语言。原始思维记不得是在什么时候学会这种语言的，它集体表象的前关联使这种语言完全成为天然的东西。"② "前关联"是指在集体表象作用下原始人身体的神秘的直觉。这种直觉的语言思维能力对时间、空间、数量等等，不必采用现代人的科学逻辑推理就能凭着身体的无意识感觉来计算和把握，并且长久地保留在记忆里。"简而言之，对原始人的思维来说，神话既是社会集体与它现在和过去的自身和与它周围存在物集体地结为一体的表现，同时又是保持和唤醒这种一体感的手段。"③ 原始人使身体充满着神的同一性感知力，把世界想象成按照神的话语力量安排好了的有自己自然规律的时空整体。因此，无论他们走到哪里，就不会忘记那里的地理环境和确切方位；只要走过一条路，就不会忘记路上所发生的事

---

① [德] 恩斯特·卡西尔：《国家的神话》，北京：华夏出版社，1998年，第24页。
② [法] 列维·布留尔：《原始思维》，北京：商务印书馆，1987年，第375页。
③ [法] 列维·布留尔：《原始思维》，北京：商务印书馆，1987年，第438页。

与所见到的人和物；根据一定的神的感知力，就会确切地计算出从某地到某地所需要的时间。无论从眼睛的视力和敏感度还是从耳朵的听力和敏感度来说，原始人都比现代人强得多了。看来，"神"和自然力量、规律是一致的，原始人把自己身体融入"神"的话语感知中，也即融入自然生命状态中，这就能使自己的身体及身体性实践关系与自然生命过程和谐一致起来，而原始艺术家们可能也是在这种情形下来进行原始雕刻和绘画活动的。"在狄奥尼索斯神的崇拜中，我们无法找到丝毫希腊精神的特殊品行。这里所显现的是一种基本的人类感情，一种相对于最原始的祭祀和高度精神化的神秘的宗教共同感情。这是一种个人的内在欲望，它要求自由地摆脱个体性的桎梏，使其沉浸在宇宙的生命之流中，扬弃本性而与整个自然融为一体。"[1] 卡西尔由此推出神话的最基本的原理：神话不仅产生于理智的过程，而且深深萌发于人类的情感，是人类情感的某种表达，但这种表达尚不是感情本身，只是由感情转化的一种想象。动物与人一样也有自己的情感表达，和人一样有一整套复杂的本能和内在冲动的网络调整着身体及其行为，但这种行为并非有意识的。正如里博特所指出的，是一种无意识，一种有机的自然感觉能力，这正是高级动物（人）有意识的情感表达（在原始人身上表现为神的有意识话语表达）的基础和雏形。原始人距离动物感觉状态期最近，是刚刚走出动物状态但又保留着大量的动物的自然有机整体的感知力，能把人的情感和欲望表达同自然生命表达有机地统一起来。在一定的身体性实践基础之上，把这种感知力提炼成人的独特的本质力量对象化的文化能力，即通过神的话语中的一种前艺术的有机整体来表达身体审美欲望。正由于这一点，使人类远远超出一般的动物状态，只有人类才有神话，这正如只有人类才有意识、思维和语言一样，而神话正是人类最初的有意识的语言，它使人类情感和欲望被无意识地、审美变形地表达着。即神话也是人类凭借情感性的身体无意识话语来把握世界的一种"实践—精神"方式。也正因为这一点，所以只有人类才有审美。

  原始人的神话生活实际上属于原始公有制条件下一种前艺术状态下的有关神的虚幻的身体审美话语的交流实践活动，这在维柯看来，就是以"神"的话语构建原始社会和文化生活。这时候，原始人充分表现出与动物不同的类特性：他的生命活动和思维活动均表现为身体有意识的话语活动（神的话语活动）。正因为这样，马克思指出：动物和它的生命活动是直接同一的，动物不把自己的生命活动区别开来，它就是这种生命活动。人则使自己的生命活动本身变成自己的意志和意识的对象，他的生命活动是有意识的，这不是人与之直接融为一体的那种规定性。有意识的生命活动把人同动物的生命直接区别开来，正是由于这一点，人才是类存在物。或者说，正因为人是类存在物，他才是有意识的存在，也就是说，他自己的生活对他是对象。仅仅由于这一点，他的活动才是自由的活动。异

---

[1] [德] 恩斯特·卡西尔：《国家的神话》，北京：华夏出版社，1998年，第49页。

化劳动把这种关系颠倒过来，以至人正因为是有意识的存在物，才把自己的生命活动，自己的本质变成仅仅维持自己生存的手段。①

我们知道，直到看到了摩尔根的《古代社会》之后，马克思对于原始社会的情况的思考才更为清楚。但马克思这段天才的论述却表明了：原始人的身体有意识的话语活动与身体审美话语交流实践活动是一致的。然而，在现代资本主义社会里，异化劳动把现实的一切生命活动和身体性实践关系（人的本质力量的对象化关系）转变为人的身体有意识的谋生手段，这就导致了身体有意识的话语活动和身体审美话语交流实践活动往往处于不一致的状态之中（前者总是背离和压抑着后者）。这时候，身体有意识的话语活动可以通过身体"外在尺度"来衡量，充分体现为一般社会意识形态（一般社会意识形态是指统治阶级意识形态和日常生活意识形态的统称）的普遍要求。这样，我们可以把通过身体"外在尺度"来衡量的异化现实的一般社会意识形态话语统称为身体有意识话语；而把通过身体"内在尺度"（人的本质及本质力量的感性现实的对象化）来创造的被身体有意识话语压抑着的主体意识形态话语统称为身体无意识话语，身体审美话语正属于一种身体无意识话语。由于原始人把主体性的身体内在的自由自觉的人的本质力量对象化和存在都当成客体性的自然神秘力量（灵魂）作用和存在，即把身体"内在尺度"与身体"外在尺度"等同起来，因而原始人的身体有意识话语和身体无意识话语（身体审美话语）基本上是一致的。这样看来，基于身体"内在尺度"和身体"外在尺度"的辩证统一关系基础之上的人类身体无意识话语（身体审美话语）和身体有意识话语，彼此之间也是辩证统一的关系。

根据弗雷泽的《金枝》所收集的材料可知，狄奥尼索斯可以被敬奉为树神、山羊（公羊）神或公牛神。作为树神，他是一棵直立的木柱，无手臂，头上和身上均披覆着枝叶，脸上戴着满脸胡须的面具，以显示神的本性。作为山羊神，他的身上披着黑色的山羊皮；而作为公牛神，他的身上披着公牛皮，他的头是戴有牛角的牛头。人们知道，狄奥尼索斯被提坦诸神撕碎，横遭暴死。在克里特岛，人们每隔两年举行一次纪念他的节日活动，在节日的仪式活动上把他所遭受的苦难再现出来，敬奉他的人们当场撕碎一头活公牛，用精致的盒子装下它的心脏，在树林中狂奔狂呼，其中还夹杂着狄奥尼索斯童年时所听到的铃声，这样来显现狄奥尼索斯的复活。狄奥尼索斯作为一头公牛神被斩杀，同样地，作为一头山羊神也要被斩杀。弗雷泽认为："斩杀一个神用来献祭这个神，因为他是他自己的敌人。由于神享用奉献给他的祭品，因而当祭品是神的旧我时，神享用的就是他自己的血肉。因此，山羊神狄奥尼索斯被说成是喝山羊生血的，而公牛神狄奥尼索斯也被叫作吃公牛的神。依此类推，我们可以猜想：如果哪位神被说成是

---

① 《马克思恩格斯全集》第42卷，北京：人民出版社，1979年，第96页。

吃某一特殊动物的神，那么，这个动物原来就是这位神本身。"① 无论怎么说，关于狄奥尼索斯的神话和仪式活动实质上都是一种图腾神话和仪式活动，都把与农业生产和身体相关的动植物绘成神的形象，这个神的形象是处于悲剧过程中的戴有象征神性的面具的动植物形象，俨然，狄奥尼索斯就在这种神的话语氛围中复活了。所有这一切过程都是无意识的，又是有意识的。说它是无意识的，就是说原始人没有意识到它是一种幻象，把不现实的当成了现实的，把神话现实化或把现实神话化，说神的话和做神的事，就好像神真的存在着。说它是有意识的，就是说原始人自觉以神话意识和神的感知觉来说神的话和做神的事，把自己有意识地幻变成神的话语存在者。显然，无论是无意识的还是有意识的，都表明原始人的身体无意识话语（身体审美话语）和身体有意识话语基本上是一致的，因为他们都确信神的存在。

马克思看到了这样的事实：现代人已经不再像原始人那样——在神的意识形态话语塑造下把身体有意识话语和身体无意识话语（身体审美话语）等同起来了（关于这一点的讨论分析，也暗含在马克思后来的《〈政治经济学批判〉导言》中），因为在异化劳动条件下，人的身体"内在尺度"和身体"外在尺度"已经由激烈对抗进入到严重断裂过程，由此导致了这两种话语的对抗和断裂。在金钱——商品价值尺度的支配下，工人不得不把身体"内在尺度"——人的类本质力量及其对象化——当作谋生的手段，技术理性和金钱商品一样，取代原始神灵偶像而成为人的现代神灵偶像。在这种偶像崇拜中，一切价值都发生了颠倒。我认为，正在这种时候，弗洛伊德的无意识理论就可以拿来，为马克思主义身体审美话语理论构建提供了借鉴。弗洛伊德认为，人的身体内在的欲望按照快乐原则总是要求得到满足，但是意识把这种欲望压抑下去，使之转变为一种内在的伪装性满足的无意识话语活动。比如说，梦是人的身体欲望伪装性满足的无意识话语活动，是在现实的一般社会意识形态话语压抑之下，通过身体性的精神活动而使潜在的身体欲望获得满足，因而梦始终伴随着身体的自我人性的实现过程。——人生如梦！但可惜的是弗洛伊德没能把梦的精神分析贯彻到社会人生的历史性实践之中，他只是谈及身体（肉体）及其在意识形态话语压抑之下的欲望表达，而没有谈及身体性实践活动（如异化劳动）。马克思比之深刻之处就在于：把人的身体欲望及其表达和身体性实践活动历史地联系起来，以劳动实践为基点，提出了人的自然欲望和社会欲望的辩证统一及其必然借助于现实的身体有意识话语才能达成对象化。马克思提出一个光辉的论断："劳动创造了美，但却使工人变成了畸形。"这就向我们提出了两个现实的问题：异化劳动怎样能够创造出美来的？这个美的创造活动又是怎样使得工人变成了畸形的？在我看来，异化劳动虽然是身体有意识话语压抑之下进行的，但是身体审美话语却能在无意识

---

① ［英］詹·乔·弗雷泽：《金枝》，北京：大众文艺出版社，1998 年，第 565 页。

之中战胜这种压抑，努力实现人类身体内在的审美欲望表达，因而这就创造出美来了。但由于这个美的创造过程始终伴随着身体有意识话语的压抑，而每一次身体审美欲望表达就因为这个压抑而需要主体付出生命昂贵的代价，这势必导致了身体的异化和"断裂"，因而使工人变成了畸形。这就是说，身体审美话语和身体有意识话语在异化劳动条件下既相互矛盾又相互统一。身体审美话语总是被身体有意识话语压抑到无意识的底层，在那里，到处可以听到被压迫者灵魂呼救的声音。身体有意识话语犹如身体硬邦邦的冷漠无情的外壳，而身体审美话语则是被其包裹着不能直接表达出来的生命感性实现的核心，也就只能通过这一外壳来跟外界（他者）进行交流（交换）活动了。于是，身体审美话语总是被变形地表达着。

与马克思同时代的尼采指出，个人不能像叔本华所说的那样悲观绝望，而应该是有无穷的追求力量之强大的意志本质，生命意志奋发向上增强之际，快乐与痛苦相伴而刺激着强力意志，从而加强了力感和生命感。人的强力意志所生活的地方充满着无意识的能量，是不能用语词来表达的，因为语词夺去了人的思想情感的个人性。然而"人们不但不去揭穿语言的遮蔽作用，反而有意无意地借助语言的遮蔽作用来逃避自我，逃避深刻的内心生活。"[①] 超人是不能用一般化的语词规约的，因为他是充满强力意志的"一切形象的形象"——他超越一切传统道德规范，是自树价值尺度的创造者以及不为现代文明所累的"未来之子。""超人"的这种文化幻象是由全人类所有人的优质组合而成的一种象征，一个现实的人能成为超人，而只能为超人的产生准备条件，做出牺牲。从尼采"超人"的文化幻象中引发出来的是当代人身体"断裂"所直接带来的身体性恐惧。福柯和拉康几乎同时证实了当代人普遍面临着身体性恐惧是：肉体和性的结构、功能、需要、欲望等等，均被语词（文化话语和意识形态话语）左右着、吞噬着、撕裂着。正如上文已经论述到的，拉康曾分析了一部小说主人公埃梅的妄想狂的幻象问题。埃梅渴望成为名伶，所以嫉恨巴黎名伶于盖特·迪芙洛。由于迪芙洛代表着拥有自由和社会名望的妇女，因而迪芙洛对于埃梅而言既是自我理想形象，又是嫉恨的对象。在一次行刺迪芙洛之中埃梅被捕了，这时埃梅才明白了自己正是自己恐惧的对象。埃梅的本体自我在她的肉体和性的结构、功能、需要、欲望之外，是由意识形态话语构造而成的文化幻象（后来称之为"镜象"）而已，这个幻象固执地欺骗着埃梅，使她自己出卖和惩罚了自己的肉体存在，这是埃梅身体性恐惧的具体表现。

我认为，用阿尔都塞的意识形态理论可以解释当代人这种身体性恐惧变形表达的原因。阿尔都塞认为，统治阶级是利用一套让人永远在自我幻象的完整体系中生存发展的意识形态及其国家机器来统治的。这些意识形态国家机器是：学

[①] 周国平：《尼采在世纪的转折点上》，上海：人民出版社，1986年，第161页。

校、机关、国家庆典、宗教仪式、新闻机构等等实践性机构，紧紧控制着一个人的身体，从而使一个人脱离自己真实的身体，产生一系列的"想象性畸变"，从而被统治阶级意识形态"询唤"为自觉为统治阶级服务的主体。事实上，真实拥有自己身体的人（主体）并不存在，正是在这个意义上，福柯才喊出了"上帝死了，人也死了"的话语。意识形态话语构造了当代人新的神灵恐惧，把自我理想形象幻化为神灵偶像，并且不择手段和不顾一切地追求它，拜倒在神灵偶像面前，在祈祷神灵护佑之中，努力把流行音乐的歌词看作向这些神灵偶像祈求自我理想形象实现的"祷告词"或"咒语"。由此可见，当代人新的神灵恐惧应该说是原始人的神灵恐惧的一种变形表达。不过，这种表达笼罩着挥之不去的意识形态话语的阴魂，把人的神灵崇拜情结投射到科技理性和金钱商品上，从而使技术和商品的世界成为现代化宗教膜拜的神话世界。因此，当代人迷失于自己构造的科学理性和金钱商品之中。正如阿多诺和法兰克福学派所批判的：大众文化加重了这种迷失而成为资产阶级意识形态统治的有力工具。

　　无论怎么说，在身体异化和"断裂"的现代社会，审美现代性被提上了日程，这一审美现代性主要聚焦于充满个性和审美感觉的身体性存在（身体有意识话语和身体无意识话语的矛盾冲突的个体化存在转化为此两种话语走向辩证统一的社会性存在）的可能性和现实性。在《巴黎手稿》中，马克思从文化人类学和审美人类学的高度，从历史唯物主义基本立场出发，努力探寻一条人类身体审美解放的共产主义的革命道路，并坚信沿此道路勇往直前，最终一定能扬弃人类身体的异化和断裂，使异化和断裂的主体（人）回归完整的人本身。围绕着人的身体审美解放的核心问题，基于人类身体及身体性实践关系基础之上，这就向我们提出了身体审美话语理论研究的任务。我认为，身体审美话语理论研究的任务有三：①剖析身体审美话语历史生产和人类学意义。②揭示身体审美话语和身体有意识话语在审美和艺术中的辩证统一关系。③探讨身体审美欲望表达问题。就①而言之，马克思这样指出："如果人的感觉、激情等等不仅是（狭隘）意义上的人类学的规定，而且是真正本体论的本质（自然）的肯定；如果感觉、激情等等仅仅通过它们的对象对它们感性地存在这一事实而真正肯定自己"，那么，"关于人的科学本身是人在实践上的自我实现的产物。"① 在这里，马克思摆脱了费尔巴哈人本主义和自然直观的唯物论，把人的科学即人类学对人的感觉、激情等等的研究导入了历史唯物主义的实践领域之中。按照这一规定，我们认为，身体审美话语的历史生成和人类学意义均建基于人类的身体（活生生的感性现实存在的个人的肉体）及身体性实践关系（人的本质力量的对象化关系）之上。这里面有许多复杂的问题尚待深入研究。就②而言，就是要求我们研究身体及身体性实践关系如何在审美和艺术中发挥交流作用的问题，这里就涉及意识形态话语

---

① 《马克思恩格斯全集》第42卷，北京：人民出版社，1979年，第150页。

理论的研究。就③而言，就是要求我们研究身体的自然欲望和社会欲望如何转化为身体审美欲望及其表达的审美变形机制的运用。总之，②和③都必须在①的基础之上进行研究，而这三个研究任务的完成，又都必须以人类身体异化的扬弃或审美解放为指归。在我看来，这也正是审美人类学的根本任务。因此，身体审美话语理论研究可以丰富发展马克思主义审美人类学的研究，意义十分重大。

此外，由于马克思主义美学从根本上来说属于实践美学，即认为美学作为一种意识形态话语系统，其根基在于人们的物质生活实践。因而，身体审美话语理论研究为这种实践美学找到一个实践的物质基础，即人类身体及身体性实践关系。在这一基础之上，审美和艺术必然是一种建基于人类身体及身体性实践关系之上的意识形态的情感性话语实践。在后现代语境下，这种审美和艺术，就能叠合古今中外的各种审美幻象，构成当代中国马克思主义美学的话语系统。正因如此，身体审美话语理论研究将为当代中国马克思主义美学开辟出一条现代化的康庄大道，使之摆脱二元对立的美学理论框架和贵族偏见，切入中国的历史和现实，进入老百姓日常的审美生活。由于身体审美话语理论研究的主要对象是身体审美欲望表达，通过探讨这一表达中审美交流（交换）、审美变形等问题，解决人们的欲望对象化的难题，因而能够帮助人们主动积极地进行身体及身体性实践关系的审美建造。这必将推进中国特色的社会主义"双文明"建设，为当代中国马克思主义美学切切实实地开辟出一条现代化通途。

徐碧辉先生在谈到二十一世纪马克思主义美学的构想时认为："实践美学的困境在于，它把美学的哲学基础和美学本身混为一谈了。美学的哲学基础是社会历史实践观念，应把美学放到整个社会历史实践中去考察并不等于美学本身的基础与核心就是实践。而且，对于实践概念的内涵，不能作狭义的理解，而必须对之进行新的解释。"① 徐先生指出，实践可以分为现实性实践活动和虚拟性实践活动，前者又分为物质实践、交往实践和精神实践，而审美活动正是一种精神性实践活动。在现代社会中，如果说物质性实践活动成为人类存在的基础，那么，交往的、心理的、精神的、想象性的实践活动便构成了现代社会的基本元素。因此，实践是人或人类与对象世界之间所进行的一种物质的或精神的交流活动，实践活动可以是现实性的，也可以是想象性、虚拟性的。美学的出发点必须是人的感性生命，作为"感性学"的美学，其逻辑起点也只能是审美感性。因为美学所要解决的问题是人类审美化或艺术化生存问题，审美活动是人与审美对象在情感、意志和意识方面的体验、交流和沟通。而审美感性论证是对处于审美活动中的人的感性生命状态的研究，包括审美经验和审美体验的具体的心理学分析、审美趣味的形成与变迁条件、审美对象的前提与条件等的研究。在我看来，徐先生的看法是合理的，实践美学由于没有注意研究审美主体的活生生的个体化生命感

---

① 徐碧辉：《21世纪马克思主义美学的构想》，《哲学动态》2002年第1期，第21页。

性存在，尤其忘记了个体十分丰富的想象性精神交往实践活动的心理学分析，例如，审美欲望的变形、转换和情感的移位、压缩等等的心理学分析，因而把美学研究导向了较为抽象的历史理性主义偏见之中而难以解脱出来。但是，这里所提出的以审美感性作为美学研究的逻辑起点，我认为应该具体落实到人的身体审美话语上来，因为在审美活动中，任何审美感性都是在一定的文化话语和审美话语之中发生的。同时，所谓感性生命的审美经验和审美体验都紧紧围绕着身体而发生的，也就是说，任何审美感性均源起于人的身体及其身体性实践关系，并且均借助于一定的身体审美话语来达成的。总之，如果没有充分考虑到审美感性的基础在于人的身体及其身体性实践关系以及围绕着身体及其身体性实践关系而展开的一定的文化话语和审美话语，那么，美学研究依然没有能够深入作为文化整体的个体生命的审美把握，可能依然回到实践理性主义上来。因为任何感性的体验、认识，最终只能是理性主义光照之下的体验、认识，感性是离不开理性的，纯粹审美感性的逻辑起点是很难的，而如何处理好审美和意识形态的关系就足以说明了这一点。

因此，对马克思的《巴黎手稿》有关身体审美话语的思考应该成为身体审美话语理论研究的开端。在这一开端，许多理论问题才开始涌现，其中的新理论、新问题正急需学界同仁共同加以探讨。本书仅属于此类探讨之一。倘若能因此而推动当代中国马克思主义美学的发展，那真是一件令人愉快的事！

第二章 审美意识形态理论研究的逻辑起点

经济的全球化必然推动文化的全球化,文化的全球化应当指世界各个民族的文化在发展自己特色的同时,彼此之间充分而深入地相互交流和对话,以求相互促进。在这种情势下,民族的文学、艺术作为既定历史语境中的审美意识形态的存在与发展,就需要考虑其所处的国情定位与文化身份问题。而这一问题反映到审美意识形态理论研究层面上,那就表现为审美意识形态理论研究的基点问题。所谓基点问题,包括三方面的内容:①审美意识形态理论研究的社会历史条件与物质基础。②理论的学理依据。③理论的逻辑起点。就我国国情言之,当代中国正处于从前现代过渡到现代的社会主义初级阶段,在这一阶段中,以公有制经济为主导的多种生产方式并存发展,社会主义市场经济正在蓬勃发展。加入 WTO 后,中外经济、文化等各方面的交流合作进一步加强,物质生活水平的逐步提高使人民的精神文化需求更加强烈,传统、现代化(也含后现代化)、大众化、商业化、国际化、民族化等等相互融合,在文学、艺术方面就存在诸如新写实主义小说、摄影文学、网络文学等等多种综合性的审美需要……这些正是当代中国审美意识形态理论研究的社会历史条件与物质基础,它们决定了审美意识形态理论研究的学理依据与逻辑起点。此外,由于一定的审美意识形态理论研究必受制于与反作用于一定的经济基础,因而我们在对基点问题进行研究时,应该以唯物史观与辩证法为指导。在这方面,马克思的《〈政治经济学批判〉导言》(下称《导言》)及《〈政治经济学批判〉序言》应该成为我们进行审美意识形态理论研究的首要的学理依据。这里,我们着重从对《导言》的分析中来把握当代中国的审美意识形态理论研究的基点问题。

一 逻辑起点的定位

马克思的《导言》是马克思主义唯物史观和辩证法达到成熟的标志。因而,在这一理论发展阶段中,马克思在探讨任何问题时必然是从唯物史观和辩证法的原则立场出发,善于把文学、艺术、神话、宗教及人们日常生活方式、幻想、激情、欲望等等意识形态的表达方式,放到整个社会总体结构中来考虑、分析。马克思首先指出:"摆在面前的对象,首先是物质生产。"[1] 我们分析任何意识形态

---

[1] 《马克思恩格斯全集》第46卷,北京:人民出版社,1979年,第18页。

问题，就必须从具体生产着的个人的一定社会性质的生产出发。马克思批判那种把生产的个人自然化和孤立化的"美学上的假象"，也就是说，不从具体生产着的个人的一定社会性质的生产出发，势必造成"美学上的假象"，即"属于十八世纪的缺乏想象力的虚构。"① "缺乏想象力的虚构"中的"想象力"，在启蒙主义者、浪漫主义者眼里，是完全属于个人主观天才能力的自由表现，无关乎具体实践着的个人的一定社会性质的生产。这一点可谓正中资产阶级美学家、艺术家们的要害，现代资产阶级美学思想的开山祖——康德的美学意识形态不正是这种"缺乏想象力的虚构"吗？在马克思看来，"想象力"应该从具体实践着的个人的一定社会性质的生产出发，把握"市民社会"（当时的资本主义社会的经济基础）与上层建筑之间的矛盾运动规律，揭示"市民社会"的本质特征。从而做到情节丰富性、历史深刻性和思想含蕴性相统一的具体可感的社会性个人形象的虚构。像莎士比亚笔下的典型的主人公一样，而不能如同席勒那样，把个人变成单纯的时代传声筒。

"缺乏想象力的虚构"的"美学上的假象"，这是资产阶级思想家们喜爱耍弄的江湖骗术，即利用审美意识形态的虚幻性来包装孤立生产着的个人理想形象，就像鲁滨孙一类的故事一样。马克思指出："孤立的一个人在社会之外进行生产——这是罕见的事，在已经内在地具有社会力量的文明偶然落到荒野时，可能会发生这种事情——就像许多个人不在一起生活和彼此交谈而竟有语言发展一样，是不可思议的。"② 自然人性论者往往利用人是自然的具有普遍永恒自由、独立的人性欲望者来虚构鲁滨孙一类的故事，冒险、惊奇、充满个人主义、主观主义和传奇色彩，这就是资产阶级意识形态特有的神话功能。马克思主义的意识形态论美学，就应该揭穿这种神话的本质特征，指出没有社会性交流的个人是不可能有这样的意识形态以及富有特色的语言表达的。如果没有具体实践着的个人的社会性生产，没有个人由此与他人发生的交流（交谈），就不可能有语言发展，任何审美的、意识形态的现象就不可能发生。早在《德意志意识形态》中，马克思、恩格斯就已经指出，语言、思想以及一切精神生活、政治生活、社会幻想等等，都受制于具体个人的社会存在。人们的具体分工所导致的社会交往活动渐渐地产生、发展出人们的思想、语言与情感表达，也就渐渐地形成一定的意识形态"想象性关系"（阿尔都塞）。这种"想象性关系"把一个社会中孤立的个人组构成符合统治阶级利益要求的话语主体，他们必须发生主体之间的交流（话语）活动，才能生存、发展（巴赫金）。由此可知，从一定的社会物质生产出发来考察审美和意识形态问题，突出了唯物史观切入问题实质的方法论意识，揭示了审美意识形态理论研究的逻辑起点问题。

---

① 《马克思恩格斯全集》第46卷，北京：人民出版社，1979年，第21页。
② 《马克思恩格斯全集》第46卷，北京：人民出版社，1979年，第24页。

浪漫主义美学根本失误就在于，把审美意识形态简单化为单纯个人的主观虚构，而没有足够的勇气来正视其中的具体个人的社会性生产关系问题，即没有力量触及如何在审美意识形态的物质基础的变革上来寻找理想和浪漫。因此他们也像启蒙主义者那样积极的、革命的、自由的、解放的，但是他们内里却十分贫血、空乏无力，找不到积极、革命、自由、解放的现实入口处。他们那种仅局限于主观虚构的审美解放一直影响到现代西方美学，尤其是西方马克思主义的美学。例如，马尔库塞特别强调审美形式的革命意义，主张"新感性革命"，实属"缺乏想象力的虚构"。而特里·伊格尔顿的《审美意识形态》则把个人捆绑在身体（肉体）话语上，也明显具有这方面的特点，因为我们承认个人身体的物质基础是重要的，但我们更注重个人的身体性实践关系。即马克思在《巴黎手稿》中早就指出的：人们在一定的社会关系中的具体实践活动及其对象化关系，这样，审美意识形态的理论研究就不会脱离具体实践着的个人的社会性质的生产，审美意识形态也就不会是"缺乏想象力的虚构"了。正因为这样，在当代全球化语境中，审美意识形态理论研究的逻辑起点应该定位于人的身体及身体性实践关系。

二　如何把握个人审美问题

在《导言》中，马克思指出："一切生产都是个人在一定社会形式中并借这种社会形式而进行的对自然的占有。""每种生产形式都产生出它所特有的法的关系、统治形式等。"[①] 文学艺术作为一种审美意识形态的生产形式，也不例外。这里的意思在恩格斯的《路德维希·费尔巴哈和德国古典哲学的终结》中说得更具体一些，恩格斯是这样说的："就单个人来说，他的行动的一切动力，都一定要通过他的头脑，一定要转变为他的意志的动机，才能使他行动起来。同样，市民社会的一切要求（不管当时是哪一个阶级统治着），也一定要通过国家的意志，才能以法律形式取得普遍效力。"[②] 恩格斯指出，国家作为第一个支配人的意识形态力量出现在我们面前，它创立一个机关——国家政权——来保护表面看似共同利益的统治者的个人利益，从而成为社会独立力量，一旦这种力量产生了，马上就产生另外的意识形态。"这就是说，在职业政治家那里，在公法理论家和私法法学家那里，同经济事实的联系就完全消失了。"[③] 显然，国家政权、法、政治、道德、制度、警察等等都带有一种观念的"虚构"特性，它们往往形成一种"合力"虚构资产阶级社会合理的个人理想形象。通过其虚幻性、保守性来维持人们的秩序感和对个人资产的好感，从而维护了统治。而"更高的即

[①]《马克思恩格斯全集》第46卷，北京：人民出版社，1979年，第24—25页。
[②] 恩格斯：《路德维希·费尔巴哈和德国古典哲学的终结》，北京：人民出版社，1997年，第43页。
[③] 恩格斯：《路德维希·费尔巴哈和德国古典哲学的终结》，北京：人民出版社，1997年，第45页。

更远离物质经济基础"的意识形态,采取了哲学和宗教的形式。在这里,观念同自己的物质存在条件的联系,越来越错综复杂,越来越被一些中间环节弄模糊了。但是这一联系是存在着的。[1] 文学艺术当然也不例外。为什么会这样呢?这是因为:"任何意识形态一经产生,就同现有的观念材料相结合而发展起来,并对这些材料做进一步的加工;不然,它就不是意识形态了,就是说,它就不是把思想当作独立地发展的、仅仅服从自身规律的独立存在的东西来对待了。人们头脑中发生的这一思想过程,归根到底是由人们的物质生活条件决定的,这一事实,对这些人来说必然是没有意识到的,否则,全部意识形态就完结了。"[2]这里已进一步地指明,文学艺术这样的审美意识形态生产,总是同现有的观念材料相结合而发生的,并对这些材料做进一步的加工,即审美意识形态生产是用现有的一切观念形态材料,如哲学的、道德的、政治的、宗教的、美学的、法的、伦理的,甚至如哈贝马斯所讲的意识形态化了的科学技术观念,来虚构社会生活和个人的理想形象。这种审美形式上的思维活动显然具有自律的高度自由性,但并非绝然主观化而脱离现实的物质生存条件的,最终要由经济基础来解释。不言而喻,这种解释由于中间环节的复杂性而变得困难了。

正因为这样,马克思才提出:"物质生产的发展例如同艺术生产的不平衡关系,进步这个概念决不能在通常的抽象意义上去理解,理解艺术等等的不平衡还不像理解实际社会关系本身内部的不平衡那样重要和那样困难,例如教育,美国同欧洲的关系。可是,这里要说明的真正困难之点是生产关系作为法的关系怎样进入了不平衡的发展。"[3] 显然,马克思在这里着重暗示了审美意识形态在一个社会里的特殊作用,与后来恩格斯所讲的——意识形态一旦产生,就往往利用现有的观念材料并加工之而使它犹如法的关系那样变得很难理解——是一致的。因为法律形式一经产生,"现在法律形式就是一切,而经济内容则什么也不是。"[4] 实际社会关系如法的关系怎样进入不平衡的发展,是明显地比艺术更难于理解的原因,艺术鲜明的审美特征与意识形态保持着距离,即恩格斯讲的自律的独立自主的虚构性,这一点为阿尔都塞所着重指出。正因为这样,马克思指出:"关于艺术,大家知道,它的一定的繁盛时期决不是同社会的一般发展成比例的,因而也决不是同仿佛是社会组织的骨骼的物质基础的一般发展成比例的。……当艺术生产一旦作为艺术生产出现,它们就再不能以那种在世界史上划时代的、古典的形式创造出来;因此,在艺术本身的领域内,某些重大意义的艺术形式只有在艺

---

[1][2] 恩格斯:《路德维希·费尔巴哈和德国古典哲学的终结》,北京:人民出版社,1997年,第46页。

[3] 《马克思恩格斯全集》第46卷,北京:人民出版社,1979年,第47—48页。

[4] 恩格斯:《路德维希·费尔巴哈和德国古典哲学的终结》,北京:人民出版社,1997年,第46页。

术发展的不发达阶段上才是可能的。"① 由于艺术的审美特性,因而它有可能流芳千古,为现代人所欣赏,例如希腊史诗和神话。马克思思考的难点问题关键在于:希腊艺术这种审美意识形态同现代的关系,"现代的"应指不是手推式的自然人力劳作方式,不是人对自然力的想象加工,而是蒸汽机式的、电动式的现代大生产方式,是人对自然力征服的现实。"但是,困难不在于理解希腊艺术和史诗同一定社会发展形式结合在一起。困难的是,它们何以仍然能够给我们以艺术享受,而且就某方面说还是一种规范和高不可及的范本。"② 这里,马克思紧紧抓住了审美意识形态的特殊社会作用问题,而不是它的物质生产阶段的问题,因为古代的艺术不可能用现代的物质生产方式去理解,否则会导致误读。对于现代人来说,"不是这样一种社会发展,这种发展排斥一切对自然的神话态度和一切把自然神话化的态度;并因而要求艺术家具备一种与神话无关的幻想"。③ 那么,现代人欣赏古代艺术并从中获得艺术享受(美感享受)的关键环节是什么呢?这里显示了审美意识形态理论研究逻辑起点问题理解上的复杂和困难。

关于艺术审美的费解性问题,我们不能简单直观地从现有的物质生产出发去分析与解决,而是从人的特有的审美和意识形态虚构性出发去分析与解决,最终又落实到实践中的人本身的理解与把握上来。对于人本身问题,不能再如自然人性论者和浪漫主义美学家那样虚构出一个"孤立自由的个人",例如鲁滨孙一类的故事,也不能像费尔巴哈那样自然直观地把人本身等同于"宗教抽象的爱和善",更不能像庸俗社会学家那样直接给艺术形象贴上经济和阶级的标签。而必须从具体生产着的活生生的肉体存在的社会性个体出发,也即从人类生存的具体文化生活、社会关系出发,整体把握人的身体及身体性实践关系,并由此进入审美意识形态特殊规定的综合分析中。这一点,早在《巴黎手稿》《神圣家族》和《德意志意识形态》中,都已有论证与暗示。在《巴黎手稿》中,马克思论证了人的身体"内在尺度"和"外在尺度"必须辩证统一起来,这就达到美的规律要求,即内容与形式的辩证统一。马克思为此把实践的观点引入认识论,从人的身体的感觉在历史、文化的实践活动过程中逐渐地向人生成,并且渐变成能感受美的身体感官及艺术的全心灵的感知能力,激情、欲望、想象等都是实践的内容及结果。马克思批判性地吸收黑格尔"异化"理论和费尔巴哈"人的本质力量的对象化"观点,深刻描述了人的身体,如何在历史实践活动中被文化话语和审美话语所塑造。马克思这一思想很长一段时期以来没有被发掘出来,特里·伊格尔顿虽然看到了马克思所着重强调的"身体是审美的物质基础",但是他没有看到马克思更强调身体性实践关系即人的本质力量的对象化或异化,正因为后者,才能使身体成为人的审美的身体,成为审美活动的直接物质承担

---

① 《马克思恩格斯全集》第46卷,北京:人民出版社,1979年,第48页。
②③ 《马克思恩格斯全集》第46卷,北京:人民出版社,1979年,第49页。

者。这是费尔巴哈等庸俗唯物主义者常忽视的因素。为了进一步批判之,马克思在1845年春写下了著名的《关于费尔巴哈的提纲》,一开始马克思就尖锐地指出:从前的一切唯物主义(包括费尔巴哈的唯物主义)的主要缺点是,对对象、现实、感性,只是从客体的或者直观的形式去理解,而不是把它们当作感性的人的活动,当作实践去理解,不是从主体方面去理解。因此,和唯物主义相反,能动的方面却被唯心主义抽象地发展了,当然,唯心主义是不知道现实的感性的活动本身的。费尔巴哈想要研究与思想客体确实不同的感性客体,但是他没有把人的活动本身理解为对象性的(gegenstandliche)活动。因此,他在《基督教的本质》中仅仅把理论的活动看作是真正人的活动,而对于实践,只是从它的卑污的犹太人的表现形式去理解和确定。因此,他不了解"革命的""实践批判的"活动的意义。①

这段文字肯定了费尔巴哈唯物主义的胜利就在于用现实感性客体取代了唯心主义的思想客体。但是他只是纯粹客观地从自然直观形式去理解,不懂得感性客观对象性活动即实践的意义。相反,能动的方面却被唯心主义抽象地发展了,这里尤指黑格尔的"异化"理论。特里·伊格尔顿视身体为个人存在的根本来决定个人的审美问题,显然也没有注意到实践的方面是更为根本的。只有从具体的个人的身体及身体性实践关系这个逻辑起点出发,才能唯物地、能动地、全面地、深入地整体把握个人的审美问题。

三 人本身问题和艺术费解性问题

从人的身体及身体性实践关系这一逻辑起点来看待审美问题(包括艺术创造),不但彻底解决了实践中人本身问题,而且解决了艺术审美的费解性问题。在马克思看来,人的身体是人类经过漫长的劳动实践,在一定的社会历史阶段中由一定的文化话语和审美话语塑造而成的生命有机体。原始人从自己身体的构造功能出发,把自然界在活动中、想象中变成人的"无机身体",从而去理解大自然各种神秘的现象,这就是神话。神话是一种关于人的身体的无意识话语,通过象征符号的内在想象加工,把自然力加以形象化、人格化,以便人人通过与神对话来征服、支配自然力,达成心灵的沟通。"希腊艺术的前提是希腊神话,也就是经过人民的幻想用一种不自觉的艺术方式加工过的自然和社会形式本身。这就是希腊艺术的素材。"② 这里,马克思指明了希腊艺术作为一种审美意识形态是借助当时现有的意识形态材料(神话)来加工而成的,但是要注意的是,神话本身又是对原始人的自然和社会形式的加工。因此追根到底,希腊艺术是基于人

---

① 恩格斯:《路德维希·费尔巴哈和德国古典哲学的终结》,北京:人民出版社,1997年,第52页。
② 《马克思恩格斯全集》第46卷,北京:人民出版社,1979年,第49页。

类的身体及身体性实践关系而进行的一种意识形态话语的再生产。人类身体及身体性实践关系的自由自觉的创造性特征，正是具体体现了这种再生产，直到现在依然具有美的永久魅力的根本标志。我们欣赏神的史诗、神话故事和绘画、雕塑，完整的身体审美感知被积极地调动起来，直接参与了审美想象活动，并且在这一活动中体验着神们的喜怒哀乐、神情姿态和生活、战事。即在情感、情绪的想象体验中栩栩如生地展开了一种身体性实践关系活动，即人的本质力量的对象化或异化活动。身体及身体性实践关系使现代人能够以完整的肉体感觉和心灵想象，进入历史既定的文化话语和审美话语时空和语境之中，化身为神，与神同在，神与物游，这正是人类学意义上的一种审美需要。

以人的身体及身体性实践关系为逻辑起点来阐释人本身问题和艺术费解性问题，就会发现这一问题：大多数人往往抱着一定的文化和意识形态观点去看待美的对象，却忘记了人本身。人本身首先是人的身体有身体性实践关系的自由自觉的创造性。忘记了人这一创造性存在，就无法深刻全面地感知美的对象。人本身问题涉及人的身体及身体性实践关系的存在问题，即一定的物质存在条件。因此，在这一创造性的审美观照之中，我们便置身于一定历史阶段的物质存在条件之中，更能深切具体地体验那一条件下生活着的人们的思想、情感、欲望等等。从而，我们在评判美的对象时，就不能局部或表面形式去主观虚构了。怎么会有"主观虚构"？这还得从艺术语言（审美意识形态话语）作用谈起。高尔吉亚的《海伦颂》指出，诗的语言可以进行虚构，诗是创制幻象的艺术，海伦正受惑于幻象的虚构而被拐走的。总之，审美意识形态话语在主体审美快感发生中产生"幻觉、净化、模仿"等审美反映作用，主要是依据于审美幻象机制运行的。这在文艺欣赏、创造及任何审美生活中都普遍存在。亚里士多德和阿里斯托芬二者皆身处混乱统治之中来揭批"民主政治"，但亚氏最终被处死，而阿氏却因喜剧普遍受到当权者和人民的喜爱而没有被处死。这正好说明了，审美意识形态话语具有特殊的实践和认识功能，即政治功能和审美教育功能。原因在于，审美意识形态话语造成的主观虚构或"美学上的幻象"，往往使主体囿于人本身某方面片面的理解和审美快感形式之缠绕肉体感知，从而往往出现空蒙，忘记自己规定的身体与身体性实践关系，不能揭示审美意识形态与社会统治秩序、利益之关系，而审美意识形态话语却正因此而与后者结合起来。

例如，对断臂的维纳斯塑像进行审美时，如果仅从形式上去局部、表面地评判美与否，就会得出诸如克莱茵讲的"文化创伤补偿说"，形式主义者讲的"陌生化说"等，这些或偏于精神分析，或偏于纯艺术分析，都是不能全面深入地进入审美观照的。马克思在《导言》中这样指出："消费本身作为动力是靠对象作媒介的。消费对于对象所感的需要，是对于对象的知觉所创造的。艺术对象创造出懂得艺术和具有审美能力的大众，任何其他产品也都是这样。因此，生产不仅为主体生产对象，而且也为对象生产主体。"① 人的任何需要来自人的身体及身体性实践关系的需要，人对艺术美的形象的欣赏需要，也不例外，因为这种需要本身是"对于对象的知觉所创造的"。断臂的维纳斯形象在现代人的审美观照中亦如此，其身体"断裂"的艺术形象适合于现代人身体及身体性实践关系的断离需要，即对于这种对象的知觉所创造的，而对于古希腊人来说，不可能是这样。马克思是针对现代人和现代社会的现实关系、现实需要而提出古希腊艺术的"永久的魅力"问题的。在马克思看来，古希腊艺术作品作为一种艺术生产和消费的对象，凝聚着人的完整的需要，与当时人们的一定社会历史阶段的审美需要和审美能力相适应。因而必然蕴涵着人类的具有可塑性的审美需要和审美能力，依此塑造了一代又一代的懂得艺术和具有审美能力的艺术消费的大众，故而成为人类永恒的审美需要，具有了"永久的魅力"。

我倾向于以断臂的维纳斯为例来进一步地说明这一问题：为什么在后现代语境下，断臂的维纳斯对我们更具有"永久的魅力"呢？满身伤痕、双臂残缺的维纳斯塑像作为古希腊时代遗存下来的艺术生产和消费对象，依然内在地、幻象式地维系着那个时代的生产和消费同一性的状态，凝聚着人的完整的需要。这种完整的需要在后现代语境下被解释为人的多层级的文化需要，即①低级的文化需要指原始生命力的冲动，回归"正常的儿童"自然天真之美。②中级的文化需要指古典的"和谐"和近代的崇高相交错的文化幻象。③高级的文化需要指现代以来尤其是当代的多元化辩证和谐的审美幻象。当代人总是含有幻象固恋情结（常讲的恋旧、自恋情结），往往在无法把握的现实关系、现实需要面前，在一定的社会文化和意识形态话语僵硬塑造之下，易陷入这种情结幻象式的文化自恋当中，或者回归"正常的儿童"自然天真之美，或者回归古典的"和谐"和近代的崇高。另一方面，当代人在后现代语境下倾向于解构当下的身体书写、话语交往、话语权力关系、幻象叠合和无中心、无本质、无深度的荒谬迷狂话语生存，故而恋新情结泛滥；或者全不顾历史语境的限制而自创一些非原始、非古典、非近代、非现代的审美幻象，借助于高科技对之任意拼贴，追求奇异叛道的审美效果；或者什么幻象都不要，追求空白、断裂、非审美、非艺术的艺术消费理念。当代人什么都想要，过把瘾就死，或者什么都不想要，或者什么都想要也要不到，即使要到了但根本不属于自己，反而折磨了自己，弄得满身创伤，无话可说。显然，一切均处于"异延"状态之中，一切都有离经叛道的意向，一切也就正处于多元共生的文化语境当中，一切需要均具有了人的完整的文化需要的特征，即多层级的不确定的文化需要。断臂的维纳斯在这一意义上被看作似乎出自某一后现代的雕刻家的刻刀之下，因为从她依稀存在的女性柔滑而富有弹性的丰满健康的胴体中，我们沉湎于古典的"和谐"；从她的庄重而不可侵犯的神的

---

① 《马克思恩格斯全集》第46卷，北京：人民出版社，1979年，第29页。

意志、威严和无限肃穆的姿势韵味之中，我们沉湎于原始女性神的"道"的自然崇高，体验着那远古人类的原始生命力冲动；从她的满身创伤、双臂残缺的痛苦断裂的悲壮形体构架中，我们会沉湎于近代人由于对立分裂而产生的人的无限激情战斗状态，然后牵引出我们在现代和后现代所经历的主体缺失、身体的"内在尺度"和身体的"外在尺度"严重断裂的无限痛苦状态，由这种痛苦激发我们无可名状的幻象和不可抑制的亢奋。所有这一切，构成了当代人的审美需要，很明显是一种多层级的不确定但体现人的完整需要状态的文化需要，不能单说是"和谐"的需要，也不能单说是"崇高"的需要，更不能单说是"创伤"的需要。毫无疑问，断臂的维纳斯所体现出来的当代人的这种充满可塑性的审美需要以及与此相连的充满可塑性的审美能力，正是与当代人的生产和消费的多层级、多元化文化需要和能力特征相符合的。因此对当代人来说，她必然具有神一般的"永久的魅力"了。

　　让我们想象一下维纳斯没有断臂和创伤时的魅力吧：女性优美的曲线和神的高雅姿态，左肩上提而右肩下垂，左髋下落而臀部右摆，如此构成了左张右弛的稳定感。这是古希腊雕像艺术中非常典型的寓优雅平和于运动与对立之中的古典和谐美构架，直接把人引向美丽的神话境界，一个关键点就在于那将落未落的下半身有皱褶而要滑下的裙布。这块裙布表明了神的力量（生殖方面与文化方面）、魅力和神秘或神圣，本就寓动于静之中，具有了神秘变幻的特征。从这些想象描述中不妨看到，大理石原来就已经蕴涵着形式感方面的神秘性和可塑性，这与当时人们以神的话语来塑造自己的审美对象有关。而到了当代，满身创伤、双臂残缺完全打破了这种古典的神秘性和可塑性，即把这座雕像的神性完全打破，留下躯干、头部和裙布，历史随同身体的神性断裂而断裂了。这正是当代人特有的审美体验和形式感：在断裂之处叠合着从古到今无数的幻象，这就有了无限的重塑的形式感。明知断裂已成必然，但人的完整的需要却推动着人们去追求不可能挽回的完整与和谐、神性和人性的统一，也就是说，正是断裂才能使得人们更能激发幻象和激情，力求重塑人的完整的需要。拉康指出，人们在发现自己的身体"断裂"而自我伪装已经证明追求是一种真实的缺失以后，就会产生妄想，重塑不可能的幻象，经过异化作用，来达成欲望对象。维纳斯代表着人类至高无上的美，现在这个美本身已经断裂，这反而更加激起人们对这个美本身的欲望，重塑的形式感就成为达成这个欲望的主要途径。断裂所产生的变幻莫测、变动和痛苦绝望使人们无法透视生命的本体意义，一切处于异化扭曲、无限异延状态当中，从而满足了当代人的解读神秘性和重塑费解性幻象的审美需要。一般而言，人体雕像的艺术效果是直接与人的身体审美塑造相关的，因此，维纳斯雕塑的断裂与当代人的身体断裂相关。反过来说，正因为当代人的身体断裂，所以才能体验到维纳斯雕像的断裂所呈现的人的审美需要。身体断裂是指在现代、后现代语境下人的身体"内在尺度"和身体"外在尺度"的断裂。

身体"内在尺度"和身体"外在尺度"的断裂是在身体异化基础之上发生的,它表明了人的文化断裂,即文化外在表现为满足人的身体欲望,但内在表现为否定人的身体内在的类特性的占有,成为束缚人、压抑人的异己力量。当代中国人的文化断裂表现为两个共时性层面:①西方文化话语冲击中国文化话语。②少数民族文化话语受到现代、后现代话语的冲击。西方文化话语和中国文化话语相互冲突、相互碰撞,塑造了当代中国人断裂的身体,这种身体的断裂集中体现在当代少数民族文化话语受到现代、后现代文化话语的冲击上,呈现出极度狂欢的悲剧性状态。在我看来,这几年以来,南宁国际民歌节正是这种悲剧性状态的集中体现。有人认为,南宁国际民歌节不是真正意义上的民歌节,因为真正意义上的民歌节是民间自娱自乐的活动,当要会歌的时候,人们或者云集于山头田间,或者在公共场所围坐下来,前面摆着解渴提神所用的茶,并且对歌时为了即时抒情的需要而按照一定的韵和规则来自编自唱。可现在,在官方的操作下,这种真正意义上的民歌节在市场经济、政治形势、高科技媒介作用下,被现代、后现代文化话语强烈冲击之下发生了断裂,如同维纳斯雕像的断裂一样,经过现代、后现代以及西方和东方的各种文化话语的冲撞而产生了叠合不一的审美幻象,体现为:灯光变幻闪烁的大舞台、流行歌星云集、现代音乐技术制作等等,使得真正意义上的民歌和民歌节"满身创伤、双臂残缺"。然而令人吃惊的是,这更加激发人们参与,怀着无限狂热的崇拜心情和仪式活动心理来重塑民族那种已断裂了的美本身的神性,以满足身体完整的审美需要,这就有一种福柯所提倡的"极限体验"的悲剧性了。

拉康指出,无论男性女性,其身体总是要受到现实的符号规则和符号组成的网络的干预,"我们的目标是把自己完全融入这种符号规则中去,尽可能地接受并吸收符号。"[①] 身体是一个基本分裂的实体,被它所属的语言规则割裂开来,分裂到它不知道自己想要到什么的地步,由此激发起主体的妄想和幻想来构造一种自我理想形象并以之自居。这种身体断裂式的体验固着于我们的身体,成为我们的身体特有的一种审美需要和审美能力。南宁国际民歌节和张艺谋的电影以及《蜀山传》和《木乃伊复活》等影片所创设的神奇惊人和怪异超凡的形象都能满足我们的这种体验。我们很多青年崇拜明星偶像,妄想和幻想自己为明星形象并以之自居,无意识地陷入极度分裂的主体及其身体的存在状态。因此,我们确实感到无限的痛苦和莫可名状的绝望,可是我们有时并不以之为悲哀,反而更为亢奋起来,乐此不疲。我们的身体显然存在的这种审美感知问题,我称之为"断臂的维纳斯问题"。正是在断臂的维纳斯所呈现出来的断裂之环口处,涌现出无数的审美话语和审美幻象,衍生出无数的审美欲望和审美需要,断裂成为生命存在

---

① LACAN. *Darian Leader and Judy Groves*, Icon. BOOK Ltd. 北京:外语教学与研究出版社,1999年,第157页。

的"无",从"无"中生"有",这"有"就是话语、幻象、欲望和需要。然而这"有"又并非主体所真实或真正地拥有或追求的,倒能导致有无相生,导致自我的异延狂欢、变幻莫测、神奇自居,从而使断臂的维纳斯闪射出幻觉状态中的"永久的魅力"。

通过从人本身的全身心地参与断臂维纳斯艺术形象的感知体验之中,现代人才能深刻感悟到身体"断裂"的余韵感,一种优美的崇高感,并由此进入人的身体性实践关系中固着成完美的艺术形式与创伤补偿的美的形式,因此达到调控人与社会的矛盾关系。这与马克思后来在《路易·波拿巴的雾月十八日》中所深刻指出的意识形态"审美幻象"作用是一致的。显然,在人与古代人全心灵的情感对话实践中,人类身体及身体性实践关系在这里起到积极的支撑,调控感知体验和情感交流的审美话语基础。其中,审美意识形态话语的主观虚构的"美学上的假象"也常容易产生心理固着。

总之,马克思在前面的《巴黎手稿》《关于费尔巴哈的提纲》《神圣家族》以及《德意志意识形态》等著名论述的思想基础上,在《导言》中深入提出许多现代美学问题,主要就是审美意识形态理论研究的基点问题。这一问题的解决要从具体实践着的个人的一定社会性生产出发,涉及人的身体及全心灵问题,涉及复杂的文化语境中身体性实践关系问题,即人的对象性活动问题,因此便产生了艺术审美的费解性问题。由于长期以来,人们不能正确解决人本身问题即人的身体及身体性实践关系的自由自觉的创造性问题,因而造成审美主体往往抱有一定的文化和意识形态片面观点来局部地、表面形式地评判美的对象的失误,也造成艺术的费解性问题和"美学上的假象"。只有在唯物史观指导下,从整个人类学文化研究视野出发,以人的身体及身体性实践关系为逻辑起点,才能深入全面地理解和把握美的问题。从人的身体及身体性实践关系出发,终为从人的物质存在及生产关系(经济基础)出发,去阐释人本身的问题,从而解决艺术审美的费解性问题。这是当代中国语境下审美意识形态理论研究的入口。

第三章　审美幻象作为中介[①]

在伊格尔顿看来，内容与形式的融合是马克思的审美理想。在《路易·波拿巴的雾月十八日》中，马克思把伟大的资产阶级革命描绘为内容与形式、所指与能指之间相互断裂的历史过程，而这部著作开头数页可以被视为马克思对这种过程的符号学批评，资产阶级革命戏剧性地重复着夸张的形式与内容的贫乏之间矛盾运动的符号化能指模仿。"一种巴洛克式的狂乱，这种诗意的喷发反向调和着它们物质方面的贫乏。他们的结构中有一种虚构，有一种导致形式与内容相断裂的隐患。"[②]

如果把马克思的《路易·波拿巴的雾月十八日》与其前面的文本以及后面的文本进行比较阅读，那么我们就会发现：马克思所强调的内容与形式矛盾统一的美学问题，尤其是提出资本主义社会是内容与形式相互断裂的社会的观点，是与其早期的《巴黎手稿》《神圣家族》和《德意志意识形态》里的思想一脉相承的。而当这些思想一步步趋向对上层建筑与经济基础之间的矛盾运动规律的成熟思考时，现实的革命需要，才促使马克思在1857年后对唯物史观理论体系的建构，这明显地体现在《政治经济学批评·导言》及《序言》和《资本论》等著作中。因此，在一定意义上来说，《路易·波拿巴的雾月十八日》已经把早期的《神圣家族》的有关文学批评深化为一种哲学、政治的批评，其批评的焦点放在意识形态和人们的现实关系问题上，提出了如何从历史哲学（唯物史观）揭示审美意识形态即审美幻象问题。这样的批评，毫无疑问，为稍后的美学思想进一步打下了基础。

一　变形需要的美学基础

恩格斯于1885年给马克思的《路易·波拿巴的雾月十八日》第3版所写的序言中指出，马克思特别偏好研究法国历史和时事。原因在于：①比起其他国家来，法国历史上的阶级斗争每次都达到更加彻底的结局，因而阶级斗争借以进

[①] 本章内容已出版于《马克思主义美学研究》第6辑，桂林：广西师范大学出版社，2002年，系本书作者独著，原名为《审美幻象作为中介——谈谈马克思〈路易·波拿巴的雾月十八日〉所提出的美学问题》。

[②] [英] 特里·伊格尔顿：《美学意识形态》，王杰、傅德根、麦永雄译，柏敬泽校，桂林：广西师范大学出版社，1997年，第205页。

行、阶级斗争的结果借以表现出来的变换不已的政治形式，表现得最为鲜明。②法国是典型的封建君主制国家，而大革命粉碎封建君主制，建立纯粹的资产阶级统治所具有的典型性是其他国家所没有的。③上升的无产阶级反对占统治地位的中产阶级的斗争在这里也以其他各国所没有的尖锐形式表现出来。从这些法国历史和时事的考察和分析中，马克思最先发现了重大的历史规律，一切历史上的斗争，实际上是阶级的斗争。"而这些阶级的存在以及它们之间的冲突，又为它们的经济状况的发展程度、它们的生产的性质和方式以及由于生产所决定的交换的性质和方式所制约。"① 显然，马克思的《路易·波拿巴的雾月十八日》批评思路是，紧紧扭住意识形态和人们的现实关系问题，揭示出意识形态——阶级斗争（阶级存在方式和冲突方式）——经济基础（一定的社会生产关系）之间的内在矛盾关系。从其整个文本书写上看，马克思确实是从意识形态符号学角度，历史性地解构了资产阶级革命所表现出来的意识形态的政治需要、阶级斗争的滑稽形式与其所掩盖之下的资产经济基础和权力、利益统治的内容之间的要求一致性的幻象结构。《路易·波拿巴的雾月十八日》的标题含有的讽刺意味就在于：这种虚构是统治阶级力图在政治幻觉中建构一种权力统治秩序，其内在实质和外在形式在时代变化情况下发生了错位而断裂，因而所形成的审美幻象是统治阶级自我疯狂的内体上的分裂和自我欺骗。因此，"如果皇袍终于落在路易·波拿巴身上，那么拿破仑的铜像就将从旺多姆圆柱顶上倒塌下来。"② 这纯粹是历史的喜剧表演。

"历史"这个斯芬克斯怪兽正是在这种时候把一切现实关系进行滑稽的变形（置换和转化的），使真实的历史（现实关系）寓言化、象征化、能指化。哲学的思索就必须走向历史的狂欢化形式变动不居之中，把握幻象的现实根源。如果说这是马克思在《路易·波拿巴的雾月十八日》中对资产阶级革命的一种历史文本解构的话，那么，这种解构就与《巴黎手稿》中的身体性话语批评密切关联起来了。在《巴黎手稿》中，马克思注重从人的身体及身体性实践关系出发，深刻地解构了资本异化劳动条件下工人身体的幻象结构。马克思指出，身体是有意识地在一定的社会历史阶段中受一定的文化话语和审美话语塑造而成的人的生命有机体。人的身体与动物的身体不同之处在于：①人的身体往往由"内在尺度"出发进行实践活动和自我改塑。②人的身体总是处于一定的历史投机倒把下积淀以往全部世界历史和文化的社会实体，在异化情形之下，表现为"外在尺度"和"内在尺度"的严重断裂，这正是伊格尔顿所讲的形式与内容的断裂的哲学根因。统治阶级总是设法把社会装扮成自己完整的身体，路易·波拿巴正是这样。然而历史和时间却使之总不得不以某种滑稽的政治变形方式来虚幻地达

---

① 马克思：《路易·波拿巴的雾月十八日》，北京：人民出版社，2001年，第7页。
② 马克思：《路易·波拿巴的雾月十八日》，北京：人民出版社，2001年，第8—9页。

成。马克思在《路易·波拿巴的雾月十八日》开头数页的符号学描述中,展示了这种政治变形需要下的符号化身体,可以概括为:统治阶级的身体＝亡灵的服装语言＋现实疯狂的利益行为。马克思这样写道:

> 人们自己创造自己的历史,但是它们并不是随心所欲地创造,并不是在它们自己选定的条件下创造,而是在直接碰到的、既定的、从过去承继下来的条件下创造。一切已死先辈们的传统,像梦魇一样纠缠着活人的头脑。当人们好像刚好在心于改造自己和周围的事物并创造前所未闻的事物时,恰恰相反,好在这种革命危机时代,他们战战兢兢地请出亡灵来为他们效劳,借用它们的名字、战斗口号和衣服,以便穿着这种久受崇敬的服装,用这种借来的语言,演出世界历史的新的一幕。①

人们把历史在头脑中的记忆幻变而成的意象无一例外地承继了亡灵传统的身体形象的特征,从精神分析角度来看,这是一种"力比多的退行"(弗洛伊德)或一种"自恋性侵凌"(拉康),以亡灵的名字、战斗口号和服装等等虚构出复活者的身体幻象,成为承继者进入权力话语统治的现实的中介。"拿破仑第一"不就以"拿破仑观念"来统治世界吗?那么,现在,"拿破仑第三"就毫不迟疑地凭借"拿破仑观念"即复活者的身体幻象介入统治现实。马克思深刻指出,这种"拿破仑观念"表现在五个方面:①建立牢固的使农民受奴役和贫穷化的所有制形式。②组织起强有力而不受限制的政府。③须有大批的衣着华贵、脑满肠肥的官僚。④建造作为政府工具的教士的统治秩序。⑤最重要的是,军队占压倒的优势。马克思说:"这样,我们就看到,一切'拿破仑观念'都是荒谬的,它们只是它临死挣扎时的幻觉,只是变成了空洞的词句,只是变成了幽灵的魂魄。"② 复活着的身体幻象仅止于空洞的女性胴体,由于缺乏历史肉体的生机与弹性,终于变成纠缠活人的鬼魂。在这里,幻象作为主体进入现实的中介,正如本杰明所指出的爱伦·坡的表现手法——变形的想象一样,等于主体自我欺骗、解构与侵凌。因此,波拿巴戴上拿破仑的面具装作真正的拿破仑,正如拉康所指出的:"他认同于他人,这是将他固定于他根本形象的变换之中,而所有的存在都是被唤起在死亡的阴影之中。"③ 亡灵的观念、意志、力量等等形成一种机械僵硬、不断重复的政治的审美幻象,一种意识形态情感话语实践,"随着由分析

---

① 马克思:《路易·波拿巴的雾月十八日》,北京:人民出版社,2001年,第111页。
② 马克思:《路易·波拿巴的雾月十八日》,北京:人民出版社,2001年,第116页。
③ [法]拉康:《拉康选集》,上海:三联书店,2001年,第314页。

关系决定的躯体形象中的情欲生成的转移，整个话语也有变成情欲化的对象。"①在虚幻的政治、文化中，两个躯体之间建立起幻觉的欲望交流。亡灵的词语是在攫住主体的躯体形象中被理解的，它充实主体的歇斯底里，认同于男根羡慕（Pensi-neid）的对象，代表尿液流或者珍惜快感的滞留住的排泄物。这种幻象的暴戾与疯狂背后是深层的身体欲望的无意识话语，直指现实关系中一种肉体私欲化的权力统治和利益的占有。

总起来看，《路易·波拿巴的雾月十八日》所批评和描述的政治变形需要的历史过程，无非揭示了这种需要深层次的哲学、美学问题：这就是涉及人们在意识形态的想象性畸变中如何凭借审美幻象介入现实的权力话语纷争之中，而审美幻象作为中介正是这样的现代性政治变形需要——其基础必然是，只能存在于主体的身体欲望在意识形态斗争（阶级斗争）中的对象化，这种对象化又根源于一定经济基础的利益统治需要。

二 真正的审美需要是怎样的

从哲学、政治批评角度紧紧扭住意识形态和人们的现实关系来理解人们的身体变形需要，很快便会发现资产阶级意识形态（文化）像鬼魂一样扭住人们的肉体生存与发展的残酷可怕的现象。在这里，主体身体性实践关系被揭示为一种空洞的符号，它把真正的历史本来面目也即现实生活关系用想象、假象和"残体意象"（拉康）方式掩盖起来，调和为主体之间合理化的权力话语关系。于是"资产阶级社会完全埋头于财富的创造与和平竞争，竟忘记了古罗马的幽灵曾经守护过它的摇篮。但是，不管资产阶级社会怎样缺少英雄气概，它的诞生都是需要英雄行为，需要自我牺牲的、恐怖、内战和民族间战斗的。"② 总之，这些"需要"都表现为资产阶级革命的审美幻象的需要。它们呈现在一定的历史时期，资产阶级意识形态（阶级斗争）形式的诞生、发展、演变规律。

在重重意识形态斗争（阶级斗争）架构而成的空洞的女性胴体中，"弱者总是靠相信奇迹求得解救，以为只要他能在自己的想象中驱除了敌人就算打败了敌人：他总是对自己的未来，以及自己打算的建树，但现在还言之过早，功绩信口吹嘘，因而失去对现实的一切感觉。"③ 为什么弱者会这样沉迷于自我编织的审美幻象之中呢？弱者的声音只有借助于审美幻象才能放大，可他因此失去了对现实的一切感觉。这种感觉需要才是真实的需要，可是弱者宁肯不要客观存在，而选择一种戴面具和脚镣跳舞的生活方式。资产阶级革命也就在这种时候突飞猛进，接连不断地取得胜利，革命的戏剧效果一个胜似一个，每天都充满极乐狂

---

① [法] 拉康：《拉康选集》，上海：三联书店，2001年，第335页。
② [法] 拉康：《拉康选集》，上海：三联书店，2001年，第10页。
③ [法] 拉康：《拉康选集》，上海：三联书店，2001年，第13页。

欢，沉溺于长期的酒醉状态。帕斯卡尔说："人们不能不疯狂，不疯狂只是疯狂的另一种形式。"① 美丽的革命幻象散发着资产阶级意识形态的耀人的魅力，就好比空洞的女性胴体——女性时装模体，看见它的人会想象到美丽的时装女郎或诱人的女性身体，然而这一切都要幻灭，幻灭的告诫并未能阻止女性们狂热的时装设计和表演，更不可能遏制住男人们有时如饥似渴地对女体的欲望。

在伊格尔顿看来，"意识形态不单单是一个语言问题，而是一个话语问题，是置身于历史当中的主体间的实践交流。"② 话语本身具有权力关系，一定的话语，当它占据主导位置时，它就拥有控制主体间的实践次序的权力。索绪尔认为，话语通常在两个主体间发生，它通过音响形象来完成相互影响关系，并构成一种内心图像，指挥人的认知和行动。维特根斯坦指出，话语犹如一幅图画囚禁了我们，我们必须依照它去实践交流。拉康继弗洛伊德对言语和无意识关系的研究之后撰写了《精神分析学中的言语和语言的作用和领域》一文，指出：象与符号如同一个固定的网络包围了人的一生，在那些"以骨肉"生育出他的人来到这个世上之前，象与符号早就结合成一体了；欲望为了能在人的身上得到满足，就需要在符号中或在想象中，通过言语的吻合或名望的斗争来得到承认。要求意识形态呈现为话语即符号化的想象世界，渗透到社会生活各方面，楔入主体肉体一切感觉之中。因此，每当一个词语（象征符号）来召唤时，主体就不能自已地、酒醉般地跟它走，如此便导致了癫狂。马克思发现了这种符号学意义上的癫狂，原来是意识形态（作为形式）和社会现实关系（作为内容）之间的一种历史性错位，聪明的统治者利用这种错位（癫狂）来为其统治利益服务。例如，波拿巴作为一个流氓无产阶级的首领，"他这个老奸巨猾的痞子，把各国人民的历史生活和他们所演出的大型政治历史剧，都看作最鄙俗的喜剧，看作专以华丽的服装、矢藻和姿势掩盖最鄙陋的污秽行为的化装舞会。"③ 然而，他本身便被他的处境的自相矛盾的要求所折磨，"并且像个魔术家不得不以日新月异的意外花样吸引观众把他看作拿破仑的替身，换句话说，就是不得不每天举行小型的政变。"④ 不仅波拿巴自己迷狂于意识形态话语之中，而且 1848 年以来，全欧大陆上就染上一种特殊的病症，即议会迷。"染有这种病症的人就变成幻想世界的俘虏，失去一切理智，失去一切记忆，失去对外界世俗事物的一切理解。"⑤ 正是在这里，马克思无意表现出了"精神分析学家"的敏锐的眼光。

至此，马克思向我们提出了一个现代美学必须要加关注与研究的问题：在一

---

① [法]拉康：《拉康选集》，上海：三联书店，2001 年，第 293 页。
② [英]特里·伊格尔顿：《历史中的政治、哲学、爱欲》，马海良译，北京：中国社会科学出版社，1999 年，第 90 页。
③ 马克思：《路易·波拿巴的雾月十八日》，北京：人民出版社，2001 年，第 61 页。
④ 马克思：《路易·波拿巴的雾月十八日》，北京：人民出版社，2001 年，第 75 页。
⑤ 马克思：《路易·波拿巴的雾月十八日》，北京：人民出版社，2001 年，第 116 页。

定的意识形态话语塑造之中，人的真正的审美需要是怎样的？在我看来，在马克思那里，真正的审美需要是和人的需要密切相关的，所以，要弄清楚前者，就必须先懂得后者。早在《巴黎手稿》中，马克思就指出，人的需要与动物的需要是不同的，或真正严格地说，只有人才会有真正的需要。因为动物的"需要"仅仅是一种本能欲求，而真正的需要并不停留在本能欲求上，从动物到人的深化过程中，必然存在一种属"人"的需要发生、发展的漫长阶段。到过动物园参观猴子的人也许有这样的经验：如果把几个香蕉扔到猴群中，猴子们就互相争抢着吃掉，老弱幼小者很难获得同情和帮助的需要。又如，母老虎会保护和哺育刚生下的幼仔，甚至会等幼仔长大后，就训练其关于捕食的技能，这些都只是肉体本能欲求关系的表现。一旦幼仔可以独立捕食之后，它就会跟母老虎争食物，或者离开母老虎而独自生活，绝对不会"考虑"到母老虎的安全和饥饿的问题。也就是说，动物根本不存在"人"所常想起的"需要"，从不考虑"人"所常要考虑的"他人"的需要，动物只按照其本能欲求去行动，见过老虎捕食的人会惊心于其强烈的本能欲求与毫不顾及羊羔的生命需要。相比之下，人除了本能欲求之外，更多的是拥有他人"需要"的观念，这是人的文化和意识形态话语塑造的结果。人之所以是人，是因为人懂得去"需要"什么，怎样"需要"，并考虑到他人的"需要"。

马克思从"尺度"方面进一步指出：动物只是按照它所属的那个种的尺度和需要来建造，而人却懂得按照任何一个种的尺度来进行生产，并且懂得怎样处处都把内在的尺度动用到对象上去。因此，人也按照美的规律来建造。①

只有人才能不受到动物的直接的肉体需要即本能欲求的支配下生产。而且只有这样才能进行真正的生产，这是因为：人类的类特性恰恰是自由的有意识的活动，人因此能够把身体"内在尺度"——人的本质力量对象化——创造性地运用到对象身上去。这样，人与其对象之间的需要关系不再是简单的直接的片面的有限的肉体本能欲求关系，而是复杂的间接的全面的无限的身体性实践关系，在这种关系中，包含着动物所缺乏的精神需要、文化需要及审美需要。因此，审美需要虽然根源于人的身体性实践关系，始终缠绕着人的身体的现实需要——这已经在精神的超越中变得不再那么直接可触的了，而却让人仿佛凭着某种魔力趋向于沉浸在无限自由自觉的生命本身的全面发展之愉悦进程之中，按照美的规律来建造世界（包括人的身体且往往从身体出发的）。这样看来，人的真正的需要是富有审美的、伦理的、人类学意义的社会和文化需要，所以说，人的本质是一切社会关系的总和。正因为这样，马克思严格地把人的需要和工人的需要区分开来，他指出，工人的需要不是人的需要，而是一种商品和资本的需要，因为工人是一种商品和资本。另一方面，工人的需要与他的经验有关。本杰明指出，在马

---

① 马克思：《1844年经济学哲学手稿》，北京：人民出版社，1985年，第53—54页。

克思那里，工人的经验和赌徒、游手好闲者的经验在本质上是一致的，因为他们都是某种机械的、麻木的而无视肉体生命的存在的经验，即失去理智地重复着同一个动作、经历。工人喜欢那些飞快转动的齿轮动作，如同赌徒狂热于掷骰一样，也如同游手好闲者热衷于来回穿行于大街上的拱门廊一样，他们作为人群中的人，即没有名字和感觉的大众，其大众的需要是资本主义异化劳动和商品化生产条件下的非人性的需要，但它又最合乎工人的麻木的心理需要结构。工人作为大众，他不再倾向于注视美本身，而是对美本身进行他人欲望的一瞥，特别钟情于在骚动不安的审丑行动中，附和着现代主义的兴起。正因为这样，马克思才指出，弱者总是失去对一切现实的感觉。

拉康指出，需要（need）和需求（demand）不同。拉康说，恩斯特·克利斯（Ernst Krist）在其《自我心理学和解释》中，用了"need for love"（对爱的需要）而未用"demand for love"（对爱的要求），显然 need 和 demand 含义不同。"因为，在其象征功能中，言语的结果就是以言语建立的说话者的联系来改变听话的主体，也就是说，引入能指的作用。"① 伊格尔顿说，按照拉康的术语，艺术作为一种创造性剩余的形式，是从需求（demand）中减去需要（need）后的剩余。艺术是对必然性的激进的超越，因此成为一种超越现实一般欲望和需要的审美需要。人的需求高于人的需要，人除了身体的自然需要和社会需要之外，还要有一种高于这些现实需要的需求（要求），那是一种剩余的需要。如此一来，需求包括需要和剩余需要，而需要又等于欲望减去需求所余之差，即是说：人们的欲望包括了三方面——需求、需要和剩余需要。剩余需要也就是剩余欲望，属于人类身体的审美想象领域，一般以一定的文化象征模式和审美话语方式来达成，这就是人的审美需要。

在拉康看来，人一出生就困于象征符号和话语网络中，由他人的欲望和话语所构筑起来的身体意象和欲望实体或理想的自我形象，是一种身体幻象认同的产物，因此人离真实的现实需要很远。镜像从套住了人的那一刻起，人就开始追寻自我形象能达到真实的现实需要的路径，因此，人容易陷入妄想。镜像阶段是一场悲剧，这个悲剧在异化现实中主要由文化和意识形态话语网络所制导，人凭借镜像符号所具有的刺激言语连环的想象能力虚构一切完美的理想形象，并把它们作为一个个具体的欲望对象，这便渐渐产生了人的审美需要。审美需要之所以是剩余需要，是因为它超越了一切时空的必然性，形成指向未来的美好生活。总之，审美需要是在一定文化价值关系中主体自我形象认同的审美幻象的需要。每个人应承认自己有想象未来的美好生活的自恋性，而其中的"我"是幸福快乐的理想的自我形象。例如，女性总是虚构自己的身体，每一天离不开梳妆打扮，最朴素的女孩也会在心理上虚构一个自我美丽形象。无论何时何地，只要还有人

---

① ［法］拉康：《拉康选集》，上海：三联书店，2001年，第309页。

及其文化和意识形态，那么，人就会有这些审美幻象的身体需要。马克思在《路易·波拿巴的雾月十八日》中发现了这些美学、符号学、人类学和后来精神分析学上的审美需要问题，从唯物史观的角度，深刻揭示了社会革命和社会制度的审美幻象在统治阶级意识形态话语制导之下如何成为空洞的女性胴体，颠倒的、断裂的人的身体幻象的。甚至作为统治者的波拿巴，他也深受自己的意识形态的危害，从而变得癫狂到穿起古人的帝服，说亡灵的语言，每天发动一次政变，他自称为政变中的英雄——"拿破仑第二"。他的身体幻象的内容与形式在新的历史条件下出现矛盾断裂，因而他的自我认同的审美幻象带有丑角的笑剧效果。

　　马克思早在其《巴黎手稿》中指出，五官感觉是人的全部世界历史的产物。随着人的丰富的本质力量对象化的展开，五官感觉的审美需要就逐渐丰富起来，其对象越来越能确证主体的本质力量。身体需要慢慢地从自然欲望状态转化为审美需要。在"需要"前加上"审美"限定，意味着需要不再是现实一般的欲望和需要，而是主体美感经验中产生的流动不居的情感性话语交流。这种情感性话语交流和人的象征符号能力紧密相关，在想象性时空内必须有两个主体参与价值建构——"我"与"他者"，彼此之间是一种文化价值关系和自由对话关系，而"美"正存在这种关系之中，这就是主体间的话语交往（或文化和意识形态想象性交往）。人总是需要理想的"他者"来进行话语交往，说其是"想象性"的，就是因为现实中人的真实需要、欲望和情感出现缺失有关，所以必须以想象性的话语交往作为中介，间接地指向难以企及的现实关系的把握——真实的需要、欲望和情感的对象化满足。

　　在《路易·波拿巴的雾月十八日》中，马克思指出："黑格尔在某个地方说过，一切伟大的世界历史事变和任务，可以说都出现两次，他忘记补充一点：第一次是作为悲剧出现，第二次是作为笑剧出现。"[①] 笑剧是一种丑角主演的滑稽剧，主要突出其本质和现象、内容和形式的矛盾断裂的错误调整。中产阶级革命所带给人们的审美需要也染上了这种特征，实际上，这是人的一种审美需要，但并不是人的真正的审美需要。因为它带给人的总是不断重复的丑恶，卑劣的话语交往需要，近乎动物般疯狂的肉体本能欲求，这不是解救人本身。恰恰相反，进一步地麻醉人本身，用一天一次政变的狂乱方式刺激身体的"革命"神经，不断刺激便导致人的精神失控与麻木，癫狂和痴呆于是成为实质相同的产品。这哪里是审美需要，这是一种精神病态的欲望冲动表现。真正的审美需要不能是精神病人的冲动需要，而是一种深刻透悟现实关系特征的把握历史、人生的生命需要，一种激发人胜利地开拓前进的话语交往需要，不是自欺欺人，也没有断裂，并且能帮助人把崇高的内容和优美的形式统一起来，这应该成为社会主义革命（无产阶级革命）的突出特征。

---

① 马克思：《路易·波拿巴的雾月十八日》，北京：人民出版社，2001年，第8页。

三 审美幻象的中介作用

真正的审美需要的满足，必须涉及主体如何在一定审美感知能力作用下，通过审美变形和交流来实现。人们所需要的审美变形和交流即一种话语交往活动，是审美幻象的中介作用的表现。事实上，前面所有的论述都已经呈示了这个中介作用的存在，问题是如何更明确而系统地把握这个存在。

首先，什么是"中介"？"中介"这个概念来自黑格尔"绝对观念"辩证运动理论，"中介"即指事物发展深化过程中的中间环节、联系、因素。没有"中介"的作用，任何事物的运动都不可能产生。列宁指出，要真正认识事物，就必须把握研究它的一切方面、一切联系和一切中介。恩格斯指出，一切都在中间环节融合，通过中介过渡到对方。诚然，一切审美活动、过程、关系、现象等等的产生、发展、演变，势必经过某些审美中介作用，才能满足人们的某种审美需要。真正的审美需要不是直接的欲望满足，也不是虚无缥缈作用的"纯粹美"（康德语）的需要，而是经过对真实的现实关系的审美幻象的体验来把握现实和未来，主体肉体始终浸润于现实深刻的体验之中。因此，审美中介最关键的环节是审美幻象的作用。

劳承万先生的《审美中介论》深入考察了审美的"中介"环节——审美感知和审美表象。康德说，"为了判断某一对象美或不美，我们不是把它的表象凭借悟性联系于客体，以求得知识，而是凭借想象力（想象力和悟性相结合）联系于主体和它的快感和不快感。如果说，一个对象是美的，以此来证明我有鉴赏力，关键在于我心里从这个表象看出什么来，而不在于这个事物的存在。"对这段论述，劳先生这样理解："从表象看出什么来"，这是康德审美理论的关键处。审美活动的主要运动方面，是"凭借想象力联系于主体"，是一种"内向"活动，而不是"凭借悟性联系于客体"的"外向"活动，其"质"的规定是"快感和不快感"，而不是求得知识。我们可以把康德的这个根本观点叫作"审美表象学"。审美表象填充了审美主、客体矛盾对立的鸿沟。但是，康德的"审美感知"只不过是一个影子——表象的"投影"，"审美感知"并没有独立环节的自身意义，应该说，这是康德美学的一个缺陷。[1] 劳先生认为，马克思的"五官感觉的形成是以往全部世界史的产物"，这是审美中介理论的历史观，审美中介过程的基本环节。"谈论美感的形成，就不能离开审美器官，而所谓审美能力，就是人类审美意识积淀在审美器官上。这是审美理论所要考察的一个基本环节。"[2] 审美感觉即对客观事物的自由形式的感觉，审美表象仅是一种特殊的主观形式、基本幻象。

然而，劳先生的审美中介理论研究中没有充分关注到审美需要和审美幻象问

---

[1][2] 劳承万：《审美中介论》，上海：上海文艺出版社，2001年，第5—7页。

题。他一开始关注的是审美态度问题,认为审美态度说到底是审美需要。我们认为,审美需要不仅表现为某种审美态度问题,而且它远比审美态度有着更为复杂的内容和问题,这是整个审美过程的出发点。同时,审美主体的审美感知作为一种审美能力系统,与之紧密相随。进行审美感知过程中,审美主体形成一系列的审美表象,在内在的审美需要的有机调节、制导和选择之下,想象力和知解力通力合作而使审美表象产生自觉变形组合运动。审美主体经过审美表现运动进入了复杂叠合的审美幻象阶段,在这个阶段里,主体继续在审美表象的自学变形组合之中产生了审美变形。以此进行审美交流,才能把审美主体和审美客体融合为一,产生审美超越,最终完成了一定的审美活动。所以,没有审美幻象阶段,就没有审美活动的完成,也不可能满足主体的审美需要。而如果没有审美变形(审美表象的自觉变形组合),就不可能有审美交流,审美交流(审美超越)是审美需要的实质和目的。我们把劳先生的审美中介示意图(图1)和我们的审美中介示意图(图2)分别列于此,以便更好地进行比较和领会。

图1:审美态度(审美需要)→审美感知→审美表象→美感系统
　　　(动机)　　　　　　　　　　　　　　　　　(目的)
图2:审美需要→审美感知→审美表象→审美幻象[审美变形→审美交流(审美超越)]
　　　(动机)　　　　　　　　　　　　　　　　　(目的)

显然,马克思在《路易·波拿巴的雾月十八日》中向我们提出了审美幻象即审美意识形态如何总是把审美幻象放到审美主体和审美客体之间的中介环节中来分析。审美幻象是因审美主体的审美需要而触发的(请注意,在整个审美过程中,审美需要一直起着内在调节、制导和选择审美价值作用),经过主体的审美感知能力系统的作用下,首先形成了各个俱全的审美表象。这些审美表象能够在一定的文化和意识形态语境中进行分化、组合(叠合)而扩大或缩小,即所谓的移置或压缩(凝聚),总之进行了不同程度的审美变形,以便审美主体与审美客体发生审美交流,最终化合为一,使审美主体产生审美超越。审美超越是审美交流的高潮(即所谓的"高峰体验"),充分满足了审美主体的审美需要,出现了审美主体和审美客体双向的情感性话语交往及相互认同融合为一的审美现象。马克思所要思考的是,以真正的审美需要为触发的审美活动,如何在审美幻象阶段,通过审美变形和审美交流达到对现实的认识和对意识形态的批判,使人直面现实、走向未来!

王杰先生的《马克思主义与现代美学问题》指出,"我认为,马克思主义美学理论的研究对象是审美幻象,它的基本内涵是人们现实的审美关系及其转化形态,在意识形态理论的意义上,审美幻象主要指意识形态的情感性话语实践。"①这里对审美幻象内涵和意识形态理论意义上的界定,已经指明了作为审美中介的审美幻象在理论和实践上的关键地位和作用。毫无疑问,从马克思的《路易·波拿巴的雾月十八日》中看,审美幻象已经成为马克思意识形态批评方面的基本对象,马克思指出:资产阶级革命所营造的内容和形式矛盾断裂的空洞的女性胴体——审美幻象,使参与革命的人变成了癫狂的精神病人,他们的人格形象是变形了的。而波拿巴不仅是这样的人,同时是一个善于借用这一审美幻象机制复辟帝制的人。在这里,审美幻象有其历史的局限性或说消极的一面,由于不断重复的失败,搞垮了人充满革命激情的肉体,于是各种精神病症就产生了,使人出现了心理创伤。但是,在马克思看来,处于异化现实的人们又确实需要审美幻象作为中介进入现实关系。因而,无产阶级革命如果能从把握现实关系和真正的审美需要出发来创设审美幻象,那么就会出现崇高的内容和优美的形式的辩证统一,即所指和能指在一定的历史条件下的辩证统一,这样就形成了抵抗统治阶级意识形态异化控制的审美意识形态。这种审美幻象积极性的一面在于:充分激发主体对过去、现实和未来的审美感知能力,在"我"和"他者"的话语中进行历史性的深而广的审美交流,以昂扬豪迈的革命激情和信心走向未来。

综合起来看,马克思在《路易·波拿巴的雾月十八日》中向我们提出这样的现代美学问题:人们在意识形态的想象性畸变中如何凭借审美幻象进入现实的斗争,即审美幻象在上层建筑和经济基础之间的中介问题;同时,审美幻象是审美需要触发的,此二者之间到底是什么关系,在审美主体和审美客体之间各自起了什么中介作用。对这些问题的解决,如果没有一定的历史哲学作为指导,那是很难做到的。结合当前中国的社会主义文学艺术生产和马克思主义美学建设情况来看,这些问题的解决显得非常急迫和艰难,这需要我们付出更多的努力!

---

① 王杰:《马克思主义与现代美学问题》,北京:人民出版社,2000年,第46页。

第四章 变形及其机制的美学分析

马克思的《巴黎手稿》集中探究了人的基本问题之一,即在资本意识形态的实体幻象异化控制下,人(工人)的身体及其感知觉、欲望、结构等等,发生了怎样的异化变形?人(工人)如何能够通过消除身体异化来达成审美的生存即自由解放?一百多年以后,当代著名的精神分析学家雅克·拉康从人的话语角度,自下而上地探究人的异化变形问题。在他看来,作为符号结构者,人是如何穿透层层叠叠的、千变万化的能指符号网络,来达成对真实自我的把握呢?层层话语环绕着人的身体及其身体性实践关系,使人的话语生存到头来变成了压抑人、任意扭曲人或强固地塑造人的自我理想形象的强大的异己力量,这就是所谓的"话语异化"。无论如何,只要阶级还存在,意识形态还存在,话语就会反过来异化人本身。要消除话语异化的一个途径就是——审美,审美的关键是情感交流的真实性和彻底性。这表明,现代人不仅急需情感交流,而且急需真实的、彻底的即毫无保留和掩饰的情感交流。不难看出,马克思所提出的异化变形及其消除问题,在拉康这里得到一种深刻的当代阐释。虽然我们不能因此而下定论说:"拉康骨子里是个马克思主义者。"但我们可以说:"拉康所要解决的异化变形问题实在和马克思所要解决的异化变形问题有某种共谋性,那就是——我们对人的身体异化变形及其现实关系将如何把握?"

一 斯芬克斯之谜——"变形"

"变形"是人最为基本的文化能力。人体及其感知觉、欲望、结构等等,是人自诞生之日起,就在文化创造过程中慢慢产生、发展、演化、变形而来的。恩格斯认为,在从猿到人的进化过程中,劳动作为一种人化的根本方式即本义上的"文化"活动,就逐渐地改变人的大脑、四肢和各种感知觉等等,向人化即"文化"(文明)方向发展,致使人的手变得越来越灵巧。恩格斯指出:"由于劳动,由于和日新月异的动作相适应,由于这样所引起的肌肉、韧带以及在更长时间内引起的骨骼的特别发展遗传下来,而且由于这些遗传下来的灵巧性以愈来愈新的方式运用于新的愈来愈复杂的动作,人的手才达到这样的高度的完善。在这个基础上它才仿佛凭着魔力似地产生了拉斐尔的绘画、托尔瓦尔德森的雕刻以及帕格尼尼的音乐。"[1]恩格斯在这段论述中,生动鲜明地指出了人的手如何在文化活

---

[1] 恩格斯:《自然辩证法》,《马克思恩格斯选集》第3卷,北京:人民出版社,1972年,第508页。

动中逐渐发生变形而发展并遗传下来——这里简明地指出了，人是靠"文化遗传"而发展的——最后如何通过审美和艺术的方式创造出高级的精神产品来。当然，其中的规律和过程是同时发生在人的整个身体及其感知觉、欲望、结构等等的变形发展中的。关于这一方面有关问题的探讨，马克思早就在其《巴黎手稿》中进行了。马克思是这样指出的："自然界是人为了不致死亡而必须与之处于持续不断的交互作用过程的、人的身体。"① 此即从人与自然之间的对象化关系论述了人的身体的广义性内涵：人的身体不仅仅指人的肉体组织，而且指身体性实践过程中所涉及的自然界本身，自然界在此构成了人的身体的组成部分。"感觉为了物而同物发生关系，但物本身是对自身和对人的一种对象性的、人的关系，反过来也是这样。当物按人的方式同人发生关系时，我才能在实践上按人的方式同物质发生关系。"② 感觉本身表明一种人的类特性与物的属性之间的对象化实践关系，呈现为越来越人化的身体性实践活动。在这一过程中，身体发展出各种以社会形式形成的社会器官，人于是以全部感觉在对象世界中肯定自己，社会同样成为人的身体的组成部分。

总之，"不仅五官感觉，而且连所谓精神感觉、实践感觉（意志、爱等等），一句话，人的感觉、感觉的人性，都是由于它的对象的存在，由于人化的自然界，才产生出来的。"③ 这就是说，人的完整的身体及其感觉、知觉、情感、欲望、结构等等，都因为人在与自然界、他人等发生身体性实践关系中，逐渐地以对象化方式即以人化方式被建构起来的。因此，马克思果断地指出："五官感觉的形成是迄今为止全部世界历史的产物。"④ "迄今为止全部世界历史的产物"即指人类所有的文化。这样看来，"人以对象化方式、人化方式"即指"人以文化方式"，来与自然界、他人等发生身体性实践关系，在文化发展过程中，自然界、他人等不仅能够建构起来，而且人本身也被建构起来。正因为这样，马克思才指出，我的对象只能是我的一种本质力量的确证，比如，相对于音乐就有感受音乐美的耳朵，相对于绘画就有感受形式美的眼睛。"眼睛的对象是不同于耳朵的对象的。每一种本质力量的独特性，恰好就是这种本质力量的独特的本质，因而也是它的对象化的独特方式，它对象性的、现实的、活生生的存在的独特方式。"⑤ 毫无疑问，在人与自然界、他人等发生身体性实践关系中，人以这种对象化的独特方式占有对象，意即自己本质部分是可能的。总而言之，人类的身体性实践促使人的身体与文化发生相互变形和交融的关系，身体是文化的身体，文化是身体的文化，即人的身体各种独特的对象化本质、方式或说各种类本质力量独特的存

---

① 马克思：《1844年经济学哲学手稿》，北京：人民出版社，2000年，第56页。
② 马克思：《1844年经济学哲学手稿》，北京：人民出版社，2000年，第58页。
③ 马克思：《1844年经济学哲学手稿》，北京：人民出版社，2000年，第86页。
④⑤ 马克思：《1844年经济学哲学手稿》，北京：人民出版社，2000年，第87页。

在方式。如果说,人通过人的对象化方式、人化方式即文化方式形成了人不同程度的身体变形存在。那么,我们就可以按文化发展进步的阶段分出历史和现实中存在的人的五种身体变形阶段:原始社会变形、奴隶社会变形、封建社会变形、资本主义变形、社会主义变形等等。这些阶段中的人的身体变形存在是与社会生产方式、文化机制、意识形态机制是一致的。而在这些阶段中,不同阶层的人甚至同一阶层的人,其身体变形存在又各自产生出不同的对象化方式。同时,低阶段的身体变形存在与高阶段的身体变形存在,往往经由文化遗传而相互叠合和作用在现代人的身体及身体性实践关系中。总而言之,现代人的身体变形存在显得十分敏感、复杂和矛盾。

从主体方面来说,人的身体变形存在是人的文化自觉即人的类特性导致的,因此它是人作为一个"类"最为基本的文化存在。随着人类大脑的发达与完善,它便突出地呈现为人的自由的形象思维(想象与幻想等)和抽象思维(判断与推理等),并由此产生出各种情绪、欲望和情感、意志来。这是动物无论如何都不可能具有的本质力量。马克思指出:"动物只是按照它所属的那个种的尺度和需要来构造,而人懂得按照任何一个种的尺度来进行生产,并且懂得处处把内在的尺度运用于对象;因此,人也按照美的规律来构造。"[①] 从上下文看,"内在的尺度"是指人独特的对象化方式、人化方式即文化方式作用于对象的人的类特性及本质力量本身。它们内在地呈现为人的自由的形象思维和抽象思维,此即人内在的文化变形存在;而外在地体现为人的主体肉体的各种结构、欲望、感知觉和活动等等,此即人外在的文化变形存在。因此,"人也按照美的规律来构造"指明了人由内到外的文化变形存在,其核心是审美变形存在。审美变形必然要体现人类身体"内在尺度"和身体"外在尺度"的辩证统一。总而言之,人的对象化方式、人化方式即文化方式中核心的、关键因素就是审美变形,通过这样的变形,人才能把握复杂多变的现实关系。在原始社会变形阶段,神话是整个部落文化活动的意识形态机制,本身就构成稳定的审美变形机制。原始先民通过神话机制的作用,把美好的愿望、欲念、梦想、智慧和力量、技巧等等,变形而产生出许多创造万物、拯救苦难的超自然力存在的神灵形象及其故事,如中国神话中的盘古开天地、女娲补天、精卫填海等等。这充分说明了原始先民能够把在跟自然界做斗争中,以及跟后来的社会统治力量(父权制统治力量)斗争时所产生的种种强烈愿望、欲念、梦想、智慧和力量、技巧等等,加工、想象得十分古朴、壮美。神话机制一开始就深入人心,隐含于各种民族民俗文化生活之中,至今还发挥着重要作用。当代审美人类学考证了在南方边远的大石山区生活的壮族族群——"黑衣壮",其民俗文化生活及各种文学艺术,均受制于其所崇拜的"黑神"的神话机制,导致了其文化艺术向"以人为本,以黑为美,以黑为歌,以

---

① 马克思:《1844年经济学哲学手稿》,北京:人民出版社,1985年,第53—54页。

黑为话语"的审美变形方向发展。这些一再印证了原始社会变形作为一种人类低级阶段的身体变形存在方式，依然通过文化遗传隐含在后来的社会变形之中。由此，我们不得不设问：现代社会变形中所表现出来的古代社会变形倾向，说明了人类今天的审美需要、审美变形、审美能力等等具有什么样的性质特征呢？在这方面，马克思早就做过经典的论述。比如，在《巴黎手稿》中，马克思有一段涉及"神"的变形问题的话。

是神吗？确实，起初主要的生产活动，如埃及、印度、墨西哥的神殿建造等等，是为了供奉神的，而产品本身也是属于神的。但是，神从来不单独是劳动的主人。自然界也不是。而且，下面这种情况多么矛盾：人越是通过自己的劳动使自然界受自己支配，神的奇迹越是由于工业的奇迹而变成多余，人就越是会为了讨好这些力量而放弃生产的乐趣和对产品的享受。①

下面，我们参照马克思后来在《〈政治经济学批判〉导言》中对有关神话机制的论述来理解上面的引文。

……大家知道，希腊神话不只是希腊艺术的武库，而且是它的土壤。成为希腊人的幻想的基础，从而成为希腊（神话）的基础的那种对自然的观点和对社会关系的观点，能够同走锭精纺机、铁道、机车和电报并存吗？在罗伯茨公司面前，武尔坎又在哪里？在避雷针面前，丘比特又在哪里？在动产信用公司面前，海尔梅斯又在哪里？任何神话都是用想象和借助想象以征服自然力，把自然力加以形象化。因而，随着这些自然力实际上被支配，神话也就消失了。在印刷所广场旁边，法玛还成什么？希腊艺术的前提是希腊神话，也就是已经通过人民的幻想用一种不自觉的艺术方式加工过的自然和社会形式本身。这是希腊艺术的素材。不是随便一种神话，就是说，不是对自然（这里指一切对象，包括社会在内）的随便一种不自觉的艺术加工。埃及神话决不能成为希腊艺术的土壤和母胎，但是无论如何总得是一种神话。因此，决不是这样一种社会发展，这种社会发展已排斥一切对自然的神话态度，并因而要求艺术具备一种与神话无关的幻想。②

对照以上这两种处于不同创作阶段的论述，我们发现：①马克思从唯物史观宏观的视角肯定了神、神话机制存在的客观必然性及其社会作用和意义。②马克思力求把远古、古代的神、神话机制与近代、现代的社会的人的异化现实联系起来，进行审慎地比较分析。在这里，神话作为一种幻想的基础、艺术的武库与土壤，原初并非艺术中纯粹的审美变形机制，而是一种"把自然力加以形象化"

---

① 马克思：《1844年经济学哲学手稿》，北京：人民出版社，2000年，第59—60页。
② 《马克思恩格斯全集》第46卷，北京：人民出版社，1979年，第48—49页。

的萌芽状态的文化变形机制，受制于当时低下的社会生产力。随着近代工业的出现，各种科学技术、生产机器的大量出现，自然力实际上被人现实地征服和支配了，"神话也就消失了"。"但是，困难不在于理解希腊艺术和史诗同一定社会发展形式结合在一起。困难的是，它们何以仍然能够给我们以艺术享受，而且就某方面说还是一种规范和高不可及的范本"。① 马克思的话暗示了：神话时代已经过去，但是人类关于神的审美变形机制却潜留下来，工业越是发达，文明程度越是提高，人们越是受此机制的影响而越是觉得得到了高级的真正的艺术享受。我认为，在《巴黎手稿》中，马克思是结合有关异化或外化的劳动的论述来理解这一问题的，因此，他才这样指出：人们一方面"越是通过自己的劳动使自然界受自己支配，神的奇迹越是由于工业的奇迹而变成多余，人就越是为了讨好这些力量而放弃了生产的乐趣和对产品的享受。"其中的"神的奇迹"（作为一种神话的审美变形机制作用的表征与结果）与"工业的奇迹"（作为一种现代资本主义社会异代劳动作用的表征与结果），两相对照，此消彼长。"工业的奇迹"表现出来的一种强大异己力量已经不是像"神的奇迹"表现出来的神灵力量那样来帮助人、拯救人的灵魂和完善、美化人的肉体，而是转过来压迫人、剥夺人的灵魂和折磨、丑化人的肉体，它却反而更令人崇拜与迷恋，以致使得工人（主动）放弃生产的兴趣和对产品的享受。神话时代，人离神还有无限远的距离，现在神与人距离消失了，人越来越超过了神，人成为所谓的"超神"的存在物。这是因为，人通过工业制造出来的异己力量在人之外聚集起来，形成"超神"的技术力量（即人的异己力量），人已经沉湎于通过它来创造文化世界并由此津津有味地品尝、欣赏起所创造的对象来，渐渐地也就不由自主地接受它们所带来的所谓"超神"的意识形态和异己力量，神幻地以为自己是"超神"的存在了。显然，这表明了："不是神也不是自然界，只有人自身才能成为统治人的异己力量。"② 总之，"异化"相对于对象化而言，也是一种身体变形。即从人与自然之间根本的关系上说，人是把同自身和自然界相异化的任何力量，加以技术性地聚集和组构，使之变成剥夺人的富含人文价值、审美价值的、生命力潜能的"生产的兴趣和对产品的享受"之类任何审美的情趣、理想、个性、能力等等的无比巨大的怪物——工业化"超神"存在物。这个怪物压迫、支配、控制、丑化与扭曲、折磨着人的灵魂与肉体，最终使人成为"非人"存在物：麻木、痴呆、恐惧、绝望、神经错乱、歇斯底里、迷失自我以及机械化、技术化、信息化等等。马克思指出："……整个的人类奴役制就包含在工人对生产的关系中，而一切奴役关系只不过是这种关系的变形和后果罢了。"③ 毫无疑问，工业化"超神"存

---

① 《马克思恩格斯全集》第46卷，北京：人民出版社，1979年，第49页。
② 马克思：《1844年经济学哲学手稿》，北京：人民出版社，2000年，第60页。
③ 马克思：《1844年经济学哲学手稿》，北京：人民出版社，2000年，第62—63页。

在与工人的奴役关系，取决于工人对生产的关系，而工人对生产的关系本就是异化压迫的关系的变形与后果。由此可知，资本主义大工业生产主导下的社会生产方式、生活方式及其各种辉煌的现代文明成果，都可以帮助资产阶级实现对工人（人）的"超神"的异化变形统治，这最终导致了资本意识形态的实体幻象的异化变形统治。

现代人如何面对与把握自己在这种异化变形统治之下的现实关系呢？现代人把自己的肉体及其内存的欲望、血液、力量和外显的天生丽质、性感等交付给异化变形统治，同时也把自己的所有精神性的智力及其劳动成果交付给异化变形统治。这种交付无论是强迫的还是掩饰的，都渐渐成为某种"文化自觉的共识"即所谓"全球化""都市化""信息化"等等"超神"的存在意识。马克思主张，只有彻底消灭私有制，实现人的自我异化的扬弃，才能彻底消除异化变形统治，实现人的自由自觉向自身、向社会的合乎人性的复归。我以为，这种主张是革命性的，也是审美化的。人类奋进追求的最高价值目标是这种审美化的人生境界、境遇，到那时，社会成为和谐、美好、向上和自由平等的社会，人类成为全面自由发展的美的人类。马克思在这里给我们指明了这么一条人类对异化变形统治的革命道路——对现实关系的异化变形加以革命性地再变形，即审美地变形，是可能的，也是合乎人性复归这一人类最高价值目标追求的历史潮流的。"对社会主义的人来说，整个所谓世界历史不外是人通过人的劳动而诞生的过程，是自然界对人来说的生成过程……社会主义是人的不再以宗教的扬弃为中介的积极的自我意识，正像现实生活是人的不再以私有财产的扬弃即共产主义为中介的积极性现实一样。共产主义是作为否定的否定的肯定，因此，它是人的解放和复原的一个现实的、对下一段历史发展来说是必然的环节。共产主义是最近将来的必然的形式和有效的原则。但是，共产主义本身并不是人的发展的目标，并不是人的社会的形式。"[①] 在这一论断中，马克思实际上视"共产主义"是一种"人的解放和复原"的必然环节，即人类的最佳的审美变形的存在过程，而社会主义只是其必要的准备阶段。因此，共产主义本身并不是人的发展的目标（最终的），并不是人的社会的形式（异化变形统治的）。

二 "马克思幽灵"的闪现

阿尔都塞使我们充分意识到"马克思幽灵"在精神分析学家拉康的理论中的闪现。关于意识形态如何通过物质性和符号性手段来达成对人的异化变形统治，阿尔都塞实际上是从人（主体）的自我结构的想象性关系去分析的，他尤其强调了个体无意识话语参与实践的重要性，此意味着主体由此自我建构了一种内化于其肉体组织和心理世界的话语机制。这些重大的理论发现，显然得益于拉

[①] 马克思：《1844年经济学哲学手稿》，北京：人民出版社，2000年，第92—93页。

康著名的"镜像阶段"、欲望曲线、语言无意识机制等等理论。而在这些理论中，马克思关于人的身体及其身体性实践关系的异化变形统治的内在机制，都可以重新被理解、被把握。拉康的这些理论，主要得益于诸多理论家尤其是语言学家和人类学家的理论启发，也得益于对弗洛伊德关于无意识欲望和言语表达问题的再思考。总而言之，"马克思幽灵"在这些理论中闪现的共同点在于：这些理论从话语角度进一步揭示人的自我异化变形统治的内在机制，帮助人们进一步理解和把握其中的话语异化变形机制。显然，拉康的理论中存在这种"马克思幽灵"的闪现的共同点，是有其学理上的可能性和必然性的。可能性是指在拉康的理论视野中，十分注重探讨人的主体性建构是如何在现实的意识形态话语机制导下完成的，这就有可能导致"马克思幽灵"的闪现。因为马克思就是从个人一定的社会生产及其文化和意识形态机制来研究人的主体性建构的，他把人置于广阔的社会文化视野中来研究那些造成人的身体异化变形的机制问题，这是马克思人类学思想中活的灵魂表现。必然性是指在拉康的精神分析中，不是简单地弗洛伊德式地就欲望解释欲望，而是探究欲望在怎样的社会文化环境中，尤指在何种话语机制作用下产生和变形的，从而追寻出自我幻象建构背后深刻的文化动因和意识形态动因。毫无疑问，这些动因的研究必然指向对现存社会结构，即父权制经济基础与上层建筑矛盾问题的探讨方面。拉康指出，没有他者的社会文化存在即没有他者的话语，就没有主体的无意识欲望，因此"无意识（欲望）是他者的话语"。进一步地，拉康揭示了现存世界是以父亲的名字、身份等出现的象征秩序，主体无意识欲望只有通过象征秩序的过渡（变形）才能表达，这意味着主体无意识欲望是不可能真实地被把握的，因此，主体的现实总是表现为"阳具的缺失"。当然，这可能会导致叔本华式的悲观绝望，但拉康那冷峻沉着的洞察却有力地表明这是他对现实进行实证式哲学探讨后的"真理发现"。由此可见，拉康是在对父权制社会结构从文化之根上即人的无意识欲望及其象征模式上加以解构了，这必然有助于马克思主义者研究马克思所提出的人的身体异化变形问题时，能更为深入地把握马克思所讲的人的审美幻象问题。

弗洛伊德指出，精神病人的病理及其发作的动力机制来源于人们的"性力"作用，人们的认识和实践因"性"而生发出各种遗忘、口误、精神错乱、破坏反抗等症状，这是"性力"作用的变形表现。如果婴儿从小产生性欲望的固着经验，那么就有可能产生两种欲望对象化倾向：一是可能在自我力比多作用下产生自恋情结（自淫），欲望对象复合到自己的身体上来。二是可能在对象力比多作用下性欲目标发生偏向而产生变态（性倒错）行为，欲望对象转化为自己的即同性的，或者欲望凝定于欲望对象某一部位及其他物品上。由此，弗洛伊德揭示了由于文明社会的父权制意识形态话语的支配，因而人们的身体与性都产生了不同程度的强迫性神经症变形发展。男权压抑之下的人们的各种欲望往往通过这些强迫性神经症发作的方式得到抵抗式的转换与满足，这就导致了胡言乱语、自言自语、口误、突然遗忘或突然歇斯底里地嚎叫等怪现象的产生。总之，弗洛伊德关于人的欲望因意识压抑变形而存在的公式如下：

$$\frac{\text{正常人的意识对潜意识歪曲程度（"想要"的这种观念）}}{\text{（伪装）潜意识（欲望）（代喻）}} = \frac{\text{反常人的神经症状即替代被压抑观念潜意识抵抗力}}{} = \text{（"不能要"的那种观念或被遗忘的观念）}$$

弗洛伊德进一步指出，变形抵抗的症状不是精神病人独有，而是每个社会成员都潜存身体的病理机制表现，它往往要求用一种替代物作"喻体"（包括症状本身），而"本体"（潜意识欲望本身）并不出现；精神分析的任务就是要解构缠绕着人的各种梦一般的"喻体"，来把握人的"本体"存在。这种揭示显然是十分令人震惊的。毫无疑问，弗洛伊德的精神分析向人们呈示了人们欲望变形的关键环节是用以伪装、代喻等等的象征和符号化过程，其实际表现为话语机制的个体强迫性运作过程。显而易见，欲望是主体与客体之间对象化要求的意识形态观念、情感需要和意志要求的综合表现，所以欲望表现出一种人的社会的、文化的、意识形态的价值关系，与时代、社会、民族文化等有密切关系，它往往通过语言符号的幻象机制来达到凝聚或转移的目的，亦即愿望满足的目的。

这种精神分析的胆略与过人的勇气极大地鼓舞了拉康，因此他提出了"回到弗洛伊德去"的学术口号。他把语言学与人类学理论方法引入精神分析学，真正把精神分析导入了所谓的"自弗洛伊德以来精神分析哲学化"的轨道上来。在这里，身体及其所代表的主体意象作用是基础前提条件。诚然，"象"是动物和人共同具备的与自然发生关系的主体、客体之感性条件。然而，人所拥有和把握的"象"绝对不同于动物所拥有的"象"。黑猩猩也能观看到镜子中自己的身体及其所代表的自我影像，但是不会像人一样对之大感兴趣。6—18个月的婴儿，虽然在工具智慧上还比不上黑猩猩，却能在辨认出自己的镜中形象之后，高兴地做出一连串的动作。"要在玩耍中证明镜中形象有种种动作与反映的环境的关系以及这复杂潜象与它重现的现实关系，也就是说与他的身体，与其他人，甚至与周围物件的关系。"[1] 这种现象说明一种人类世界的本体论结构——一种象征性模式，其中的"我"——身体及其所代表的自我影像——是在一种外在性的格式塔方式中建构的。主体于是被这些结构、模式、方式、形式和影像、意象、镜像等凝定了，表征了"我"在思想上即意识形态上的永恒性，也预示了"我"异化的结局。因此，镜像阶段是一场悲剧，其总的中介环节是外在性的意识形态镜像。很明显，拉康采用了把动物与人相比较研究的人类学理论方法来探究人的主体建构问题，非常敏锐地找出了语言符号的"象"与"幻象"的结构作用，

---

[1] [法]拉康：《拉康选集》，上海：三联书店，2001年，第90页。

它们的基础前提条件是人的身体及其所代表的自我影像。当人一旦与之认同之后,"象"与"幻象"的结构作用便发挥了意识形态的精神性强迫作用,把人定型化,即凝固为"你即如此"的镜像观念。由此,人与其周围世界的关系便会意识形态镜像式地结构化起来,而人自身躯体意象在象征秩序中开始经由语言和符号网络化,在不同语境中被话语角色所占有、激活和分裂。几种相互激活与分裂的自我意象开始相互纠缠,然后又激烈地相互残杀、侵凌,如此持续不断地撞击、毁灭人真实的欲望、意志、认识、情感、肉体等等。最后,这种"多面相"的生存、发展导致了身体的异化、断裂与崩溃。不管怎样,在语言和符号结构化作用下所形成的各种话语角色形象反过来压迫人、引诱人、侵凌人,泯灭人的肉体潜存的欲望和力量,变成了主体(人)最大的异己力量。

　　拉康深入地指出,人的话语异化变形的自我机制分为:一是主体间的多元主体鸵鸟化。二是能指移位决定主体的一切。人一旦镜像化之后,凝定的主体之间彼此以为经过某种符号行为的象征作用就能遮住他人的眼睛——就像沙滩的鸵鸟把它的头没入沙之中而露其身,便以为瞒住他者的眼光一样——其荒谬可笑的原因来自现实意识形态话语结构的作用。总之,人们往往在某种意识形态话语机制作用下,以为凭借某种话语形象就能遮住别人的目光,因此急切要求采用多元主体即"多面相"的象征性模式来生存。这就是"主体间性的多元主体鸵鸟化",它说明了人的自我异化的符号本能。在话语异化变形中,交流即"对话"成为主体间最为重要的程序,只有这样,"象"与"符号化"才能成为重复的自动化机制。这与"能指"本质特性相关。在这里,拉康深入分析了爱伦·坡的小说《被窃的信》,强调指出能指具有物质性作用,这种物质性并不一般,首先它不能承受分割。"这是因为能指是独特存在的单位,由于其象征的本质它只是一种远隐。因此,就被窃的信而言,我们不能像说其他东西那样说它一定在某处或一定不在某处;相反,我们要说它在它所在或所去的地方,它将在和将不在。"[①]这表明出拉康的后现代立场,借用池莉《看麦娘》中的话来说就是——"在想在的地方"。因为我们只可说明事物(信)不是在其某个位置上的东西,而是可交换的东西、象征性的欲望存在。信是待领的,而主体自身却在它的影子下通过并形成它的映像,要拥有信,信的"意义"却拥有了主体,信是怎样的主体并不确切明了,即是说,主体天真地幻想有某种确定的所指或真理在能指中存在,只有拥有能指(信)就拥有所指或真理。然而,能指的特性却是如此迂回而延异,不可能轻易地提供什么所指或真理确切的地点所在。这样,能指不仅在意识形态观念上异化变形了人,而且捉弄了人,人于是"看见别人没有看到他,漠视他被看到不在看的真实情况,他没看到的是什么呢?就是他自己看得那么清楚的

---

① [法]拉康:《拉康选集》,上海,上海三联书店,2001年,第16页。

象征形势，而现在这个形势中他被看到是自己看到被别人看。"① "能指移位"使主体想象性地结构自己的现实关系，结构自己的虚幻的身体，在这里，符号和存在漂亮地分离开来了。这就是说，能指移位决定了主体的一切。为了对应于弗洛伊德所讲的梦的"凝聚"与"位移"。拉康后来把"主体间性的多元主体鸵鸟化"（即梦的"凝聚"）代以语言学术语"隐喻"来称之；而把"能指移位决定主体一切"（即梦的"位移"）代以语言学术语"换喻"来称之。"隐喻"和"换喻"于是成为主体话语异化变形的两大自动化机制。

拉康的这些研究成果可列为下面的公式：

$$\text{隐喻（镜像化、鸵鸟化意识形态的强化生存）} = \frac{\text{话语异化变形（凝聚）}}{\text{潜意识（欲望）（位移）}} = \text{换喻（能指化、象征化漂离存在）}$$

$$\uparrow \qquad \uparrow \qquad \uparrow$$
$$\text{想象关系} \quad \text{现实关系} \quad \text{象征关系}$$

从这个公式中可推知，"现实关系"是拉康的话语异化变形理论的核心，即人的潜意识（欲望）如何经由话语变形异化的途径达到自己的对象化，这就是处理好想象关系与现实关系及象征关系与现实关系的问题。在人类文化艺术创造中，如果能够借用想象关系和象征关系来加强话语异化变形的效果，即对现实关系的话语异化变形的再话语异化变形，那么现实关系就有可能被凸现出来，这样就有助于人们对自我和现实的真实的审美把握。这种精神分析学的结构方法，具有德里达的"解构"精神——当然"解构"是为了"建构"。在西方马克思主义者中，布莱希特的"陌生化"，木杰明的"星座化"，阿尔都塞的"结构的内在分离"和"多元决定"，阿多诺的"零散化的反艺术"，马尔库塞的"异界事物"，詹姆逊的"寓言形象"，福柯的"话语机制"，巴赫金的"外位性"，特里·伊格尔顿的"身体性存在"等等。这些概念都不同程度地涉及话语异化变形的艺术化"解构"与"建构"问题，这些文论家的思想深刻之处均受到马克思的"人的自我异化及其扬弃"思想的影响。由这些人同拉康的精神分析学的关系，可以推演出从马克思到拉康，关于人的身体异化变形问题的探讨已经深入了一层，这也说明了拉康的"马克思幽灵"的闪现。

毫无疑问，人的身体异化变形尤其是话语异化变形问题，已经成为当代艺术尤其是后现代艺术的焦点问题，应当引起当代马克思主义美学研究者的思索。关于这方面的探究，我们以为，审美幻象理论方法是能恰切地解决话语异化变形问题的理论方法，在中国特色的社会主义文化艺术发展境域中，这个问题体现为多重叠合、多元共生的"余韵"风格问题。目前，对此问题的研究尚待深入拓展。

---

① ［法］拉康：《拉康选集》，上海，上海三联书店，2001年，第23页。

第五章 基于身体的审美批评[①]

恩格斯在《致斐·拉萨尔》的信中说："我是从美学的观点和历史的观点，以非常高的即最高的标准来衡量您的作品的。"[②] 美学的观点和历史的观点高度统一的审美批评原则、特点具体表现如何，对此问题做出回答必然涉及马克思主义的哲学方法论问题。陆贵山先生认为："一般地讲，有什么样的观念，也往往有与这种观念相适应的方法；有什么样的方法，也总能体现和衍射出与这种方法大体相吻合的观念。从这种意义上来说，方法是运动着的美学，是批评实践过程中以活生生的形态表现出来的观念。……人们怎样从方法上批评文艺，正说明着人们怎样从观念上看文艺。……从'美学观点'和'历史观点'的结合上看文艺，必然认为文艺本质是审美本质和社会本质的辩证统一。"[③]《巴黎手稿》和《神圣家族》分别代表了马克思美学思想从唯心主义美学观向唯物主义美学观的转变和历史唯物主义美学观的确立。在这两部著作中，我们可以看到，美学的观点和历史的观点高度统一的审美批评原则、特点，具体体现为：身体性话语批评、历史性文本批评和意识形态批评。

一 身体性话语批评

特里·伊格尔顿在其力作《美学意识形态》中认为，美学是一种关于身体的话语，身体是审美意识形态的物质基础，是个体与社会相互联系、相互作用的媒介。由此看来，审美批评应该是一种身体性话语批评。

在《巴黎手稿》中，马克思从文化人类学和审美人类学的高度，具体而深刻地剖析了异化劳动中人的身体性对象化实践关系，提出："劳动创造了美，但是使工人变成了畸形。"[④] 人是类存在物，人的类特性恰恰是自由自觉的活动，劳动本来是人的自由自觉的身体性对象化实践活动，它直接把身体的肉体方面的

[①] 本章内容已出版于《东方研究》第1辑，长春：吉林文史出版社，2002年，系本书作者独著，原名为《从〈巴黎手稿〉和〈神圣家族〉看马克思的审美批评》。
[②] 《马克思恩格斯选集》第4卷，北京：人民出版社，1972年，第347页。
[③] 陆贵山：《美学·文论·批评》，桂林：广西师范大学出版社，1996年，第226—227页。
[④] 《马克思恩格斯全集》第42卷，北京：人民出版社，1979年，第93页。

自然本质和精神方面的社会本质统一起来，把身体的"外在尺度"和"内在尺度"统一起来，通过对象化途径来实现感性现实的人的本质力量的占有或自我享受。这样一来，劳动是美的，并且劳动创造了美。然而，异化劳动使劳动转化为工人的敌对的异己力量，是使工人的身体异化的实践活动。在异化劳动中，工人浑身不自由。"劳动对工人来说是外在的东西，也就是说，不属于他的本质的东西。因此，他在自己的劳动中不是肯定他自己，而是否定他自己，不是感到幸福，而是感到不幸；不是自由发挥自己的体力和智力，而是使自己的肉体受折磨、精神遭摧残。"[①] 总之，异化劳动使工人"畸形化"，究其原因在于，资本主义社会的生产方式迫使工人的身体的"外在尺度"僵化固执地背离其身体的"内在尺度"。

显然，工人的身体的"外在尺度"和"内在尺度"要求一致起来，可是异化劳动却渐渐地迫使它们彼此由激烈的对抗过程进入严重的断裂过程。这样一来，美学的观点和历史的观点高度统一的审美批评首先必须是一种关于人的身体的"外在尺度"和"内在尺度"对抗与断裂的身体性话语批评。这在马克思对货币本质特征的剖析当中明显地体现出来。在马克思看来，货币资本成为人本质力量对象化或交换的媒介，它直接击溃了在原始神话思维中生活的远古先民身体的"外在尺度"和"内在尺度"一致性的话语模式。在现代资本主义意识形态和生产方式基础上，重构了在现代神话思维中生活的现代人身体的"外在尺度"与"内在尺度"神秘断裂但又保持若即若离的必然关系的话语模式，这就是异化的身体性话语模式。

审美批评的切入点就是要解构这种异化的身体性话语模式，通过典型人物的身体性话语来发现和赞颂真、善、美，批判假、恶、丑，由此进一步把身体的"外在尺度"和"内在尺度"统一起来，通过审美幻象机制来真实地把握异化身体的现实关系。在这一点上，马克思注意到，如果把身体性话语看作仅由身体的"外在尺度"抽象化来考察典型人物，势必犯了"神圣家族"的唯心史观的审美批评错误；而如果把身体性话语看作仅由身体的"内在尺度"抽象化来考察典型人物，那又势必犯了费尔巴哈式的机械直观的人本主义唯心史观的审美批评错误。

在《神圣家族》中，马克思写道："可是绝对的批评从黑格尔的'现象学'中至少学会了一种技艺，这就是把现实的、客观的、在我身外存在着的链条变成只是观念的、只是主观的、只是在身内存在着的链条，因而也就把一切外部的感

[①] 《马克思恩格斯全集》第42卷，北京：人民出版社，1979年，第93页。

性的斗争都变成了纯粹观念的斗争。"① 布鲁诺·鲍威尔及其伙伴步黑格尔"绝对精神"的后尘，以"绝对的批判"标榜自身，他们退回到主观主义"自我意识"领域进行所谓的批判，实际上是把资本主义社会人的身体的"外在尺度"即金钱——商品价值尺度巧妙地抽象化，使"人类的历史变成了抽象的东西的历史，因而对现实的人说来，也就是变成了人类的彼岸精神的历史。"② 这种"批判的历史认为，在历史活动中重要的不是行动着的群众，不是经验的活动，也不是这一活动的经验的利益，而仅仅是寓于'这些东西里面'的'观念'。"③ 根据唯心史观，批判家施里加先生对欧仁·苏的小说《巴黎的秘密》中的"批判的批判"家盖罗尔施坦公爵鲁道夫这一典型人物进行"绝对批判"式的审美批评，认为他是人类国家的头等公仆，是真正的批判家。那么，这个"批判家"是怎样赎补个人的罪行和批判的罪行并揭露了一切秘密的呢？也就是说，他用什么方法来拯救人类的苦难灵魂呢？"近来，鲍威尔先生把绝对知识改名为批判，而给自我意识的规定性所换的名字则是一个听起来比较简单的术语——观点。"④ 这就是运用黑格尔"现象学"的方法来拯救人类的苦难灵魂。鲁道夫正是这样做的，他认为，自我意识是唯一的、无所不包的存在，它要拯救的苦难灵魂是精神方面的灵魂。

批判家鲁道夫把海格立斯型的、精力充沛型的杀人犯——"校长"捉住，用绝对精神的批判来改造他：先命令黑人医生大卫弄瞎"校长"的双眼，然后教会他祈祷并去杀死"猫头鹰"。这样，鲁道夫由一个普通的杀人犯转变为一个暧昧的、有道德的杀人犯，这都是绝对批判疗救人类苦难灵魂的神圣方法。布鲁诺·鲍威尔及其伙伴正如同鲁道夫这一典型人物形象一样，把群众的身体性话语看作仅由身体"外在尺度"抽象化来进行批判——即唯心史观的审美批评，认为群众的身体性对象化实践活动（包括无产阶级革命）都是丑恶的，群众的肉体是丑恶的。必须用绝对精神的批判对之进行改造——即杀害之，从而只承认绝对精神、观念——即神圣的灵魂——是美的，其余一切是丑的，应把历史看作是自我意识对身体的"外在尺度"纯粹抽象化的改造过程，而不必进行彻底的感性现实的无产阶级革命。这显然是十分错误和极端危险的主观主义思想。

费尔巴哈也看到了黑格尔"绝对精神"或"自我意识"的自我运动的唯心主义错误，但他却一样撇开活生生的群众身体性对象化实践的社会现实关系，退回到自然的、机械直观的人本主义立场，把拯救人类苦难灵魂寄托在人的类本质

---

① 马克思、恩格斯：《神圣家族》，北京：人民出版社，1958年，第105页。
② 马克思、恩格斯：《神圣家族》，北京：人民出版社，1958年，第108页。
③ 马克思、恩格斯：《神圣家族》，北京：人民出版社，1958年，第104页。
④ 马克思、恩格斯：《神圣家族》，北京：人民出版社，1958年，第245页。

力量——爱欲方面，把身体性话语看作仅由身体的"内在尺度"抽象化来考察典型人物，从而同样陷入了唯心史观的审美批评泥淖之中。马克思指出，费尔巴哈"不满意抽象的思维而诉诸感性的直观，但是他把感性不是看作实践的、人类感性的活动。"他"把宗教的本质归结于人的本质。但是，人的本质并不是单个人所固有的抽象物。在其现实性上，它是一切社会关系的总和。"① 费尔巴哈把人类学强调的人的类本质存在方面进行自然哲学化，即要求人的身体合乎人性本能地存在，并把爱人的生活进行生理心理学化，即归结为身体内在的自然爱欲，把爱捧上了天。"费尔巴哈从来不谈人类世界，而是每次都求救于外部自然界，而且是那个尚未置于人的统治之下的自然界。"② 以费尔巴哈式的审美批评眼光来看待《巴黎的秘密》中的典型人物鲁道夫，就会认为，鲁道夫由于实行了人间爱的批判使命，因而是神圣的、可敬的。巴黎卖淫妇玛丽合乎人性地在非人的境遇中得以成长，这是费尔巴哈式的人类内在的爱欲力量的伟大胜利。然而，马克思指出，鲁道夫的目的是要用绝对精神来把合乎人性的玛丽批判改造为一个悔悟的罪女，即由一个本来纯真、喜爱大自然美的、有人性的人变成为纯粹抽象化的宗教崇拜者——修女；最后，又把她由修女变成死尸。在这里，批判的批判和费尔巴哈式的批判殊途同归，那就是：虽然看到感性现实的人性存在，却把它们批判改造为神圣的抽象化的宗教般的爱欲存在，结果使本来幸存下来的人的身体的"内在尺度"即人的类本质存在过程中合乎人性的人的本质力量的对象化或占有，也因此丧失殆尽。肉体死了，精神也随着批判而灭亡！

二 历史性文本批评

"绝对的批判"之所以有勇气、有能力把一个有无限丰富个性的、有人性的人变为有道德的罪犯或死尸，是因为其依循了黑格尔的"现象学"哲学方法，把一切感性现实都看作思维着的精神实体，而历史不过是"自我意识"的自我异化和扬弃的过程。历史仅仅是一系列观念、知识推演过程，最终达成"绝对知识"。换一种方式来说，不是感性现实的主体创造历史，而是纯粹的知识、观念、精神实体创造历史。主张精神第一物质第二，精神决定物质；主张思维先于存在，存在仅是思维的存在。所以，主张拯救人类苦难灵魂（即精神和思维），而不是拯救人类苦难的身体及身体性对象化实践关系。这就在哲学方法论上主张纯粹的、无情的、绝对的精神批判，即用一系列思维观念来改造主体，如果肉体及其感性现实关系有碍于这种改造，就要无情杀害之。结果，人们的一切历史活动

---

① 《马克思恩格斯选集》第 1 卷，北京：人民出版社，1972 年，第 17—18 页。
② 《马克思恩格斯全集》第 42 卷，北京：人民出版社，1979 年，第 369 页。

本来是感性现实的存在，现在变成了一系列思维着的观念的幻影，历史在这里全部被"绝对的批判"阉割了。

马克思思考问题的关键正在于此：如何让历史恢复其无限丰富的个性本身？唯一的哲学方法就是，把黑格尔的"现象学"的哲学方法论进行批判地改造，所以《神圣家族》的另一个标题就必须采用"对批判的批判所做的批判"，让历史在批判中回归人本身。也就是说，马克思的审美批评的原则就是进行历史性的文本批评。事实上，身体性话语批评必然是一种历史性的文本批评，因为身体及身体性对象化实践关系本身就是在历史无限丰富发展的过程中存在和发展的，而这一过程可以被视为一种历史性文本的审美发展过程。

然而，施里加先生那种"绝对的批判"或"批判的批判"，实质上是一种反历史性的文本批评。在他那里，"文本"变成一种观念、思维或精神的实体，"文本"的活生生的历史性情节、人性、语言等等全部变成了一种宗教观点。有人性的玛丽被当作一种精神文本进行批判地改造，批判家鲁道夫先把她交给一个不幸的、患忧郁病的、信教的妇人——若尔日夫人照看，接着立即唤来一个可怜的、迷信极深的老教士拉波特，指定他对玛丽进行批判地改造。在这里，施里加先生审美批评的原则标准是：只有绝对的精神才是美的，凡是有碍于绝对精神批判的都是丑的、恶的，都应该消灭。造成一个人灵魂苦难的是这个人的身体欲望，即这个人的现实生活和现实本质，这也就是这个人的身体话语本身。"批判的批判"首要任务是消灭这种身体话语本身，才能顺利地使这个人重获身体的"解放"，即灵魂的"解放"。只有消灭玛丽的身体话语本身，玛丽才能获得灵魂解放，也只有这时把玛丽引为与上帝同在，才能使她作为一种灵魂得救的精神文本永世长存。因此，施里加不因为玛丽的死而责备鲁道夫，而是大加赞颂他的拯救苦难灵魂的伟大功德。对于玛丽的死，施里加使用一套这样的词句来评价："而她本人还是没有什么需要宽恕的。""她怀着人所罕有的内心纯洁与世长辞了。"①

怎样来批判施里加的"绝对的批判"呢？马克思认为，如果按照费尔巴哈式的审美批评原则，即把个人定位于纯粹自然个性存在的圈子里，没有思考这个自然个性是社会的历史性存在，那么就必然导致机械直观的唯物主义的错误。法国唯物主义者的审美批评正是这样的，即他们只承认人的身体自然欲望文本存在，而却否定了人的身体社会性历史文本存在，这就始终无法战胜"神圣家族"的"绝对的批判"。因此，马克思指出，无产阶级的审美批评必须建立在坚实的社会历史基础之上，即建立在群众革命的历史实践基础之上，建立在人类身体及

---

① 马克思、恩格斯：《神圣家族》，北京：人民出版社，1958年，第225页。

身体性对象化实践关系基础之上。这时候，审美批评必然地、也只能是历史的文本批评，因为判断一切真、善、美和假、恶、丑的依据正在于人类身体性、历史性对象化实践之中，而不能归结为人的自然人性或者"绝对精神"的自我运动。

三 意识形态批评

历史性文本批评使无产阶级的审美批评能深刻地从美学的观点和历史的观点抓住了真正的"人本身"。所谓"人本身"是指人作为自由自觉的类存在物，是一切社会现实关系的总和，总是能按照美的规律或身体的"内在尺度"进行感性现实的对象化活动。从"人本身"出发，来判断什么是美的，什么是丑的，最终目的是要寻找"人本身"的自由解放。那就是，消除异化劳动所造成的人类身体的异化现象，使人类身体性话语审美地、自由完全地、感性现实地回归"人本身"。马克思认为，在历史斗争中解放"人本身"，历史斗争必然是激烈的阶级斗争，而任何阶级斗争必然是政治斗争。在这一意义上来说，无产阶级的审美批评必然是一种意识形态批评。

工人的身体可以作为一种社会文本，对其异化的身体性话语模式的解构，就是一种意识形态批评；而工人的身体性对象化实践关系所创造的"一本打开了的关于人的本质力量的书"，对其所进行的审美批评，也就是一种意识形态批评。在《巴黎手稿》中，马克思所采取的这种意识形态批评始终与无产阶级革命目的意义结合起来，亦即导向一种无产阶级的政治斗争。

"神圣家族"的成员施里加先生的审美批评，由于否定了群众的历史性感性现实存在，极度把"自我意识"或"绝对精神"抬高到哲学、宗教的抽象化思维即意识形态化高度。因而反转过来构成了反对无产阶级审美批评的话语力量，来削弱无产阶级战斗的力量，企图诱使革命群众把肉体消灭掉，把精神交给上帝，最后从活人变成了死尸。玛丽是下层被压迫的受尽凌辱的妇女，"神圣家族"让她渐渐丧失无产阶级合乎人性的身体，然后用宗教、道德等等意识形态来批判地改造她，直至使她变成了死尸。这是一种资产阶级意识形态批评的政治功能作用的恶果，总是先把人的本质化为动物的本质，然后用"绝对批判"进行毁灭，从而获得资产阶级道德家所赋予的"美好"灵魂。马克思激愤地指出，资产阶级这种"批判本身的理论仅限于把一切确定的东西（如国家、私有财产等）宣布为自我意识的无限普遍性的对立物，因而也就是微不足道的东西。其实，反而应该表明，国家、私有财产等怎样把人化为抽象，或者它们怎样成为抽象的人的产物，而不成为单个人的、具体的人的现实。"[①] 马克思还在《神圣家

---

① 马克思、恩格斯：《神圣家族》，北京：人民出版社，1958年，第245—246页。

族》的结语中写道:"我们以后知道,灭亡的不是世界,而是批判的'文学报'。"① 在他看来,欧仁·苏的《巴黎的秘密》实际上是为资产阶级意识形态的政治统治服务的,而那种所谓的"批判的批判"或"批判的改造"实质上是资产阶级意识形态的政治批判和改造,目的是企图让无产阶级变成资产阶级意识形态的宗教般的奴隶阶级,以便为资产阶级的政治统治服务。但是,历史现实并非如此简单易行,"你们可以听到交战时的喧嚣声和士兵的杀喊之声。这一切在开始时都必须经过。"②无产阶级必然奋起反抗。不难看出,马克思对《巴黎的秘密》所进行的审美批评,从其革命现实意义上来说,正是无产阶级审美意识形态的历史性文本批评,它仍然是美学观点和历史观点的高度统一的审美批评。

总而言之,从《巴黎手稿》和《神圣家族》中可以看出,马克思的审美批评是把美学的观点和历史的观点高度统一起来,从文化人类学和审美人类学的哲学高度着眼,从无产阶级革命斗争的现实形势出发,所进行的一种身体性话语批评、历史性文本批评和意识形态批评相统一的审美批评。这种审美批评的根本原则在于:人类按照美的规律或身体的"内在尺度"进行感性现实的对象化活动,而其最终目的是:由无产阶级革命导向"人本身"的解放,即实现共产主义,消除人类身体异化现实所造成的假、恶、丑,回归属"人"的美的感性现实。

---

①② 马克思、恩格斯:《神圣家族》,北京:人民出版社,1958年,第268页。

第六章　基于身体的性别审美话语理论研究[①]

在马克思和恩格斯看来,最初的直接的物质生产资料的生产劳动逐渐地创造了人本身,首先是直立行走,慢慢地,语言思维与各种感觉器官向"人"生成,于是,属"人"的性征身体开始被确认。从此,人类的一系列文化活动(包括物质的和精神的活动),均表现为身体性实践关系,即通过身体生理的和心理的文化机制来把握人与现实的实践关系。最基本的是人类直接的物质生活资料的生产劳动,在此基础上衍化出各种身体性实践关系的活动,其中主要包括一系列文化艺术的活动以及人自身的性活动。这两种活动紧密联系在一起。正如弗洛伊德所揭示的,由于身体到处布满性力,而人类的文化艺术活动必须通过这样的身体的活动来造成,因而或显或隐地蕴含着性力。不管人们是否意识到,这种基于身体性实践关系基础之上的文化艺术活动的规律特征依然客观地存在着、发展着。

虽然性别不能等同于性和身体,但性别的划分势必形成一种文化机制,约束与调整着性活动和身体性实践关系,带有极强的父权制统治意识形态的塑造功能。因此,性别普泛在任何文化艺术活动和日常生活过程当中,并不像人们所想象的那样合理合法化或无任何根本的社会意义,而是具有很强的意识形态的普遍意义,可以说,一个民族、一个国家、一个社会、一个家庭、一个人几乎都是按部就班地根据性别的划分来编码。而这编码最终决定于父权制统治意识形态话语,最主要的是男权统治意志。这种男权统治意志直接地认为男性的性和身体是天赋的优胜者和统治者。在凯特·米利特看来,人们几乎没有理由不认为,性的革命风暴即将来临。"性的革命的目标是一种宽容的、单一标准的性的自由,一种与传统性结合中愚蠢、剥削性质的经济基础中的腐败画清了界限的自由。"[②]"男性的"和"女性的"现存气质将被所有的男人和女人共同地体验到。在凯特·米利特提出其性的政治和革命之后,理安·艾斯勒却采用较为温和的理论方式指出,男性与女性通过社会实践才能使男人和女人、大国和小国、大自然的各个领域部分,紧密联系。人类会因此而去改造现存的男性暴力统治模式的社会,走向双性和谐自由合作模式的社会。她进一步指出,我们并不是要让妇女反对男人,

---

[①] 本章部分内容已出版于本书作者独著的《黑衣壮神话研究》第七章,桂林:广西师范大学出版社,2005年。

[②] [美] 凯特·米利特:《性的政治》,北京:社会科学文献出版社,1999年,第92页。

或是让男人反对妇女,而是要建立一个和谐的社会组织。"我们所说的合作形式的社会,并不是一种完全无组织的社会,或是一种完全没有等级差别的社会。但是,我们这里所说的是一种权利并不是用来统治别人的社会,是一种等级差别并不是一成不变的社会,是一种并不是以武力或武力威胁(包括打骂妻子、儿女或进行战争)来强行贯彻等级制度的社会。"[①] 但在马克思看来,这一切将在生产力高度发展的共产主义社会才能真正实现,到那时,性的革命自然而然地也是必然地在生产力高度发展基础之上促使"双性辩证统一"的人的本质力量的完全占有与对象化。也就是说,在现存的经济、政治方面的阶级统治制度消灭基础上,性的统治制度将自动消亡。因此,性的革命不是、不仅仅是宽容、单一标准的性的自由,而是阶级的平等(经济、政治、文化等方面的平等),是身体和性的完全平等及坚定彻底地获得"双性辩证统一"的人之本质力量的自由存在。在身体审美话语实践中,人类才似乎回到童年的自由幻想的神话时代,"双性辩证统一"的人之本质力量的直接观照将给所有的男人和女人带来性和身体的审美欲望的满足。

然而,在此之前,人类社会必然经历一段长期的性别审美话语矛盾冲突,也许均表现为悲剧的形式,但历史的最后形式却是喜剧的。毫无疑问,人类在悲剧性的历史和现实中所进行的身体及其性本身的审美塑造,所参与的文化话语和审美话语的建构,包括所有的审美和艺术,都不同程度地受到性别审美话语及其矛盾冲突的制约与影响。如何理清和把握这一现象,并从中分析出一定的审美话语表达规律和特性,以帮助现实的人们更好地进行自我人格的审美建造以及指导人们的文艺活动,已经成为当代美学、文艺学等人文科学必须面对和认真思考的现实问题。

当代中国美学的发展大多处于转型研究过程中,呈现出多元开放的话语格局,这集中体现为二十世纪九十年代以来的六大美学思潮的多维度、多层次的话语交流与建构:①围绕实践问题展开论战的实践美学(以李泽厚为代表)、后实践美学(以杨春时为代表)及新实践美学(以张玉能为代表)的思潮。②审美文化建构(以叶朗为起点)。③回归古典美学(以季羡林为代表)。④"和谐"论美学(以周来祥为代表)。⑤倡导审美幻象研究的现代美学建构(以王杰为代表)。⑥生态美学话语系统建构及其批评思潮(以袁鼎生为代表)。其共同关注的话语主题是:如何围绕人本身及其文化整体展开对当代中国美学或者审美话语的建构。显然,审美话语成为当代美学思潮聚焦之点。当代中国美学应该从整个人类文化发展来反思自己的审美话语表达问题,力图寻找到切入现实的美学基点,创造有中国特色的当代马克思主义美学话语体系。在我看来,当代中国美学

---

① [美]理安·艾斯勒:《圣杯与剑——我们的历史,我们的未来》中文版前言,北京:社会科学文献出版社,1993年。

的基点应该放在人的身体及身体性实践关系上，以身体审美话语为核心范畴，展开在广阔的人类文化生活中对人的审美塑造的研究。这样的研究，就能在理论和实践上回应当代中国人的身体审美塑造的现实需要，亦即文化的审美建构的现实需要。正是在这一出发点上，性别审美话语理论研究首先被提上了美学的议事日程。

与此同时，当代文艺学研究也开始意识到，如果仅仅局限于传统的话语模式，没有从整个人类文化和审美的问题出发来研究文艺创作、欣赏和批评问题，或者不深入人类身体内在的欲望表达机制在文艺上的作用问题的研究，以及不切入现实商品化、碎片化的身体感性尤其是性方面的文化表达的研究，那么，面对大量涉及性别和审美的矛盾问题的文艺现象，就很难做出应有的解释或批评。钱中文先生认为："随着科技的迅猛发展，信息时代的来临，生活转轨进入了市场经济。一方面，物质逐渐丰富起来，极大地开发了过去被压抑的个人的潜力。另一方面，科技发展中的失衡现象，又危及人的生存，而且由于信仰的空白与缺失，形成了人们对物的追求。物的拼命追求与物的挤压，使人的精神转向颓废，不少人变为空虚的人、扁型的人、平庸的人。加上这样不健全的社会体制，更是培育出了大批以追求物欲、权欲、性欲为目的的钱权式人物。"① 在如此残缺的现实面前，要重新强调人的身体和精神和谐的全面发展，实为难事。新世纪的文艺学正在从原有的自足自律的封闭体系，再一次有深度地走向历史，走向社会，走向文化。于是，过去回避不谈的边缘文化、性别文化和身体文化等等现在成为文艺学研究的主要对象，这使得作为一门中介学科的文艺学，表现出其更强的实践性、科学性和开放性。正因为这样，有很多学者例如冯宪光便主张，马克思主义文艺学建设重点在人类学模式上，要建设马克思主义审美人类学的当代文艺学学科发展思路，这比其他模式比如意识形态模式、认识论模式都更能深入人的全面发展问题的研究。

不妨设问：当代中国文艺学研究最大的现实是什么？如果我们要建立当代形态的中国马克思主义文艺理论，那就必须首先对这一问题做出明确的解答。在我看来，当代中国文艺学研究的最大现实就是：与正处于社会主义初级阶段的人民大众在大众化、网络化、全球化和断裂化、能指化、视觉化的个人身体经验和体验相适应，与社会的多种生产方式叠合、交错、并存相适应。文学艺术的创作出现了个人化、商业化、感性化（身体化）、能指化，文学艺术作品中的形象充满断裂化、世俗化、倒错化（尤其是性别倒错及其衍生的性别角色的中性化）以及多种审美幻象的叠合，文艺欣赏和批评亦如此。这些现实最后聚焦在个人当下的身体体验及其符号化表达上，于是性别与审美之间的关系问题更加突出，也即人的性别审美话语塑造、表达和矛盾冲突更加突出。显然，传统的文艺理论、文

---

① 李怀亮：《人的全面发展与文艺学建设理论研讨会综述》，《文学评论》2002年第2期。

艺批评无法对这些问题做出切合实际的解答。

性别总是缠绕和左右着作者、作品、读者和社会，最后集中体现在每一个单性的身体经验和体验中，因此，身体的活动总是不知不觉中体现着性别矛盾冲突问题，审美和艺术中的身体活动也总是不知不觉地表征出性别和审美之间的矛盾关系问题，这些都集中在性别审美话语表达及其矛盾冲突问题上。现在，已经没有一个女性作家不能不具备女性审美话语表达的意识了——女性主义文学运动正方兴未艾呢！而这在过去的传统文化和意识形态话语中，是不能轻易地张扬出来的。从性别审美话语去分析作家的作品，就会发现许多以往被批评话语掩盖或不能解释和揭示的隐在的诸多问题。比如，对朱自清的《荷塘月色》的批评，从性别审美话语批评出发，就能发现作家内在的女性审美话语表达的现实意义，这使得作家在苦闷彷徨的革命岁月里特有的一种中国式的知识分子所具备的反抗恐怖现实的文化心理。

文艺活动总是与当下人们的审美需要、审美变形和审美交流有关，而性别之间的审美需要、审美变形和审美交流乃是当下人们身体体验极为敏感、极为迫切的主要方面。文艺创作和批评应该在这方面多加关注和引导，以至把它们上升为理论形态上来加以探讨，这对于塑造人们的审美的性别身体及其审美话语本身都有现实的价值和意义。试问，如果当代形态的中国马克思主义文艺理论缺乏这方面的内容，那么能说它是完整的体系吗？能说它很有现实的价值和意义吗？因此，从文艺学研究所面对的新问题上看，性别审美话语理论研究亦被提上了文艺学的议事日程。

"以往的美学和文艺学研究侧重于对基本理论问题的形而上学思考，而对集体的艺术和审美问题则关注不够。随着大众传播媒体在生活领域日益广泛的扩张和影响，以影视和网络文艺为主导的大众审美文化将成为人类日常生活的重要构成，文艺美学研究也将逐渐从以往纯理论思辨的象牙塔中走出来，把具体的艺术实践和大众审美文化问题作为理论研究的主要对象，在理论与实践的互动中，为中国社会主义审美文化的良性发展提供学术助力。"[①] 当代中国审美文化突出的一点就是：创设和平时期审美娱乐性和文化视像性结合的审美意识形态话语世界，这个世界建构的根基在于社会主义初级阶段的人民大众的身体及身体性实践关系。围绕着人们的身体与身体性实践关系的性别审美问题成为最为重要的审美文化问题之一，如何处理好这一问题，是当代美学和文艺学所面临的新难题。

一 身体审美话语与性别审美话语的关系

人的身体是社会性的生物有机体，其内在的欲望不断与社会现实发生冲突，

---

① 教育部社政司科研处编：《普通高等学校人文社会科学重点研究基础"十五"科研规划汇编》，上海：华东师范大学出版社，2001年，第288页。

促使身体不断向"人"生成,同时具备一切文化的意识形态的塑造特性。什么是人?人的本质"在其现实性意义上,是一切社会关系的总和"。① 人是身体性实践主体,是在一定社会现实条件下进行身体性实践的社会动物。因此,没有人的身体,抽象的人事实上是不可能存在的。而人的身体性实践关系指的是什么?——人的存在,事实上是以人的身体活生生的存在为前提和表征,而人的概念仅仅是人的身体活生生的存在的表象抽象。人是一切社会关系的总和,即主体与客体的本质特征在实践意义上的抽象总和,也指身体与现实关系的抽象总和,表现为身体的内容与形式的辩证统一。因此,人的身体性实践关系是指人凭借社会性的身体进行实践活动及其由此形成的人与自我、人与人、人与社会、人与自然的关系。这一关系本质上是身体与身体、身体与现实之间的矛盾统一的关系,也即人的类本质力量的对象化关系,其中包含着性别审美关系。因此,任何人的活动(亦即任何身体与身体、身体与现实之间的关系活动),必然或多或少地蕴含着性别审美关系或审美因素。从历史文化发展过程来看,由早期的身体的被确认与实践活动(包括身体性征的美感作用)到当代高科技集成的登月行动,其中包括一系列阶级斗争、无数的战争。这些人类活动又促使身体与身体、身体与现实的互动关系不断发展变化,促使身体不断在其实践过程中由人类的文化历史活动层层积淀而审美地塑造。于是,从审美人类学和哲学人类学的高度上说,所谓人的"身体"是指在一定的社会历史阶段中受一定的文化话语和审美话语塑造而形成的人的生命有机体。可以认为,当今人类的身体如此高级发达,如此具有文化韵味的美,就是因为身体性实践不断经过历史文化积淀生成的。它不断丰富、完善人的身体的各种感觉器官,而这些感觉器官又是人与外在世界的联系点。人凭着这些感觉器官(包括大脑)来生动地把握世界(包括人本身),而身体审美话语就是在这一历史过程中生成、发展的。

特里·伊格尔顿在谈到马克思主义美学意识形态问题时指出:"美学是作为有关肉体的话语而诞生的。""美学话语讨论感性和精神、欲望和理性之间的严重异化现象;对于马克思来说,这种异化植根于接近社会的本质之中。在资本主义制度下,随着自然和人性的进一步工具化,劳动过程处于欺骗和抽象的法律的支配之下,从肉体快感中剥离出来。"② 因此,美学是一种关于身体的话语,这种话语内含着矛盾复杂的意识形态斗争。在这里,伊格尔顿看到了美学的物质基础在于人的身体。但在我看来,马克思主义美学作为一种身体性的意识形态话语,其物质基础不仅在于人的身体,而且更为重要的是在于人的身体性实践关系,即人的类本质力量的对象化关系,其核心范畴应该是身体审美话语。身体审

---

① 《马克思恩格斯选集》第 1 卷,北京:人民出版社,1972 年,第 18 页。
② [英]特里·伊格尔顿:《美学意识形态》,王杰、傅德根、麦永雄译,柏敬泽校,桂林:广西师范大学出版社,1997 年,第 1 页。

美话语是指在人的身体及身体性实践关系基础之上以审美话语表现形式进行的人类身体内在的审美欲望的表达，或人类身体的"内在尺度"感性实现过程，或人类身体内在的类本质及本质力量感性现实地对象化或占有过程。作为身体审美欲望表达，身体审美话语充满着生命的激情和幻象，是一种情感性的话语实践。而作为人的身体"内在尺度"的自由自觉地创造性运用或人的本质力量的感性现实的对象化过程，身体审美话语表达既是合规律的又是合目的的情感性话语实践。必须明确指出，审美和审美话语是相互联系又相互区别的两个概念。审美除了包括审美话语即主体之间想象性（精神性）话语实践关系之外，还包括审美主体、客体物质性方面及其实践关系。也就是说，审美实践（或审美活动）既包括精神性话语实践，又包括物质性现实实践，而后者必须通过前者来达成，因而，审美话语成为审美是否成功的关键环节。审美话语显然是对主体的物质性现实实践关系的情感性变形表达，即主要是把那些现实中无法实现的人的身体欲望经过一定的话语材料的艺术陌生化和审美化，转化为想象性的具有一定情感价值的身体审美欲望来表达。一言以蔽之，即把人的身体的现实世界换喻为人的身体的虚拟世界。诗人的审美话语就是诗的语言，画家的审美话语就是绘画的语言，音乐家的审美话语就是音乐的语言，舞蹈家的审美话语就是舞蹈的语言，等等。依此类推，文学艺术家自己进行哪方面的文学艺术创作，他/她就是使用哪方面的文学艺术语言，即审美话语。在日常生活中，人们时时刻刻与身体审美欲望表达关联着，他们/她们在审美过程中，所使用的审美话语更加矛盾复杂，正如特里·伊格尔顿所说的，始终关涉到肉体生命的感性存在问题。围绕着这一点，又牵连到个人的种族、性别、阶级等等意识形态话语方面的问题，因此说，审美和意识形态是既矛盾又紧密相连的关系。

　　我们认为，身体审美话语是主体想象的、审美的情感性意识形态话语，能曲折地表征或把握身体异化和"断裂"的现实关系。它建基于人类身体及身体性实践关系之上，根源于人的异化现实，借助于人的身体的审美感知方式来达到。马克思指出，人们通过身体丰富的感知觉来审美，从而达到身体审美话语状态的人性自由，所有的审美感知觉这时候必依靠身体"内在尺度"即人的本质力量的对象化这一美的规律，同时处处体现了这一规律。"我们看到，工业的历史和工业的已经产生的对象性的存在，是一本打开了的关于人的本质力量的书，是感性地摆在我们面前的人的心理学。"① 我们如果消除了其中的身体异化和"断裂"，使之处处呈现出身体审美话语的感性的人的现实，那么人岂不是获得了全面发展的人本身了吗？社会主义革命的目的就是要消除人类身体异化现实，共产主义社会是在此基础之上对人类身体异化的积极扬弃，是人类身体审美欲望表达现实地、完全地、自觉地实现，即实现人的身体审美话语的感性现实的存在，实

---

① 马克思：《1844年经济学哲学手稿》，北京：人民出版社，1985年，第84页。

现人的类本质及本质力量感性现实地对象化或占有。这时候，人类不就实现了自由解放了吗？

身体审美话语实质上表达着人如何才能真、善、美地存在与发展，这个"人"是具备人的自由自觉的、完全占有人本身的感性现实的人（不管是男性还是女性）。因而，身体审美话语本质上要求"双性辩证统一"的人的本质力量的对象化，这正是人类身体"内在尺度"的运用。身体审美话语强烈地表达着人的身体内在审美欲望的满足，充满着主体之间的文化价值关系，随着身体性实践关系发展而发展。这样看来，人类身体性实践活动无一例外都包含着身体审美话语，如果缺少身体审美话语，任何活动或关系均无法达到属人的类本质力量的对象化目的。这样，车尔尼雪夫斯基的命题："美就是生活"，重新具有了人类学的文化依据。

基于这样的身体及身体性实践关系基础之上，人就能运用"两种尺度"——"物种尺度"和"人的内在固有尺度"——来生产。其中，所谓的"物种尺度"无疑是指一种源于人的身体的动物性欲望的有意识表达和必须得到物质满足的尺度；由于外在表现于人的身体自然欲望（物质欲望）的实现，因而可称之为身体"外在尺度"。为什么身体"外在尺度"源于人的身体动物性欲望呢？这是因为人类首先是自然界的一种动物，他们同样具有动物肉体方面自然具备的一个种和类的本能、欲望和需要（包括生存本能、欲望和需要——吃、喝、住、性欲望和种的繁衍以及生命安全和身体舒适需要等等）。也就是说，人能够按照各种物种的客观自然规律来生活和生产，即人是符合客观规律的自然的动物肉体存在。所以，所谓身体"外在尺度"源于人的身体的动物性欲望，就是说人是符合客观规律的自然肉体存在，这种存在外在强烈地表现为人的身体的动物性欲望（物质欲望）的要求和满足。然而，人们征服和改造自然，甚至大量掠夺自然资源和破坏生态环境，以及发展科技、市场竞争、争权夺利、互相残杀等社会行为，无一不和这种欲望的实现相关。因此人的社会欲望不过是人的身体自然欲望的一种异化表现（关于这一点，下文还要详加探讨），社会历史可以说是一部关于人的自然发展史。相反地，所谓"人的内在固有的尺度"是指人的类本质力量（类特性）内在化地无意识对象化的尺度，它积淀着追求人性自由和人的全面发展的文化心理和审美心理，由于内在表现于人的身体审美欲望（精神欲望）的实现，因而可称之为身体"内在尺度"，这也正是人类审美建造所依据的"美的规律"。之所以说身体"内在尺度"是"美的规律"，是因为身体"内在尺度"是人的身体内在合乎"人"的文化需要和审美需要、合乎"人"的本质力量及其对象化目的的尺度。而"合乎'人'的文化需要和审美需要"是美能够产生的人的身体性实践依据，"合乎'人'的本质力量及其对象化目的"是美的存在本质及发展变化的历史依据。这两者显然指明了美是什么，美为什么能产生以及如何能产生和发展的文化人类学和审美人类学的问题的答案，这也正是"美的规律"所包含的内容。由于身体"内在尺度"内在化于人的身体及身体性实践活动。例如,劳动过程、劳动关系和劳动产品等等之中,是精神性的人的文化和审美的抽象存在,必须求存于身体"外在尺度",即通过身体及身体性实践活动的物质欲望形式来达成具象性文化存在。因而"美的规律"必然体现为身体"内在尺度"和身体"外在尺度"的辩证统一,即所谓的内容和形式的辩证统一。关于这一点,马驰先生认为,"尺度"是黑格尔哲学的一个概念,"在黑格尔看来,尺度就是一个事物的质的规定性,即一事物之所以是该事物而不变成他事物的标准、界限、本质特征。马克思在《巴黎手稿》中也是在这个意义上使用'尺度'这个概念的。所谓'物种尺度'就是该物种的标准、本质特征。"那什么是"内在尺度"呢?"劳动的目的是根据人的需要决定的,人的需要当然是内在于人的,所以这是一个'内在尺度'。"[①]这样的阐释到底还不太具体,因为所谓"物种的标准、本质特征"及"人的需要"的提出,没有进一步地从文化人类学和审美人类学方面对动物和人类加以比较分析,尤其是还没有注意到"身体"的具体生动的文化话语和审美话语的存在。于是往下的论述便得出历来研究中都差不多一致的观点:"所以人的实践,一方面是使自己的活动符合自然的物种尺度,但又并不是消极地适应自然,而是要干预自然。所以另一方面,人的实践活动又要符合人自己的'内在尺度',人把自己的尺度运用到对象上去,就是对象化、人化,从而使事物的尺度和自己的'内在尺度'获得统一,改变事物自在的现成的形式,创造符合人自己本性需要的客体。"[②]这里所谓的"自然的物种尺度""对象化、人化"以及"创造符合人自己本性需要的客体",在哲学阐释方面倾向于一般化,尤其所谓的"本性需要",很容易使人产生理解上的模糊感。总之,这里的论述还是不能充分注意到马克思从文化人类学和审美人类学方面对人的身体及身体性实践关系做出极为深刻的哲学化思考,认为基于人的身体及身体性实践关系之上的"物种尺度"和"内在尺度"不仅仅是"符合人自己本性需要"的统一,而且是生动具体的、现实感性的身体的辩证统一。

由此可见,身体"外在尺度"和身体"内在尺度"的区别在于,前者是有意识的,而后者是无意识的;前者是外在的物质方面的满足,而后者是内在的精神方面的满足。比如说,人们建房居住,不同的社会及其不同的生产力发展阶段都有一种建房的规定、规则、经验、价值,能让人居住得舒适方便,这些均为人们有意识的、外在的物质方面的满足的表现,它们最初源于人们的身体动物性欲望,即如同动物一样要求生命安全和身体舒适的欲望,主要属于人们的身体"外在尺度",人们便能外在地把握之;而人们往往在建房时力求房子设计尽量完美,即理想化,房子内部装饰要求审美化或个性化,房子周围环境要求幽雅宜人。这

[①][②] 马驰:《马克思主义美学传播史》,桂林:漓江出版社,2001年,第26—27页。

些有时和当时当地建房的规定、规则、经验、价值等等不相符合,甚至是事先无法意识到的,但它们确实来自人们的身体内在积淀下来的文化实践和审美实践,主要属于人们的身体"内在尺度",人们必须在一定的实践基础之上和某种意识形态氛围之中内在地把握之。从这里可以看出,身体"外在尺度"是身体"内在尺度"的物质基础,其中就蕴含着身体"内在尺度"(建房的规定、规则、经验、价值等等,本身就已经体现人的本质力量的对象化);而身体"内在尺度"则是身体"外在尺度"的精神升华,必须基于和包含着身体"外在尺度"的实现(房子的审美化、理想化离不开当时当地一定身体欲望的实现和一定生产力的发展)。因此,此二者是辩证统一的关系。

马克思指出,人类劳动一开始就是属"人"的文化活动,懂得如何在劳动过程中、在劳动对象上复现人类类特性或人的本质力量。"劳动的对象是人的类生活的对象化:人不仅像在意识中那样理智地复现自己,而且能动地、现实地复现自己,从而在他所创造的世界中直观自身。"这样一来,"自然界是人为了不致死亡必须与之不断交往的人的身体。所谓人的肉体生活和精神生活同自然界相联系,也就等于说自然界同自身相联系,因为人是自然界的一部分。"[①] 正因为这样,社会与自然界一样,无非是人在劳动基础之上的人的身体的复现。这就说明了,人类总是按照身体内在的本质力量或类特性要求,进行对象化地、感性现实地、身体性地审美建造(包括生活生产等一切身体性实践活动)。这正是人类的身体"内在尺度"的具体运用,即"按照美的规律来建造"。这时候,人类的身体"内在尺度"应该和身体"外在尺度"(物种需要的直接地、外在地表现)是一致的,这样,身体才是完整的自由自觉的感性现实存在。然而,由于资产阶级的私有财产及其阶级本性的作用,工人被看作一种商品甚而是一种活的、贫困的资本,工人的身体性实践关系被当作私有财产或资本的关系。资本主义社会因此必然处处以金钱——商品价值为身体的"外在尺度",而资产阶级从此堕落为非"人"的追逐利润的魔王(偏执狂),不断制造着人的类特性和人自身丧失的悲剧,整个社会转变为扭曲的人的身体。这正是资本主义社会异化现实中身体的"外在尺度"的具体实践,它产生出强大的神秘的异化力量,使工人的身体"内在尺度"也发生扭曲与变形,即异化。从人类学角度而言,身体"内在尺度"虽然能坚韧地表达出人类自由解放的不可征服的力量,但是在私有制条件下,"外在尺度"总不能完美地表达出"内在尺度",亦不与之有任何一致之处,而是使二者由激烈的对抗过程进入严重的断裂过程,人的身体因此发生了"断裂"。

因此,在父权制统治意识形态话语的异化现实中,身体审美话语表达是不自由的。如果我们把体现身体"外在尺度"的一般社会意识形态话语称为身体有意识话语,那么,体现身体"内在尺度"的主体意识形态话语就可以称为身体

---

① 《马克思恩格斯全集》第42卷,北京:人民出版社,1979年,第95—97页。

无意识话语，而身体审美话语正属于这样的身体无意识话语，并且构成其中的深层结构。这是因为，在父权制社会的异化现实中，处处可见可闻可触的是体现身体"外在尺度"（在资本主义社会表现为金钱——商品价值尺度）的一般社会意识形态话语，而体现身体"内在尺度"的主体意识形态话语处处受到压抑（异化控制）而转化为身体无意识话语。这就意味着身体"外在尺度"和"内在尺度"必然由对抗走向严重断裂，而身体审美话语（人类身体"内在尺度"自由自觉的创造性运用）在这种断裂之中又要求获得表达。于是身体审美话语必然与身体有意识话语之间产生矛盾冲突，且在整个人类文化发展史上，它们始终处于辩证统一的关系之中。

具体来说，我们这里所讲的"压抑"，不单是指政治权力、道德舆论、传统礼俗等权力话语对人的身体及其性本身的各种生理欲望和心理欲望的压制、阻挠与损毁，而且更是指这些权力话语和一系列有关身体及其性本身的话语相反相成，共同形成广大无边的身体有意识话语来钳制、扭曲人的身体及其性本身的各种生理欲望和心理欲望，从而使人的身体审美话语表达变成自我异化的表达。米歇尔·福柯的贡献在于：他敢于揭示弗洛伊德马克思主义新左派所宣传的"压抑假说"的失误和荒谬。这一假说的总观点是，身体及其性本身受到了压抑而陷入了死亡的沉默之中，其各种欲望冲动总是要反抗这种压抑，与权力话语构成了敌对的关系。因此，言性、倡导赤裸裸地行欲，就是反抗、击碎这种权力话语压抑，尤其是解放了性欲，就解放了人本身，真正的审美的人生才会出现。福柯尖锐地指出，这种话语革命论调没有真正看到性欲和权力之间是相辅相成、狼狈为奸的关系。他认为，身体及其性本身的欲望冲动受到压抑，是非常复杂的，并不仅仅指权力话语对性的压抑。因为"事物并不仅仅被压抑。就性这个问题而言，总是存在很多其实并不完备的限定，它们既有消极的阻挠的效果，又有积极的刺激的效果，二者相互平衡。性在19世纪运作的方式，既受到压抑，又通过心理学、精神病学这些技术手段的分析，被置于光天化日之下受到强调，从而表明那不仅仅是一个压抑的问题。"[①] 性的话语隶属于的不是压抑过程，而是刺激的增长，求知意志并没有受到禁忌的阻碍，而是致力于创建性的科学，于是日常生活的性话语和性的科学一起成为束缚人们身体及其性本身的真正的广大无边的权力话语。这些权力话语实际上与统治阶级意识形态话语相辅相成、狼狈为奸，共同异化控制人们的身体及其性本身。身体审美话语在这种异化现实中变成了自我异化的表达，这本身就非常有助于异化控制它的身体有意识话语的强化、扩张与渗透，甚至后者通过人们的身体审美话语来达成对人本身的肯定性干预，这一点确实很不容易被人们所确认。这就是说，身体审美话语和身体有意识话语之间确实

[①] 李银河：《福柯与性——解读福柯〈性史〉》，济南：山东人民出版社，2001年，第75—76页。

是辩证统一的关系，往往通过性别的身体审美话语来达成。这就是具体可感的、人化的、审美化的身体性话语批评。

必须再次指出，审美和审美话语是不能等量齐观的，它们既有区别又有联系。审美不仅包括审美话语以及呈现为审美话语的精神性活动过程，而且包括审美主体、审美客体方面的物质性存在。审美话语只是审美主体和审美客体在一定的意识形态语境下相互交流方面的语言表达。这一表达是审美主体和审美客体在情感价值、感性体验等层面的精神性交往存在的表达，它势必反作用于审美主体和审美客体方面的物质性存在，并时时刻刻受到此二者及其关系的决定和影响。审美主体和审美客体方面的物质性存在及其二者的关系，在审美活动中主要表现为身体审美欲望表达，即身体审美话语本身。在异化现实中，人的需要，作为一种动机和目的，必然刺激起人的各种欲望和激情。人的欲望可以分为自然欲望和社会欲望，自然欲望是人身体内在的生物欲望（包含原始自然的生理、心理欲望）；社会欲望是人身体外在的权力和金钱欲望以及各种因此而产生的文化欲望。马克思的深刻之处就在于，他不囿于费尔巴哈的人本主义和自然直观的唯物论，把这两种欲望放到现实中历史性地联系起来进行分析，认为社会欲望取代自然欲望而成为人的根本的类本质属性，但社会欲望并不能脱离自然欲望这一生物性基础。正是在这一基础之上，社会欲望才被看作人的自然欲望的文化表现与异化表现。社会欲望充塞于人的现实，深深楔入主体身体（肉体）之中，而身体（肉体）的每一种自然欲望总是不能获得最终的满足，就必然内含着或外化为一定的社会欲望。异化现实往往使身体（肉体）的这种复杂多变的欲望总是不能获得最终的满足，于是主体的欲望对象很难达成，这就会激发主体的各种审美幻象，以此坚信经过艰苦努力，未来的生活一定会美好。这样，借助于一定的审美幻象机制，主体把现实的欲望转化为身体审美欲望。因此，我们认为，所谓的"身体审美欲望"是指在身体异化和"断裂"的文化和意识形态话语构成的对象化世界中，主体把身体（肉体）复杂多变的欲望经过一定的审美幻象机制作用转化成幻觉性欲望。这里所讲的"一定的审美幻象"是指意识形态的情感性话语实践。显然，人的身体欲望是物质性客观存在的，一旦在异化现实中无法获得感性现实的对象化的情形下，人就会采取审美话语的方式来获得虚幻的满足。人凭借着审美话语的方式（如诗、音乐等）进入审美状态，即进入审美主体和审美客体之间的精神性交往活动中，处处充满人性的激情和想象。直到把日常生活中的身体欲望改塑为身体审美欲望，使主体有足够的意志和力量战胜一般意识形态话语的异化控制。这里，审美话语如何能做到这一点，关键在于"话语"的结构和功能如何被情感性地实践。从语言学角度来看，话语必须是说话者和听话者在一定的语境（主要指意识形态和文化构造的语境）中及在一定的语法规则影响下，所进行的一种言语交流活动（交谈或对话）。索绪尔指出，在两个人交谈时，"循环的出发点是对话者之一例如甲的脑子里，在这里，被称为概念的意识事实是与用来表达它们的语言符号的表象或者音响形象联结在一起的。假设某一个概念在脑子里引起一个相应的音响形象，这完全是一个心理现象。接着是一个生理过程：脑子里把一个与那音响形象有相互关系的冲动传递给发音器官，然后把声波从甲的口里播送到乙的耳朵：这是纯粹的物理过程。"① 不言而喻，话语本身凝聚或叠合着来自生活现实和历史文化的各种欲望形象，它们总是以音响形象来达成，而这样的形象本身染有意识形态和情感特性，并总是在身体的一定生理基础上发生意识形态和情感作用——这正如维特根斯坦所指出的，语词往往对应于及凝聚着事物的图像，话语在交流中激发起这内在的图像意识，从而使主体发出一定的情感、欲望和行为，这样，一幅图画把我们给囚禁起来了。虽然德里达激进地批判这种相信语音能够传达意义即为意义中心服务的语音中心主义（逻各斯主义），但是，我们认为事实确是如此。如果话语经过审美化和典型的情感化，那么，话语就会转化成审美话语了。审美话语显然代表一定的审美意识形态，衍生出各种审美幻象，从而使主体的身体及其性本身获得自我形象、欲望体验及肉体美感的不断改塑，这在拉康的精神分析学中已经获得科学的验证。从这里可以看出，审美和审美话语都是紧紧围绕着人的身体及身体性实践关系展开的，如果没有后者就没有前者；同样地，如果没有审美话语也就没有审美。无疑，审美话语成为我们分析审美现象和身体及身体性实践关系的焦点。

在审美话语范围内分析身体及身体性实践关系，可以很好地把握身体及身体性实践关系同意识形态之间的内在的逻辑关系。在马克思看来："在不同的所有制形式上，在生存的社会条件上，耸立着由各种不同情感、幻想、思想方式和世界观构成的整个上层建筑。整个阶级在它的物质条件和相应的社会关系的基础上创造和构成这一切。"② 谭好哲先生认为，马克思所描述的整个上层建筑，也就是《德意志意识形态》中所说的"观念的上层建筑"，即意识形态。现在看来，马克思后来对资本主义商品生产和消费的分析，如果从其意识形态学说来理解，我们就会发现，这一分析已经为后来的现代化和后工业化时期的新马克思主义文论家们关乎市场化和资本化的技术理性及商品消费社会的日常意识形态的批判奠定了革命的理论基础。在马克思看来，工人的身体异化根源于资本主义条件下的私有制经济制度，来自资本主义的商品化生产方式和交往方式，然而后者并不是直接地对工人的身体发生作用，而是通过意识形态的中介作用来实现对工人身体的异化控制，比如商品化和技术化的观念、原则就起到这样的意识形态的中介作用，即现实的资产阶级审美话语作用。马克思指出，商品拜物教最终把人们塑造为商品的身体，商品的身体于是成为自己的意识形态。而资本主义的技术化却又

---

① ［瑞士］费尔迪南·德·索绪尔：《普通语言学教程》，北京：商务印书馆，2001年，第32—33页。

② 谭好哲：《文艺与意识形态》，济南：山东大学出版社，1997年，第41页。

往往产生两极作用：一方面，把生产力迅速推向前进，给生活生产带来许多方便；另一方面，在物质丰富的同时使人的身体变得畸形化，结果使得工人习惯了技术生活，一旦离开机器，整个人就会觉得空虚、焦躁。资本家深深懂得，假如没有了工人的身体，就没法实现剩余价值的剥削。

最后，既然身体必然受性别编码，那么现实的身体只能是"断裂"的性别（限定于某性）的身体，而身体审美话语却要求"双性辩证统一"的人的本质力量的对象化，于是性别审美话语的矛盾冲突必然产生并反作用于身体审美话语。因此，人类活动同时隐含着普遍的性别审美话语的矛盾冲突，人们不可能摆脱它而进行单性的身体审美话语实践，因为失去对立的一方，另一方事实上不可能存在，两性的身体审美话语应该是辩证统一的。人类早期往往认为有利于族群生存发展的就是好的（美的）、真的、善的，并借助神话思维机制加以想象、崇拜，那种能衍生生命的身体及身体实践关系的被供奉为图腾。例如，纽伦堡史前维纳斯身体雕像，内蒙古一些原始壁画上的形象。再如，值得当代审美人类学学者注意的是当代少数民族先民遗留下来的与生殖紧密相关的文化事象，像广西宁明县花山岩壁画就是远古壮族人的祖先的图腾崇拜，即生殖崇拜的艺术再现，在这些远古的艺术形象中，人们发现"双性辩证统一"的人的本质力量要获得对象化，就须有两种途径：女性身体受精孕化生命及男性身体性活动中催化生命。只有"双性辩证统一"的人的本质力量的获得，生命方能生生不息。这是生命最高最美的现象，这种现象在人们身体性实践关系中到处存在。例如，犁对地的交合过程，天对地的交合过程，山对谷的交合过程……这一切被表述为阳与阴的二气交合过程，上升为"道"的规律，亦即人类身体审美话语的实践规律。人们按照这一规律来进行审美地建造，任何建造须为阴阳交合、"双性辩证统一"，在艺术（这里是指古代的各种技术性活动）里亦表征为虚实结合（或虚实相生）。例如，屋子，内虚外实；椅子，虚中有实；水壶，内虚外实；书本，虚中有实。唯有内（中）虚，方能生化生命；但没有外实，也会失去生化生命的保障。

故而老子曰："三十辐共一毂，当其无，有车之用。……故有之以为利，无之以为用。"[①]

"无"即"虚"，"阴"；"有"即"实"，"阳"。有无统一，阴阳化合，才是"道"，故"道常无为而无不为"，"无为"即"虚""阴"，"无不为"即"实"，"阳"。故此，老子又曰："天地之间，其犹橐籥乎？虚而不屈，动而愈出。"[②]

人们的身体本来是阴阳交合生成的，因而"有无统一"，即"双性辩证统一"的人的本质力量的对象化才是人类的存在特性，人们的身体性实践关系亦具有这种特性。"双性辩证统一"的审美话语表达上的需要体现为：①在肯定两性

---

① 《老子》第十一章。
② 《老子》第五章。

不同的身体及其身体性实践关系的文化前提下,两性审美话语具有差异性。②从整个人类文化和审美需要来看,优美和崇高是辩证统一的,以女性审美话语为主的优美化表达内含着男性审美话语崇高型表达,而以男性审美话语为主的崇高型表达也内含着女性审美话语的优美化表达。③两性审美话语在交流中可以互相转化,交融互补。总之,在考察性别审美话语表达问题时,我们必须注意,不能只强调对立、差异和矛盾、冲突的方面,也不能只强调交融合一和转化统一的方面。偏激的男性主义和女性主义容易犯了前者的错误,而两性审美乌托邦的"双性同体"或"双性合一"论却容易犯了后者的错误。

"道"是对女性化生殖崇拜的哲学抽象,这与远古先民尤其是处于母系氏族时期的原始人对女性神崇拜有血缘关系,强调"道"的生殖功能与强调母性崇拜在学理上文化人类学依据是能从"无"中生"有"。原始女性神"道"的原型内在品性可以根据老子的描述概括为:"自然无为、有无统一、如谷如渊","虚而不屈,动而愈出",似水处下,"水善利万物而不争",柔和静谧,自由玄通,妙而无形,和谐愉悦。这些品性与女性内在品性无疑相互吻合,女性无疑具有"道"的品性,女性趋向柔美淑静而愉悦自由通过其身体特异,即身体的特殊性征及其生殖功能完全表达出来,用一个短语表达为"自由和谐"。然而,老子却看到,父权制取代母权制,致使"道"的品性日益被损毁、异化,即是对"阴"方面(如女性审美话语)的损毁、异化;同时,按性别编码。于是整个社会发生了异化,并日益片面地按性别编码来创造性别审美话语:一方是男性审美话语,另一方是女性审美话语。片面强调男权统治意志致使男性审美话语脱离女性审美话语而片面、极端地发展,从而产生男性审美话语"刚性"僵化的一面;过分地贬低和压制女性审美话语"道"的品性,从而也使之出现僵化的一面。在凯特·米利特看来,这无疑是一场内在的非常普遍的性方面的"阶级斗争"。于是人的身体审美话语受到性别审美话语矛盾冲突的影响而发生了深刻异化。人们总是在这种异化矛盾中力求表征"双性辩证统一"的人的本质力量的对象化,然而人们越是这样做,就越遭受折磨和痛苦。这样,人类身体审美话语的发展必然经受一段长期的悲剧性考验:一方面不断丰富完善单性身体审美话语,另一方面又使身体遭受折磨,"双性辩证统一"的身体审美话语遭受异化而日益背离人类存在的类特性。于是,身体审美话语的发展交织着复杂的性别审美话语及其矛盾冲突,而性别审美话语及其矛盾冲突又反作用于身体审美话语。

二 性别审美话语理论研究的学理依据、对象、目的、方法及意义

性别审美话语理论研究的历史特性在于:①自原始社会以来,人类的生产关系中一个重要的组成部分——分工、分配和交换以及由此而引起的人们的社会地位关系,都体现出性别之间的关系。即性别关系本就是生产关系和交往关系的重要组成部分。这个关系渗透到物质和精神生活的方方面面,并随着社会生产力和

文化、文明的发展而发展。②人们被限定在一定历史阶段的一定性别关系中进行文化活动，其所内含的审美因素也与这一定性别关系密切相关。

由此可见，性别审美话语理论研究的美学特性就在于：①人们大都被限定在一定性别关系中进行审美，其所面对的美（自然美、社会美和艺术美等等）和审美关系、活动及各种现象均与一定性别关系密切相关，美学对其中的性别和审美关系问题必须做出回答。②性别审美问题的产生，基于人类的身体及其身体性实践关系，而这正是美学的物质基础。因而，在探讨性别审美问题之前，必须先从唯物史观的角度把握人类的身体及其身体性实践关系，并对之做出科学的论述。

从历史特性和美学特性可以看出，"性别审美话语分析"必须首先作为审美人类学研究的重要课题，因为只有对其进行审美人类学的研究，才能更好地从整个人类历史文化方面深入而全面地把握一定性别关系支配之下的美学问题和文艺学问题，从而使得我们关于性别审美话语的分析能够做到历史和逻辑相统一。因此，性别审美话语理论研究的学理依据如下。

第一，马克思的《巴黎手稿》《神圣家族》中有关身体审美话语理论研究及其审美批评方法的提出以及《德意志意识形态》《〈政治经济学批判〉导言》等等所提出的意识形态理论研究问题。马克思指出，两性之间的关系是最自然的关系，而性别作为一种父权制意识形态，总是绝然把两性隔离和限定起来。恩格斯进一步地从文化人类学角度考察了人作为性别的动物是怎样在身体性劳动实践基础之上，发展自己的文化表达方式并在这种方式中发展两性之间的对象化关系的。马克思和恩格斯十分注重人与人、人与自然、人与社会之间的文化哲学的思考，作为有一定肉体组织结构的人本身，其全面自由的本质力量对象化是如何实现的。在这里，意识形态、语言和情感、欲望等等，都被视为人表达自己的蕴涵性别差异的对象化要素。

第二，精神分析学美学思想和西方马克思主义的美学理论资源。弗洛伊德探究了人的肉体性欲望表达方式问题，人们日常语言、意识形态和文化都属于这种方式之一，它们围绕着人的身体及其性本身的快感要求而演化发展着，这就造成了人的身体的无意识话语的悲剧。拉康进一步从语言学、现象学和人类学相结合方面，深入考察了人的身体及其性本身的文化话语和审美话语的表达问题，发现了在一定的文化话语和审美话语及其符号信息世界中，人往往离开自己真实的肉体组织结构而在身体之外虚构另一个自我身体及其性的理想形象，并认同于这个形象及以之自居，人的身体于是发生了严重"断裂"。我们认为，在父权制社会里，性别作为划定的意识形态话语方式，和统治阶级的意识形态话语方式一起构成了人的身体及其性本身的自我形象投射于其上的异化现实的镜像，这样一来，人们依然处于"镜像阶段"中，而"镜像阶段是一场悲剧"（拉康）。受精神分析学影响极大的西方马克思主义美学流派中，注重对当代社会文化和意识形态进行全方位的研究和批判，探讨了文化和意识形态话语的塑造功能。本杰明的艺术生产理论、阿尔都塞的意识形态理论、阿多诺的美学理论等等对现代美学的发展产生很大的促进作用。而在当今的国际学界中，值得特别关注的理论大师——特里·伊格尔顿的《审美意识形态》一书，从历史和逻辑相结合的角度，深入探讨了美学或审美与意识形态话语之间的复杂矛盾的关系，把身体视为美学或审美的物质基础，把肉体当作美学讨论的主题。涉及性别、种族和阶级等各种现象问题，从而把美学或审美视为一种身体话语，并论证这种身体话语总是具有极强的意识形态批判功能和类似于无产阶级革命的价值与意义。这为我们把性别审美异化同社会主义、共产主义的社会革命联系起来提供了非常重要的理论资源。总之，目前，国内对西方马克思主义美学思想的研究方兴未艾，但在研究基础上能够呈现出无限开阔视野的学者是不多的，在这些学者当中，王杰教授的审美幻象理论研究及其方法论思想尤其引人注目。在我看来，为了建立现代马克思主义美学体系，王杰教授在美学研究中引进了心理学（精神分析学）和人类学（审美人类学）的理论研究及其方法，从意识形态话语分析角度切入现实的审美关系的研究，站在人类整体文化和哲学美学的高度，宏观把握了人类审美本质、特征和规律，把握了现代美学的基本问题。他把现代美学基本问题表述为审美幻象问题，问题的实质是主体如何在复杂矛盾的现实关系（意识形态话语氛围）中把握未来，这就必须在主体方面注重人及其肉体（身体）的审美需要和审美能力的研究，而在客体方面注重对审美变形的研究。他的《审美幻象研究——现代美学导论》和《马克思主义与现代美学问题》等著作在这些方面一步一步地展开研究，使当代美学出现了一股强劲的"审美幻象运动"之风。可以说，我们对性别审美话语及其矛盾冲突进行理论研究，正是在这样的理论氛围中展开的，彼此在学理上相互关联。

第三，文化原型批评和女性主义运动。荣格的心理分析美学理论紧紧围绕"集体无意识"即原型意象展开，他发现了单性身体上隐含着异性理想的身体原型意象的存在，因为每个人生理、心理上均内含着"双性合一"的本质力量——每个男人体内内含着女性组元，构成这个男人无意识自我方面的"阿妮玛"的女性审美意象；而每个女人体内内含着男性组元，构成了这个女人无意识自我方面"阿妮姆斯"的男性审美意象。我国学者叶舒宪、萧兵两位先生运用原型理论方法解读具有世界性的古代文化文本，他们合著的《老子的文化解读——性与神话之研究》，指出了人类的始祖神都具有阴性的本质力量，女性身体及其性本身的审美变形崇拜观念、意象构成了人类文化艺术的母性原型。一些女性学者也从人类学、神话学、宗教学等等方面考证女性原型及其价值、意义，较早者如禹燕的《女性人类学——雅典娜1号》从人类学角度论证了女性存在的文化原型意义及其发展的无限可能性，揭示在私有制（父权制）统治下，两性之间在经济、政治和文化上激烈的矛盾冲突。之后，德国女学者E·M·温德尔的《女性主义神学景观》被译介进来，在这部著作中，作者考察和分析了人类母性始祖原型，指出上帝原型是女性，从而现存的神话学和宗教学必须改写为由女性原型话语开始的叙事结构。王绯的《女性与阅读期待》和廖雯的《女性艺术——女性主义作为方式》则把这个问题的探讨移入文学文本和艺术的分析当中，突出了在女性主导的人类文化书写过程中，女性身体及其性本身的审美话语塑造问题。女性作为男权社会里的第二性，在拥有自己的天地的同时又必须学会用男性审美话语来包装自己，性别审美话语的矛盾冲突明显地产生了。法国女权主义学者西蒙娜·德·波伏娃的《第二性》和美国女学者凯特·米利特的《性的政治》这时候也被译介进来，这两部著作已经不再停留在文化原型批评上寻找女性主义的表达的答案了，而是从人本身的存在价值及人类学高度和政治革命意义的层面探讨女性及两性的前途及命运。尤其是《性的政治》一书，开始自觉运用马克思主义政治经济学思想和无产阶级革命的思想，深入剖析两性的阶级斗争的起源、发展特征和规律。

第四，语言学和人类学的实证研究的方法论指导。索绪尔的《语言学教程》首先从人的身体生理和心理同人的文化、历史结合起来研究人的话语问题，指出话语交流中关键的是语词能通过身体感官感觉神经作用转化为一定的音响形象传播符号信息，显然，话语对应着一定的文化和意识形态构筑的形象，人处于话语的形象交换之中。维特根斯坦的《哲学研究》进一步指出，话语交往中的语词就是事物及其形象本身，当人用语词交流之时，那种形象就占据了人的身体，"一幅图画把我们囚禁了"（维特根斯坦）。此外，巴赫金的对话理论也给我们很大的启发。事实上，语言学研究在一定程度上就是一种人类学研究。当代文学人类学、文化人类学、艺术人类学及审美人类学，运用人类学的理论和方法进行文学、文化、艺术及审美的研究，都不可避免地涉及生殖崇拜、性文化及其性别审美话语的研究。我们认为，在身体及其身体性实践关系基础上来探讨性别审美话语理论问题，应该属于审美人类学的重要课题，因为人类身体的审美需要、审美能力、审美变性及变形等问题，是离不开性别审美话语的矛盾冲突关系的。

第五，全球化和后现代语境下的当代美学和文艺学发展的新要求。在全球化情形下，民族的身体塑造和审美文化建设有着密切的关系。而性别审美异化在这种关系中，以后现代的势态发展、扩大。这种情况表明，在后现代语境下，美学或审美作为一种意识形态话语，越来越和人们的日常生活体验结合起来，而这种体验中最迫切需要解释的是身体（肉体）欲望机理和文化艺术表达机制之间的关系，尤为凸显性别审美话语的矛盾冲突。人们感觉到，停留在浪漫和理想的贵族话语状态中的美学，越来越不能解释这些现象。德国当代文化理论家巴琮·布洛克（Bazon Brock）认为，美学话语应该善于对现实生活中实际发生的具体事例，进行理论思考并提出审美话语策略。他的《作为中介的美学》把美学看作进行中介的活动或获取的活动，关键是接受主体将自己对整体关系的体验的自觉要求与各种各样的具体形式联系起来。"人在自己的物质生活环境里就需要一定的客体形象来完成外化活动。在动物那里是本能给定的东西,在人那里,却首先是通过内化来决定的。"[①] 由此出发,布洛克深入当代人的生活,论述感性的意义、身体设计、身体语言、身体艺术和性别意识形态话语等等实际发生的新现象、新问题。例如,他指出,"女人美容实际上意欲成为男人在纯性欲上的猎获物"之类的文化批评时髦起来了,"但我要告诉你们,在今天,美容术和时髦是实现《宪法》的两个基本条款即平等和自由的手段。"[②]男人指责妇女通过美容而将自己降为纯客观的人,其实也是在指责他自己,因为他在寻求直接抓住客体的各种可能性的同时,又感到自己被人抓住,他实际上无力控制自己的攫取欲望,对于他来说,最好的建议是在自己身上开始美容。"为了消除实际上存在着的、性欲猎获物(女人)和猎者(男人)之间的差别,男人也必须涂脂抹粉。"[③]类似这样的批评简短而切中时弊,但没有从严肃的学理上进行研究。德国当代女性文化理论家格尔特鲁特·雷娜特的《穿男人服装的女人》也涉及类似的问题,但也没能进行审美人类学和意识形态话语理论上的把握。然而,这些美学或审美上的具体批评话语还是给我们许多启发。我们认为,性别审美问题和身体的改塑(变性)、心理的变形紧紧地纠缠在一起,人是什么以及基于身体及身体性关系之上的人的欲望对象化如何在审美和艺术中获得实现的条件、途径和方式,成为当代美学和文艺学必须认真对待的问题,因为这些问题最感性地涉及美、审美和艺术的本质规律的把握。我们对性别审美话语及其矛盾冲突进行分析,正是站在唯物史观立场上,直面这些现实问题,力图解决困扰人们的身体及其性本身的欲望和审美的复杂矛盾问题,这无疑对当代美学和文艺学走向生活实际、指导有中国特色的社会主义审美文化建设提供了切合实践要求的有力的支持。

性别审美话语包括男性审美话语和女性审美话语,是指在一定的文化和意识形态语境中,两性审美本质力量的对象化关系的语言表达。两性审美本质力量的对象化关系集中体现在人的身体审美欲望表达上,因此性别审美话语属于人的身体审美话语的主要组成部分,其基础还在于人的身体及身体性实践关系。性别审美话语矛盾冲突是指在父权制统治意识形态话语异化控制下,男性审美话语和女性审美话语由于产生僵化对立的一面而彼此之间或各自内部所出现的矛盾冲突。显然,性别是一种社会意识形态,是随着文化发展而在父权制社会中固定下来的男权统治手段和工具,父权制社会便由性别编码而成。一方面,性别编码可以协调两性关系,以促进父权制社会生产力发展;另一方面,身体和性被性别编码,就在意识形态话语异化控制下被异化、扭曲而受到创伤,于是性别审美异化了。性别审美异化导致性别审美话语的矛盾冲突,此二者渗透到人们的日常生活意识

[①②③] [联邦德国] 巴琮·布洛克:《作为中介的美学》,北京:三联书店,1991年,第12页。

形态和审美意识形态话语之中。男性审美话语属于一种男性崇高型塑造的话语,可称之为"刚性"话语;女性审美话语属于一种女性优美化"道"的品性塑造的话语,可称之为"柔性"话语。"话语"一词在这里表面上指特定语境中审美交流对话的语言表达,实质上指一定经验基础之上的文化和意识形态,这一文化和意识形态必然与一定的经济基础和生产力发展状况相关。在福柯看来,"话语"总与一定的"权力"发生关系。这样一来,男性审美话语由于建基于父权制统治的经济基础之上,因而产生的男性审美话语"刚性"僵化的一面,它对女性审美话语具有支配权和占有权。女性审美话语附属于这种男性审美话语而导致自身僵化的,并按照僵化的男性审美话语的表达需要而不断随着生产力的发展而发展,因此实质上它是僵化的男性审美话语的一部分。

性别审美话语的矛盾冲突表现为:①真实的女性审美话语"道"的品性和男性审美话语"刚性"均被孤立、封闭在无意识话语领域而产生矛盾冲突。②僵化的性别审美话语彼此之间的矛盾冲突及其与真实的男、女性审美话语之间发生的矛盾冲突。这些矛盾冲突内在地体现出人类无意识地努力追求人的"双性辩证统一"的本质力量的对象化存在。它们可以通过很多方式表达出来,凡衣饰用具、居室环境、言行举止、文化活动、政治形象、文学艺术、广告设计以及各种声像、视像、影像、幻象等等,均成为其表达的方式。按照不同性别审美话语来表达的人,那么在性别审美话语矛盾冲突中就有可能出现变性审美塑造。比如,一位男士按照女性审美话语来表达自己,他必然处于这样的精神矛盾痛苦状态之中:他所追求的女性审美话语时时刻刻同其身处现实的男性审美话语发生激烈的矛盾冲突,由于强烈要求实现女性审美话语的塑造,因而他必须进行变性审美塑造。此外,性别审美话语及其矛盾冲突渗透到审美(美学)和艺术的各种范畴中,渗透在各种审美和艺术活动之中,作者、读者、观众均被包含其中。

性别审美话语理论研究在这样的历史背景下有意义:历史是由两性及其实践关系构成的,而历史必定包含性别审美话语问题。这一问题是上层建筑和经济基础之重要的中介环节,因此,与这二者及其矛盾运动关联着。这就意味着,本文试图把马克思主义政治经济学、科学社会主义和人类学三者结合起来,对性别审美话语进行审美人类学的研究。这种研究要解决的主要任务是:人在性别审美话语及其矛盾冲突中如何被塑造,并且因为这种塑造所形成的身体和性的审美欲望在审美和艺术中如何被表达。因此,研究对象和目的在此也变得明确了,且研究方法在此基础上也得以明确。

研究对象:①性别审美异化的产生、发展及其历史作用。②由性别审美异化所引起的性别审美话语矛盾冲突及其在审美和艺术活动中的表现。

研究目的:揭示审美和艺术中女性审美话语"道"的品性的主导作用以及性别审美异化在其中的作用和表现,解决审美和艺术中两性身体和性的欲望的审美关系问题。

研究方法：以马克思主义意识形态理论为指导，运用文化研究和审美人类学方法，结合精神分析方法、原型批评方法、女性主义批评方法及西方马克思主义身体性话语批评方法。

研究意义：性别审美话语理论研究可以成为审美幻象理论研究的具体环节，因为审美幻象主要是指意识形态的情感性话语的实践，性别审美话语正是这样的意识形态情感性话语。从意识形态话语角度研究性别与审美关系，除了置入历史哲学视界中，别无他途。因此，性别审美话语理论研究的最终目的是：结合人类历史和现实，塑造好"双性辩证统一"的审美人格，把握好真、善、美的人生！这无疑是对马克思主义审美人类学的新开拓，但愿因此而能对构建当代中国马克思主义美学和文艺学体系有所贡献。

第七章　性别审美异化[①]

一　身体与性别的结合：性别审美异化的历史根源与规律

在马克思和恩格斯看来，由猿人的身体到人的身体的转变过程中，劳动起了根本的动力作用。正是因为猿人必须直立行走，才能独立出双手进行劳动，属"人"的身体性征才逐渐产生和发展。这些逐渐产生和发展起来的属"人"的身体性征的各种需要反过来促进人类劳动，于是真正意义上的"人"产生了。这时，关于身体性征方面的差异逐渐被发现、被确认，于是身体性实践关系中（包括直接的物质生活资料的劳动生产和人自身的生产活动中）逐渐萌发了性感和性别感。但还未有诸如"他是男人，她是女人"之类的概念推理，即只是萌发着一种原始性别的关系：人的自身交合就像直接的自然生命交合一样，是在直接的物质生活资料劳动生产基础上才能发生的一种繁衍或人自身的生产活动，只知道这样会使族群生命长存。这也是在神话思维机制（"诗性智慧"）作用下产生的最初的性别意识，通过最初的语汇符号——象形文字和各种生殖岩画、图腾来表达。而当原始人发现了男性与女性不同的性生理、心理的规律特征时，这在性行为方面导致了人类社会最早的分工：性力功能分工。在母权制社会（旧石器时代早期至新石器时代中晚期），这种分工意识集中体现在对原始女性神的生殖崇拜上。正如杨堃先生所指出的，这时的生产劳动已经出现了男女间从自然分工走向社会分工。这种男女间的社会分工，乃是在阶级未出现之前，男女间对立的两大"阶级"的起源。渐渐地，男性的作用（即男根作用）便被发现、被确认，这时候，父权制（父系氏族社会的生产关系）就在母权制社会内部开始萌芽、发展。随着生产力的发展，到了新石器时代晚期，男性生产力总量已开始超过女性生产力总量。于是，女性在性力和劳动分工方面均退居从属地位，而母系氏族社会的对偶婚制亦转变为父系氏族社会的一夫一妻制，男性成为社会、家庭的主导力量。相应地，两性之间的"阶级斗争"达到了白热化阶段，父权制逐渐取代了母权制。

按照拉康的"镜子阶段"理论，如果在人类身体还未被主体确认之前，正

[①] 本章内容部分已出版于本书作者独著的《审美人类学概论》第四章，南宁：广西民族出版社，2007年。

如出生的婴儿还不能形成自我认同那样，势必在其生物性功能反应中首先要求"我"的确认，这个"我"必须在与他者（外界的自然物与他人的身体及其性本身）的欲望关系之中，通过对自己的身体感知把握来构建。这样，借助格式塔心理手段在幻象中形成躯体完整形式，象征着"我"在思维上的永恒性，同时也预示了"我"异化的结局，"并且这个形式还蕴含着种种转换。这些转换将我与人自己树立的塑像，与支配人的魔影，以及与那个自动机制联结起来，在这种机制中人造的世界行将在某种多义关系中完成。"① 如果把猿人向真正的人过渡中身体性实践关系——"我"与他人的身体及其性的活动关系、生殖器和自然万物的生殖方面的关系等——及其性别意识萌生状态，视为人类起初所面对的"镜子阶段"的"镜子"，那么，人类作为自觉的性别的主体所投射在这个"镜子"上面的镜像便帮助人类形成"我"的形象——第一次使完整的人的肉体分裂开来的身体及其性本身变形而成的形象。然而，"镜子阶段是场悲剧，它的内在冲劲从不足匮缺奔向预见先定——对于受空间确认诱惑的主体来说，它策动了从身体的残缺形象到我们称之为整体的矫形形式的种种狂想——直达到建立起异化着的个体的强固框架，这个框架以其僵硬的结构将影响到整个精神发展。"② 残缺的身体形象可以被喻为"断臂的维纳斯"——她越来越显示出父权制性别话语对人体的侵淫，把最初的人的身体自然完整性变形为异化的社会分裂性。在拉康看来，这就直接导致了人类原始自恋的情结固着。

从唯物史观的角度来说，在父权制统治下的性别意识决定于父权制社会的生产方式以及与此相联系的交往形式并随之变化运动而发展。"分工包含着所有这些矛盾，而且又是以家庭中自然形成的分工和以社会分裂为单个的、互相对立的家庭这一点为基础的。与这种分工同时出现的还有分配，而且是劳动及其产品的不平等的分配（无论在数量上或质量上）；因而产生了所有制，它的萌芽和最初形式在家庭中已经出现，在那里妻子和儿女是丈夫的奴隶。"③ 家庭中这种所有制是最初的原始奴隶制，即父亲是一家之长，他对妻儿、奴隶和对家产一样，具有支配权。这样，性别就成为阶级统治的意识形态，它使男性一出生便在男权意志和男性意识形态话语中被塑造，却使女性一出生便在屈从的女性意识形态话语中被塑造。从此，身体和社会一样被性别编码了，也就是说，性别作为一种意识形态，成为主体的身体及其性本身的自我欲望形象投射于其上的坚硬冰冷的"镜子"，主体身体及其性本身只有与这镜子中的镜像相互认同（其实是在性别现实关系僵硬的异化控制之下自觉与身体断裂的自我幻象同质同构）中，才能被社会

---

① [法]拉康：《拉康选集》，上海：三联书店，2001年，第91页。
② [法]拉康：《拉康选集》，上海：三联书店，2001年，第93页。
③ 中共中央马恩列斯著名编译局马列部，教育部社会科学研究与思想政治工作局编：《马克思主义经典著作选读》，北京：人民出版社，1999年，第16页。

（文化和一般意识形态）肯定和容纳。我们把这种情况称为身体与性别的结合，也即身体被意识形态镜像化。在父权制社会中，性别被视为一种统治意识形态：以男性为核心、中心，女性为边缘、附庸；以少数男权统治者为核心、中心，被统治者为边缘、附庸。以男权主义的眼光来看待非中心的存在者，这些存在者自然只能处于被弱化而受支配的地位。身体与性别的结合，直接促使性别审美异化的产生。借鉴马克思《巴黎手稿》中有关劳动异化与人的异化的论述，可以认为，性别审美异化是指人的单性身体在审美本质力量方面出现异己现象，即本属于自己的审美本质力量却属于别人的，并反过来束缚、压抑自己，甚至使自己发生人性的扭曲。由于性别审美是文化和意识形态交合作用的社会现象和精神现象，因而性别审美异化是人的社会异化和精神异化之一，是基于人的身体异化之上的人的文化断裂和身体断裂的表现之一，是人的身体及身体性实践关系不自由的一种文化病因。然而，只有通过主体的性别审美异化，才能使人的身体及其性本身的审美本质力量获得对象化，也就是说，性别审美异化和对象化是辩证统一的。人类只有到了共产主义社会，才有可能扬弃自我性别审美异化，达成真实的、感性现实的性别审美对象化，即"双性辩证统一"。具体而言，虽然意识形态是虚幻的共同体形式，没有其历史，但由片面的、虚幻的、人为的统治意识形态进行的性别编码却因为父权（男性的经济、政治力量）而具有了神秘的、至上的力量，任何人都无法抗拒之并逐渐为之所麻木、钝化，这种情形下所进行的一系列身体性实践活动，不再为了人的身体的自由自觉的感性现实地占有或对象化，而是为了某种权力话语中心而存在。这种存在就是对自己的权力话语的否定，即人自己的身体和性及其审美话语产生了异化。这种时候，话语本身的基本内涵主要是主体的身体和性的社会异化，而异化恰恰是主体欲望的对象化。

身体和性别的结合，首先使女性身体审美方面产生了异化，这种异化有其深刻的分工之由和交往形式之由。这种异化表现为：女性身体越来越被男性占有、控制，越来越被男性身体欲望所扭曲、支配。女性身体审美话语背后是巨大的男权话语中心的异化力量，是男权经济、政治、文化的强大的压制力量。女性之所以直到如今这样或那样地具备异化、僵化的性别审美话语，实质上是男权统治力量从外部强加的根本不属于女性作为"人"的能动和受动的结合的意识形态话语。这样，我们可以发现，历来认为女性天生丽质、脆弱娇柔，历来认为女性永恒被动的看法是迎合这种意识形态话语要求的。历史唯物主义认为，在分工产生之前，即在身体和性别意识结合之前，男性身体和女性身体同样强壮有力，并且由于女性身体特异，尤其是女性强大的生殖功能，曾经证明女性力量的无比强大。这一点，在野生动物或类人猿考古中都可以轻易被证实。女性在性行为方面完全能够做到主动，于是在各种分工活动中也应是主动的，可以完全不依靠男性话语权而能够生活、生产、实践的。但历史并不这样发展，历史要求男性身体、力量更能适合最初的农耕技术的运用（生产力的要求）。随着私有财产的日益增多，女人与奴隶便日益被类比为男主人的私有财产，渐渐地受到男性家长的控制，致使僵化的性别审美话语具有了历史合理的存在根据：僵化的女性审美话语本质上只属于男性身体审美欲望或审美话语的异化物。一旦固着于身体，这种意识形态话语异化控制就根深蒂固，使本来具有同样的本质力量的女性自己压抑自己的本质力量，以迎合男性身体的审美需要和欲望满足，这就是造成女性审美话语"道"的品性麻木、钝化及其遭受贬抑与异化的历史原因。

正因如此，恩格斯才写道，抢劫妇女的现象，已经表现出向个体婚制过渡的迹象，至少是以对偶婚的形式表现出这种迹象：当一个青年男子，在朋友们的帮助下抢劫得或拐得一个姑娘的时候，他们便轮流同她发生关系；但是在此之后，这个姑娘便被认为是那个发动抢劫的青年男子的妻子。反之，要是被劫来的女子背夫潜逃，而被另一个男子捕获，那么她就成为后者的妻子，前者就丧失了他的特权。[①]

这种特权是男性对女性身体占有的特权，包括审美特权，也可称之为私有财产权。女性必须屈从于这个特权。在此之前，更遥远的一些时候，女性应拥有这样的特权，那时母权制集中对男权话语实行控制，女性需要男性时才让他留宿几日，事后便下命令赶走他，或者可以对他的胡作非为进行惩罚，比如贬低他的职位、身份。而从一夫多妻制发展到一夫一妻制，都只针对妇女，是严格规定的，而男子并不被限制。最初的原始奴隶制家庭中或者大氏族部落内，家长或氏族长由男性担任，他完全占有、支配财产（包括妇女），有些地方还规定月经期隔离妇女，或对妇女实行割礼，或强制新婚妇女实行初夜权（由氏族长等非婚配的男性来与新娘首次同床）。而随着这种性别意识的发展，更对女性身体进行了僵化的性别审美话语的支配、控制。正如普列汉诺夫指出的，一些非洲土著部落的妇女身上穿挂几公斤重的铁、铜之类的金属，表明男性的财富。在中国古代，规定妇女从夫纲、守妇道、缠足束腰等，这种意识形态话语日益控制、麻木女性本身，使她们不敢有所反抗。恩格斯认为，现存的私有制经济基础是妇女出卖自己的根源，这是从人类最初的原始私有财产被父权占有时早已经开始了的，并经过许多意识形态中介作用使之固定化，被表征在性别意识之中，这种性别意识日益固着在身体和性的审美发展中。于是，那种"女性天生屈从男性而生存的被看、被动的存在"的僵化认识成为一种永恒的、普遍的"真理"。人们麻木地用这种"真理"（话语）来培植女性身体"审美"的发展，目的是为男权统治意志服务。如果要消灭这种做法，不能用一种所谓正义的观念、真理或感情来批判地改造这种"真理"（话语），而必须在生产力高度发展基础之上彻底消灭父权制（所有制）才能做到。从一定意义上来说，女性身体异化的扬弃，是人类身体自由解放的一个重要标尺。为了深入探讨人类身体自由解放问题，也为了更好地运用对象

---

① 《马克思恩格斯选集》第4卷，北京：人民出版社，1972年，第41页。

化理论、人类学理论解决共产主义本质问题，在分析了"粗陋的共产主义"和"不理解需要的人的本性"的共产主义之后，马克思深入分析了两性关系：

　　拿妇女当作共同淫乐的牺牲品和婢女来对待，这表现了人在对待自身方面的无限的退化，因为这种关系的秘密在男人对妇女的关系上，以及在对直接的、自然的、类的关系的理解方式上，都毫无含糊地、确凿无疑地、明显地、露骨地表现出来了，人和人之间直接的、自然的、必然的关系是男女之间的关系。在这种自然的、类的关系中，人同自然界的关系，就是他自己的规定。因此，这种关系通过感性的形式作为一种显而易见的事实，表现出人的本质在何种程度上对人来说成了自然界，或者自然界在何种程度上成了人具有的本质。这种关系表明，人具有的需要在何种程度上成了人的需要。①

　　然而，现在，这种"人的需要"在性别审美异化之下不再存在，女性没有自身的"人的需要"，只是"男性的需要"。而这种"需要"却合理地表征为"女性的本能需要"，是一种性别审美异化下的抑或统治意识形态话语压抑、扭曲下的一种幻象。于是，女性们从来不曾想到自己的"人的需要"，身体和性的审美扭曲成为一种合理的"女性的本能的男性需要"。因此，在我们的父权制社会里，作为真正意义上的"人及人的需要"的"女性"根本不存在。

　　由此看来，性别审美异化现象产生的历史根源是父权制取代了母权制，而在资本主义社会，其现实根源是资本家统治之下的异化劳动，直接导因就是身体和性的异化。到了父权制社会，这种分工意识确定下来，并衍生出男性的无比神圣崇高的话语权。这种分工与农耕技术的普遍使用中男性生产力的重大作用有着密切关系，于是自然而然地，男女劳动分工被强化的性别意识编码了，一切身体性实践活动均遭受男权意志的支配与控制，这一开始曾经极大地促进了生产力的发展，后来渐渐暴露出其僵化蛮横的一面。越来越多的无产者（包括男性），被这种劳动分工限定着，其属人的本质力量受到损毁、扭曲、异化。而统治阶级骄奢淫逸，这样，统治阶级与被统治阶级的斗争开始形成。所有被统治阶级的根本利益和本质特征与女性审美本质力量一样，均遭受一致的控制、异化。于是，父权制社会不可调和的固有矛盾：男权统治者私人占有和人的本质力量对象化之间的矛盾。男权统治者掳掠剥夺的不仅是女性审美本质力量，而且还有被统治阶级中男性审美本质力量。所以，我们才肯定地说，在审美话语斗争中，根深蒂固存在着深广无比的阶级斗争，这一过程中，男权统治者规定的僵化的性别审美话语塑造模式只利于其阶级统治秩序和利益，却使被统治阶级中性别审美异化了。这是

---

① 《马克思恩格斯全集》第42卷，北京：人民出版社，1979年，第119页。

性别审美异化的第一个普遍规律。这个规律告诉我们，本来属于劳动者的身体和性的审美生产，现在却不属于劳动者自己的了，而是属于男权统治者的。劳动者在这一生产过程中，根本不自由。

对此，马克思写道，这一事实不过表明，劳动所生产的对象，即劳动的产品，作为一种异己的存在物，作为不依赖于生产者的力量，同劳动相对立。劳动的产品就是固定在某个对象中、物化为对象的劳动，这就是劳动的对象化。劳动的实现就是劳动的对象化。在被国民经济学作为前提的那种状态下，劳动的这种实现表现为工人的失去现实性，对象化表现为对象的丧失和被对象奴役，占有表现为异化、外化。①

统治阶级意识形态话语和僵化的性别审美话语无孔不入，渗透到被统治阶级的身体和性的审美生产之中，这样使这种生产及其对象化根本不属于劳动者本身所有，并且幻化为一种强大的神秘的异己力量同劳动者相对立。劳动者越无法摆脱僵化的性别审美话语，越是这样按照这种话语去塑造或审美生产，就越是丧失自己并创化越多的异己力量压迫、控制、扭曲劳动者自己。"劳动创造了美，但使工人变成了畸形。"因此，性别审美异化的第一个普遍规律告诉我们：劳动者按僵化的性别审美话语塑造只属于男权统治者私人占有，劳动者创造的美成为反对劳动者自己的异己力量。

在男性与女性之间，性别审美异化的第二个普遍规律是：女性审美塑造是由男性审美欲望决定的，女性越是按男性规定之下的审美话语来塑造，其结果越是丧失女性属"人"的审美本质力量，并且这种审美塑造反过来控制、支配、扭曲、异化女性本身。正是在这个意义上，我们才肯定地质问：封建的女性缠足束腰和现代女性穿高跟鞋、袒胸露乳又有什么质的区别呢？一位女性，把自己属"人"的正常发育与言行姿态加以审美异化地塑造，即审美变形地装扮，难道这本是女性自己属"人"的本质力量对象化要求吗？难道这可以称之为女性的天性爱"美"的现象吗？难道是女性属人的本质力量发展的本能需要吗？女性，作为社会的人，之所以是人，是因为她也能发展同大自然异己力量做斗争的人的本质力量及其对象化，而不应为了取媚于男人才发展人的本质力量及其对象化。这样看来，难道按照男性社会肯定、欣赏的眼光来塑造的女性，其身体和性的审美生产不就只属于男性私人占有吗？女性们这样的好化妆、好娇媚，难道这不是受僵化话语控制下麻木不省且日益丧失属人的本质力量（使之转化为自己的压迫力量和异己力量）吗？女性们娇柔作态，决不会使自己的身体和性的审美生产摆脱男性的异化压迫的；相反，越是追求娇柔作态，就越是遭受男性的异化压迫。这种审美异化的直接后果是，女性不能作为"人"而存在，没有独立自由，没有自己属人的审美话语及其生产。女性审美异化存在使女性对男性依赖性（依附

---

① 《马克思恩格斯全集》第42卷，北京：人民出版社，1979年，第91页。

性）增强，越这样存在下去，就越需要男性，越需要"被看"。这种现象也说明了女性美如同财富一样刺激着男性的审美欲望，成为男性审美欲望的一种投射或外化。因此，男性热烈渴望着占有女性美，男性虽然贬低女性（重男轻女），但却急切需要女性美来满足自身的审美欲望，这种欲望还常伴随着强烈的性欲望。在女性美面前，任何有权力的文明的男性都会产生崇敬的感情，并因此拜倒在石榴裙下。在没有女性的地方，男性这种审美欲望总是转向具有女性美特征的弱小身体上，甚至会产生女性美形象幻觉，把非女性而具有女性美的形象当成自己欲望的对象。欲望的对象化变成一种异化，一种审美变性和审美变形。

这样，女性审美异化促使控制、占有女性身体和性的审美生产的男性本身，也发生了审美异化。这是性别审美异化的第三个普遍规律。马克思指出："拿妇女当作共同淫乐的牺牲品和婢女来对待，这表现了人在对待自身方面的无限的退化。"换一句话而言就是，男性对待女性的僵化话语塑造模式反过来促使男性自身审美本质力量的退化、异化。男性必须这样或那样按照自己僵化的男性审美话语模式来塑造自己像个"男子汉"形容体貌和衣饰神态的人，而排斥类本质力量中优美化"道"的品性，这使他日益僵化片面地塑造自己，这种僵化片面的塑造反过来使他日益丧失健全的人的本质力量对象化，并使之转变为压迫、控制自己的异己力量，这使他很难做好一个男人。因此，在男性审美话语僵化控制中，他根本不自由。因为这个社会是男性的社会，是男权僵化控制的社会，这种社会反过来僵化控制、制约着男性本身，用我们熟悉的一句话来说就是："搬起石头砸自己的脚。"这种男性审美异化现实使男性身体和性的审美生产僵化（单一化）不断增强，过分崇高造成了丑恶，过分理性造成了独断专行和畸形恐惧，攻击性力比多充塞的话语造成了人情冷漠和世态炎凉。越是这样，男性越需要审美异化了的女性，因为这一审美异化了的女性身体和性的审美生产恰是男性本质力量的对象化，所以当这种需要超出了极限，男性就不再是男性本身，而其自身的异化就容易引起变性审美塑造。

综上所述，可得下表：

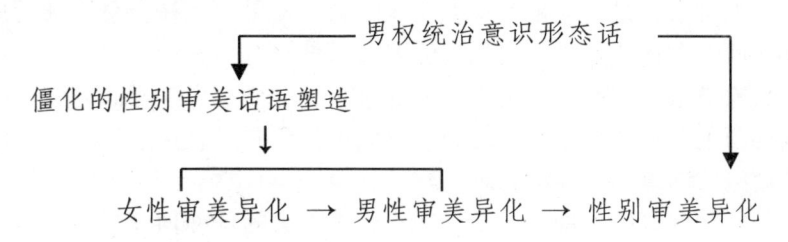

```
                    ┌─────────── 男权统治意识形态话 ───────────┐
                    ↓                                          │
        僵化的性别审美话语塑造                                   │
                    ↓                                          ↓
            女性审美异化  →  男性审美异化  →  性别审美异化
```

二 性别审美话语矛盾冲突

在马克思看来，身体和性的欲望对象化就是身体和性的欲望异化表现，异化也就是一种对象化，对象化和异化是辩证统一的。被统治阶级身体和性的审美生产是一种对象化，直接地表现为一种异化；而统治阶级审美话语的蛮横异化被统治阶级的身体和性的审美生产，直接地表现为一种对象化。对象化实质为人的本质力量的对象化，即人化，由于阶级分立的人化，导致了这种对象化的异化本质。具体而言之，工人的本质力量对象化变为资本家的，这就反过来成为工人的异化；而资本家异化压迫、利用、塑造工人的本质力量对象化，这又转变为资本家的本质力量的对象化。工人创造了美，这"美"导致了工人的异化，而这正是资本家本质力量的对象化。资本家运用私人占有的货币资本使文化世界异化起来，即变得丑恶起来，这恰恰就是资本家本质力量的对象化。这种人化是审丑的现实基础，直接引发了现代主义运动。这里，由于资产阶级巧妙而虚伪地包装自己的阶级利益，用意识形态话语欺骗、钝化人民，因而至今资本主义统治下的人民依然是越是创造出美，越是使自己畸形化、异化，精神方面越是赤贫。资本家审美生产和其经济方面的生产一样，不断追求和剥夺、占有和支配美的价值、劳动者的本质力量，因而自己也陷入了无休无止的、疯狂的异化殖民之中。资本家自己创造的异化世界，即其丑恶的本质力量的对象化世界，又直接地转化为反对自己的异己力量的世界，即这个世界反过来控制、扭曲、异化着资本家作为人的灵魂和肉体，使他所占有的"美"幻变成"丑"和"荒诞"。资本家自己异化了自己，因此，在资本家哪里，"丑"就是"美"，而"美"就是"丑"，人的身体外在尺度和内在尺度高度断裂，资本家丧失人的"内在尺度"而变成疯狂凭其"外在尺度"统治异化世界的偏执狂。

而这种现实的普遍的性别审美异化现象是受到统治阶级意识形态话语蒙蔽的人们极不情愿承认的现象。如果推及整个历史，就会发现这是一种根深蒂固的性别审美异化现象，其根基正是男权统治造成。从父权制取代母权制时起，人类历史要经过一个生产力不够发达、生产关系依然受制约的具备阶级性的阶段。这一阶段，男权统治者私人占有生产资料，其他不能具备男权统治地位的人均遭受压迫、统治。

恩格斯在《反杜林论》中指出，社会分裂为剥削阶级和被剥削阶级、统治阶级和被压迫阶级，是以前生产不太发展的必然结果。当社会总劳动所提供的产品除了满足社会全体成员最起码的生活需要以外只有少量剩余，因而劳动还占去社会大多数成员的全部或几乎全部时间的时候，这个社会就必然划分为阶级。在这个完全委身于劳动的大多数人之旁，形成了一个脱离直接生产劳动的阶级，它从事于社会的共同事务：劳动管理、政务、司法、科学、艺术等等。因此，分化的规律就是阶级划分的基础。但是这并不妨碍阶级的这种划分曾经通过暴力和掠夺、狡诈和欺骗来实现，也不妨碍统治阶级一旦掌握政权就牺牲劳动阶级来巩固自己的统治，并把对社会的领导变成对群众的剥削。[①]

---

① 《马克思恩格斯选集》第3卷，北京：人民出版社，1972年，第321页。

恩格斯指出，分工是阶级划分的基础。因此，可以认为，父权制是阶级存在的根源。因为，父权制的出现，使社会分工更加等级化，即划分为阶级；不同的分工导致阶级的划分，也就是说，父权制是一种带有男性暴力的私有制，而母权制基本上是一种原始公有制。因此，阶级的存在归根于私有制的存在。我们从整个阶级历史的审美和文化的人类学意义上认为，劳动者按照僵化的性别审美话语塑造只属于男权统治者私人占有，劳动者创造的美成为劳动者异己力量。这就是上文指出的性别审美异化的第一个普遍规律，也是男、女性审美异化的基本前提。性别审美话语的斗争来源于此，并与实际的政治方面的阶级斗争一致起来；劳动者身体和性的审美生产的解放，与女性审美解放一致起来。所以，在审美的领域内，正是"女人"对抗"男人"的地方，也正是人类渴求回归人的"双性辩证统一"的本质力量对象化的地方。

人们的社会存在决定人们的社会意识，社会意识能动地反作用于社会存在。因此，关于性别审美异化现象也是这样的社会意识，总是能动地反作用于人们的社会存在，毋宁说就是一种必然的社会对象化实践关系本身的表征。那种具有创造性的、赋予生命存在的能力的、善的、真的以及美的理想和形象展现的事物，由于是在人们的劳动实践中被创造、被发现，总是这样或那样地与劳动实践密切相关。因而具有了劳动者的本质存在的特征，带有相同的命运：和劳动者一样，属于统治者占有、控制、支配、异化的对象，所以总是有与女性审美异化特征相同的方面，由于这样，大自然作为劳动者的实践对象，总是具有女性本质特征或形象特征，同劳动者一样，被男权统治者所异化占有。所以，人们把大自然称为"母亲"。同样，太阳、大海、月亮、大地、祖国等等，具有劳动者的女性特性，人们都喜欢称之为"母亲"或喻之为"美丽的少女"。花的形象更是被称为女性形象。我们在赞颂这些事物的美时，是因为她们肯定了我们那属"人"的本质力量的对象化。然而却又因为我们的本质力量对象化又表现为一种异化，所以，这些事物的美一般具有女性本质特征。我们所渴求的美的生活，最终是和平宁静、美满幸福、自由和谐、无比愉悦的生活，这就是具有女性审美本质特征的生活，这是具有"道"的品性的人的"双性辩证统一"的本质力量真正占有的生活。我们根本不曾想到用父亲本质特征和崇高形象来称呼这些美的事物，我们想到家的温暖，把家与母亲联系起来，却很少把家与父亲联系起来。甚至柏克、康德等美学家们所描绘的崇高，几乎很难让我们把它们与父亲的伟大慈爱联系起来，相反，却给我们无限恐惧感，近代工业化所造成的人的对立分裂，加强了这种恐惧感。由康德式的崇高带来了现代意义的"丑"，更与母亲无缘，审丑一时之间背离母亲形象和女性优美化表达，成为现代人的生活时尚、艺术潮流，并且随着后工业化的到来，"丑"退化为"荒诞"；这些现象都作为美的否定方面而存在，它们所攻击、否定的是罩在劳动者（人）的身上的异化的一面，这样更为衬托出劳动者（人）作为真和善的主体存在的美的特征。因而，"审丑"内化着"审美"的趋向,烘托出人们潜在的女性优美化"道"的品性的热烈追求,不过只是一种异化追求。

在这种情形之下,两性之间凸显着以性征身体欲望为物质基础条件的审美需要和审美交流,一个实质性的关节点就在于真实主体的某种欲望的缺失。统治阶级意识形态话语构筑一道道坚硬冷漠的性别审美话语的冰墙,把男与女各自限定在由某种缺失的欲望幻象叠合环扣而成的"残体意象"的理想世界之中,人的本质力量的对象化被这些"残体意象"包围着。结果,正如马克思所指出的,如果我们的爱没有得到对方的理解和接受,那么,这种爱就是不幸。不言而喻,人确实是困在自我"残体意象"当中,自恋的侵凌性就在这儿开始炫耀自己的淫威。拉康指出:"在病人身上,这个现象表示他将一个多少是原始的意象在想象中转植到我们身上。通过象征的相减作用,这个意象败坏、误导或抑制了这样的行为的周转;通过了压抑的偶然行为,这个意象使某个身体部位及某个功能不受自我的控制;通过确认的行动,这个意象赋予个性的某个动因以外形。"[①] 人和他/她的身体及其性本身有某种特殊的想象性关系,这种关系在现实性别审美异化极为严重的情况下,往往发生主体无意识层面的象征变形或意识(心理)畸变,这就促使身体及其性本身不自觉地在符号仿象形式左右之下离开了自我控制,并迫使或诱使主体审美心理认同,于是主体产生了关于身体及其性本身的审美意象,当它侵凌或占有主体整个躯体空间时,它便会在实践导演之下凭借意象赋予个性的某个动因以外形。拉康在治疗一个得了行立失衡症的年轻姑娘时,发现她的情感对象具有最为厌恶的特征。"她的这个情感是颇有点疯狂的。潜在的意象是她父亲。只要我对她说父亲没有支持她(我知道在她的个人经历中父亲离奇的失责是突出的一点),她的病状就会消失。要补充的一点是,她对此始终什么也没理解,并且她病态的情感也未因此而有变化。"[②] 因此,值得我们注意的是,个体化的性别审美欲望的对象化本身坚实地以自体淫欲为背景,直接指向身体及其性本身的欲望体验和虚假满足。一个个体要通过他者的欲望来获得自体欲望的满足,这就必须借助于现实文化、技术加以对自体性征身体的审美话语的变形处理,从而对那种缺失的欲望进行审美想象地填补。这种填补就好像两性交合一样促使自体内在地进行双性角色转换之后产生一种异性身体及其本身的审美体验。"阴茎妒羡"也许会使一个看起来很正常的女孩产生具有阴茎的想象与男性身体审美意象的赋体,久而久之,便构筑起自体淫欲满足空间;而"阴道妒羡"却使一个看起来很正经的男孩产生具有阴道的想象与女性身体审美意象的赋体,由于迫切需要性的满足,便从整个肉体的性欲表现上加以自我变形处理,从而陷入了自体淫欲满足的空间。这样的空间度往往与主体焦虑相伴随,情感本身也随时发生压缩或移位,力比多倾注所有的内心世界,致使主体所谓内在正常的精

---

①② [法]拉康:《拉康选集》,上海:三联书店,2001年,第104页。

神状态发生了破裂。拉康指出:"在现代社会的'解放'了的人身上,这个破裂深刻地揭示了他内在的裂痕,这就是自我惩罚的神经官能症,包括了它的功能性禁忌的癔症——疑症的症状,它的幻化他人和世界的神经衰弱病的形式,以及它的失败和犯罪的社会后果。"[1] 现代社会在对性征身体及其性本身不是很开放了吗?为什么现代社会有那么多人因此更陷入"自我惩罚的神经官能症"当中呢?人们可以公开地拥抱、接吻,在大街上公开地裸体表演及拍摄裸体,把性和性感的身体当作审美对象,并且制造一切可供两性审美交错体验的文化场所和技术条件。然而为什么在这个他者的欲望世界中,人和异性之间、人自体内部空间存在的裂痕越拉越大呢?而面对这种现实自体淫欲满足的种种焦虑,人们该怎样塑造自我性别审美意象呢?

由上述论述可见,性别审美话语的矛盾冲突决定于身体审美话语的矛盾冲突。身体审美话语是人类身体内在审美欲望的表达,或人类身体"内在尺度"感性实现过程,或人类身体内在的类本质及本质力量感性现实的对象化或占有过程。一言以蔽之,身体审美话语实质是人类身体"内在尺度"自由自觉的情感话语实践。父权制社会的阶级统治导致人类身体两种话语之间产生了矛盾冲突,即身体有意识话语和身体无意识话语的矛盾冲突。身体有意识话语是指在父权制统治下产生的僵化的男权统治意识形态和个体日常生活意识形态话语的总和,也即一般社会意识形态话语。身体无意识话语是指人类身体潜能按照"内在尺度"自由自觉地创造性实现或使属人的"双性辩证统一"类本质力量对象化的主体意识形态话语,其深层结构正是由原始女性神原型"道"的品性构成,即身体审美话语,它是在人类身体经文化层层积淀而得以审美地塑造的。"道"的品性即按《老子》一书描述可以用"双性辩证统一"的和谐愉悦的审美自由特征来概括。而这种"道"的品性从根源上具备了女性优美化崇高的本质力量,即"无为而无不为"("无为"是优美化表现,"无不为"是崇高型表现),是决定身体审美话语存在的生命内核。这种生命内核使人类身体内在地积淀着女性优美化崇高的"道"的品性,使人们无论在怎样的艰难险阻中都始终保持着善良、坚强、正直、真诚的美好品质,把个体与社会紧密地结合在一起。由于身体有意识话语日益压抑着身体审美话语("道"的品性),使之积淀在人类文化心理结构和审美心理结构的最底层。压迫必然激起反抗,身体无意识话语中的身体审美话语("道"的品性)作为女性审美话语的原型,必然反抗身体有意识话语,尤其是日益僵化麻木的性别审美话语(实际上属于僵化的男性审美话语)。而后者却属于男权统治的,其中男性审美话语总是压抑、异化女性审美话语。于是,身体无意识话语和身体有意识话语的矛盾冲突,身体审美话语和僵化的性别审美话语的矛盾冲突,就表征为女性审美话语和男性审美话语的矛盾冲突。这就是广义

---

[1] [法]拉康:《拉康选集》,上海:三联书店,2001年,第121页。

上的性别审美话语的矛盾冲突。

这种矛盾冲突深广地内化、外化于每个人的身体及身体性实践关系之中，集中地蕴含在审美和艺术形象之中。我们在米洛斯的维纳斯雕像上可以看出这种矛盾冲突如何激烈，而且不得不借助当时古希腊关于神的意识形态话语加以表征的。这座雕像上的每一块肌肉除了女性生理特质之外，都一样富于男性生理特质方面的精弥力满的聚力与张力，使人觉得不可战胜或健壮有力。每一块腹肌和优美化的崇高型站姿均说明这一切，我们可把之对比于掷饼者雕像。这个男运动员雕像不仅突出男性健骨强肌、精弥力满，而且在掷铁饼的那一瞬间表现出无限的优美化的自然宁静、自由和谐，富有无比愉悦的"道"的品性或"神"的雅韵。其中的女性审美话语因素十分鲜明地从男性审美话语包围之中冲闯而出，而其矛盾冲突的结果却如此和谐自然，令人称绝。

由此可见，在身体无意识话语结构中，将最终起作用的即根本动力在于其中的深层结构——身体审美话语，即原始女性神原型"道"的品性。由于女性审美话语即"道"的品性实质上是人类自由自觉的类特性或曰人类的自由人性，其价值目标指向人的身体自由解放，即全人类的自由解放，因而与共产主义理想价值目标完全一致。于是，在性别审美话语的矛盾冲突中，女性审美话语成了矛盾的主要方面，决定着人的身体审美话语表达。

第一，女性审美话语对男性审美话语的矛盾冲突，不断促进人类的审美发展。人类史前期，女性神崇拜所普遍产生的女性审美话语，即"道"的品性，在身体无意识话语结构之中奠定了身体内在的女性审美话语的无意识基础。父权制取代母权制之后，阶级社会随之产生。男权统治逐渐建立了男性神崇高型审美话语结构，代表了男性话语权力而在审美话语领域进行统治。然而，这种统治是建立在身体内在的女性审美话语即"道"的品性的基础上的，也就是说，男性崇高型话语必然以女性优美化审美话语为审美话语根基。如果忽视或毁掉这个根基，那么，人类将在男权意志役使下卷入自我残杀的战争中，直到毁灭。法西斯主义所引发的战争，正是毁灭人性自由即身体内在女性审美话语（"道"的品性）的战争，是男权意志役使下把男性崇高型审美话语推向争霸人权的极端而造成的。女性审美话语作为身体潜在的女性意识形态话语，不断对男权统治意识形态话语进行消解，像一股巨大的暗流一样不断冲击男权统治意识形态话语，克服或改造其僵硬、无人性以及争霸的一面，增进或宏扬其伟大、有人性以及正义的一面，从而促进了人类审美发展。中国古代审美范畴中强调"道""气""神""韵""意境"的突出地位，就是注重女性审美话语（"道"的品性）在审美和艺术中的重大作用。古代人主张"刚柔相济"，就是主张男性崇高型审美话语和女性优美化审美话语水乳交融，使艺术品或艺术形象浑然天成，充满生命力。如果在审美创造中否定或毁灭女性审美话语，那么，男性审美话语势必失去根基和生命力。事实上，最能体现男性意志的崇高型艺术品或艺术形象，或多或少都蕴含着女性审美话语。譬如，"龙"的艺术形象中，那曲线扭动的身体，体现着女性曲线美的含蓄和神秘；嘴里的"龙珠"晶莹美丽，象征是生命的优美。中国人喜爱"龙"，因为"龙"给人带来吉祥兴旺之兆，是实现人的"道"的品性的神。

第二，性别审美话语的矛盾冲突和无产阶级自由解放斗争在价值目标上是一致的，因而女性审美话语的实现正是无产阶级自由解放的标志之一。具体而言之，性别审美话语的矛盾冲突是建立于一定阶级社会经济基础之上的男性审美话语与女性审美话语的矛盾冲突，其性质隶属于一定阶级社会的意识形态话语斗争。因此，性别审美话语的矛盾冲突便在一定条件下从身体内在的无意识话语的矛盾冲突转变为身体外在的有意识话语的矛盾冲突。在阶级社会中，这种矛盾冲突实质上集中体现为阶级矛盾冲突。在资本主义社会中，这种矛盾冲突即表现为资产阶级和无产阶级激烈的话语的斗争。女性审美话语即"道"的品性，如果拨开罩在其面上的阶级社会所界定的性别面纱，那么它正是无产阶级革命斗争的价值目标，即人的身体的自由解放或人性自由解放或通称为人类的自由解放。资产阶级统治意识形态话语由于其虚伪性、个人性等阶级局限性，而变得愈益僵硬孤立，所以往往违背了男性崇高型审美话语的价值目标，即任何崇高必内蕴一定的女性优美品性并为实现这一优美品性而英勇斗争，这一优美品性即人性自由品性。于是，资产阶级编造各种关于人性自由或女性审美话语的虚假的意识形态话语，压制真正的人性自由或女性审美话语。用暴力手段压制则体现为：残酷镇压本国无产阶级革命运动以及在国外实施阶级压迫、经济掠夺与军事镇压。

当代资本主义利用新科技革命成果使资产阶级统治趋向全球化，具体体现为，资产阶级违背真正的男性崇高型审美话语，在男权独裁统治意志或曰垄断意志役使下，把男性崇高型审美话语推向争霸人性的极端方面，诋毁一些国家的男性崇高型审美话语和女性优美化审美话语中人性自由解放的正义方面，极度助长不合乎人性自由解放的邪恶方面。然而，当今世界各国人民，普遍要求和平与发展，普遍要求真正的人性自由解放；反控制及反霸权主义的呼声日益高涨。同时，女权运动和无产阶级运动在危难之中互助前进，所有这些因素，形成全球化的反资产阶级审美话语的斗争力量，有利于女性审美话语"道"的品性的实现，有利于无产阶级自由解放事业的实现。而社会主义的审美本质价值与意义就在于：克服与改造男性崇高型审美话语中僵硬、麻木、无人性一面，增进与宏扬男性崇高型审美话语中伟大、正义、有人性的一面，充分发挥女性优美化审美话语"道"的品性，促进社会主义物质和精神文明的建设，从而为将来实现共产主义事业打下坚实的审美话语基础！

从另一个角度来说，自从父权制取代母权制以来，艺术中女性裸体形象越来越多，由古希腊以降，这种裸体像越来越庸俗化，即专供男性审美话语的施虐。而女性审美话语"道"的品性却处于被玩赏、受侵淫的从属地位，这与男权统治下的生产力不断发展、女性地位日益低下相适应。许多埃及古墓壁画中，裸女形象均为女性奴婢，如在纪念死者的盛大宴会上，在贵妇前面，"一个女奴左手端着一小盘食品，左手在白色的餐巾上托着一瓶饮料，依次走过请大家品尝。……但她全身赤裸，而着意画出了女阴三角的部位。"① 舞女们亦和演奏的女奴们一样全裸或半裸。各种女性裸体画和雕刻丧失了古希腊那种"双性辩证统一"的本质力量对象化的特征，沦为仅供男性审美欲望表达的矫饰和人性扭曲的表现。人们不能不提问：难道女性天生就是供人欣赏而已吗？在中世纪的欧洲，女性身体和性的审美更为上帝（男性）所占有，表现出无比的贪欲。近现代的女性身体和性更由男性审美话语决定，由男性欲望决定并支配女性的穿着打扮、身体形态，性的魅力加以现代化的加工、包装，目的是获得男性审美欲望的对象化表达。为什么男性审美话语主导下的社会，把娇小柔嫩、美丽之类令人感到无助无力的形象的词语形容于女性呢？为什么绘画中女性裸体形象越来越有挑逗力呢？为什么现代女性不断追求紧、露、透、媚呢？又为什么当代社会喜欢用女性身体来做广告呢？总之，女性为什么这样受男性观淫癖所左右呢？

马克思、恩格斯早就写道，统治阶级的思想在每一时代都是占统治地位的思想。这就是说，一个阶级是社会上占统治地位的物质力量，同时也是社会上占统治地位的精神力量。支配着物质生产资料的阶级，同时也支配着精神生产资料，因此，那些没有精神生产资料的人的思想，一般是隶属于这个阶级的。占统治地位的思想不过是占统治地位的物质关系在观念上的表现，不过是以思想方式表现出来的占统治地位的物质关系。因而，这就是那些使某一个阶级成为阶级的关系在观念上的表现，因而这也就是这个阶级的统治思想。②

随着身体和性别意识日益结合，在性别审美话语的矛盾冲突之中，日益存在性方面的两大"阶级"的矛盾冲突：女性是被占有的阶级，男性是淫欲和占有女性的阶级。这些是由于男权统治阶级占有物质生产资料并与之相适应地支配着精神生产资料的缘故。女性被侵淫、被占有而不能反抗（一开始时有过激烈的反抗，复仇女神即为一例），渐渐被麻痹、丧失自己的类的本质力量，女性存在成为否定女性本身的存在。而这却因为男性身体有意识话语的控制与掩饰，变成似乎天生如此、命中注定的神秘不可动摇的话语模式，因而，女性发展为仅仅提供着一种美来满足男性的占有欲、淫乐欲，女性不断包装、点染自己的身体，事实上不是女性的本能表现，反倒是日益加固其身上的男性审美欲望的表达；当代妇女要求解放，不能这样追求解放，应该以人的姿态来工作、学习、生活，逐渐在物质生产中处于与男人平等的地位，由此上升到民主平等的权利要求，不断促进人类"双性辩证统一"的人的本质力量对象化的发展，在高度发展的生产力基

---

① 陈醉：《裸体艺术论》，北京：中国文联出版公司，1987年，第51页。
② 中共中央马恩列斯著名编译局马列部，教育部社会科学研究与思想政治工作局编：《马克思主义经典著作选读》，北京：人民出版社，1999年，第23页。

础上才能解放自己的身体和性别审美话语。在我看来，当代社会主义革命与建设必须与妇女解放运动紧密结合起来，一方面要消除私有制，另一方面要消除男权意识，即父权制（在中国表现为家长制）。这种经济、政治、文化方面的根本性改革正在中国艰难地进行着，希望不久的将来尽快实现！王绯说得好——女性的全面解放有赖于全人类的彻底解放。但反过来可以说，女性审美话语的解放也促进男性审美话语的解放，这标志着人类摆脱父权制，进入真正属人的"双性辩证统一"的类本质力量感性现实存在的共产主义社会！

三　女性与人类性别审美异化的自我扬弃

德国神学家 E·M·涅德尔（Elisabeth Moltman. wendel）倡导女性主义神学观，要求全面改述基督宗教的基本文本，在女性身体原则上来重建基督教及其信仰。"当然，回顾基督教统治三位一体的观念，可以看到其中有女性形象。……在基督教会的历史上，男性三位一体亦一再受到女性成分的干扰……三位一体关系中关系之一是源于母权制文化之母亲—女儿—孩子群体……母权制三位一体的群体主要显露在中世纪晚期艺术中的亚拿·马利亚和圣婴耶稣圣像画中。"……如果没有女性故事，女性的帮助，没有女性的爱，就没有上帝的仁爱和存在。"上帝的慈爱意味着子宫"。上帝总体现出母亲形象来救助世人，"这个具有男性和女性特征的上帝最终难道不正是一个添上了女性特征的男性上帝？"[①] 上帝智慧形象纯然属于女性形象，"在智慧这一庄重的形象后面，隐藏着古代东方女性神祇崇拜的残余。在这些狂热的崇拜中，众女神被奉为生命的施主，被奉为创造者和救世者。她们既代表了社会正义，也代表了同自然的协调。尽管它们已经同犹太人的传统融为一体，但它们仍然是一种独立的女性传统。"[②] 而对于女性在整个人类历史和文化中的主导地位的问题，廖雯是这样理解：的确，女性的生殖角色和哺育职能对新生命的优先权，决定了她们在人类重视生命繁衍的母性时代的重要地位。面对新生命和以哺育为中心的使命决定了女性原则首先是对和平、关爱、耐心、宽容、和美好的表达。[③] 廖雯确信，女性价值尺度曾对"维护人性和人性关系的尺度"起过作用，甚至始终在潜行地、静寂地起着作用。在我看来，这种作用推动着男性审美文化的前进，是一种"道"的伟大作用。她使人类始终沿着人性美的价值理想发展，超越僵化的性别审美话语塑造模式，按照"双性辩证统一"的本质力量进行身体和性的审美生产。

"共产主义是私有财产即人的异化的积极的扬弃，因而是通过人并且为了人而对人的本质的真正占有。因此，它是人向自身、向社会的（即人的）人的复

---

① ［德］E·M·温德尔：《女性主义神学景观》，上海：三联书店，1995年，第93页。
② ［德］E·M·温德尔：《女性主义神学景观》，上海：三联书店，1995年，第95页。
③ 廖雯：《女性艺术——女性主义作为方式》，绪言，长春：吉林美术出版社，1999年。

归，这种复归是完全的、自觉的而且保存了以往发展的全部财富的。"① 关键是，什么才是"人"？马克思在《关于费尔巴哈的提纲》中指出："费尔巴哈把宗教的本质归于人的本质。但是，人的本质并不是单个人固有的抽象物。在其现实性上，它是一切社会关系的总和。"② 社会生活、社会关系本质上是实践的，即人们身体性实践的，实际上是男女两性关系在实践活动中逐渐丰富发展而成的，所以均具有两性本质特征。这样，"人"应该是"双性辩证统一"的本质力量对象化实践的人。当代文化人类学和审美人类学研究证明了，"人的本质"事实上指"双性辩证统一"的人的本质，只有这样全面发展的个人，才能自由、自觉地、感性现实地进行身体性实践活动。共产主义运动就是为"人"的这个完全复归而展开的人的革命斗争，就是要把私有制（父权制）造成的身体和性的审美生产的异化状态改造为感性现实的人的真正社会的占有或自我享受，而不再使人自我异化。因此，共产主义是人类性别审美异化的自我扬弃。在马克思看来，异化现实中准备好了消灭身体异化应具有的物质技术基础和文化审美条件，而不应到观念中寻求出路，也不应到肉体本能欲望中寻求出路。在我看来，这种物质文化现实条件到处呈现为：始终潜存着、保持着女性优美化"道"的品性的追求，而男性审美话语决定下的性别审美话语塑造模式却越趋于僵化，一切身体和性的审美生产开始朝"双性辩证统一"的方向进行审美变形。这是男权统治的历史结果。因此，我一再强调主张，女权运动必须与共产主义运动一致起来，因为女性的前途和人类的前途是一致的。女性解放，意味着"双性辩证统一"的本质力量的对象化回归人本身，因此是人类解放的标志。这就是说，人类解放不仅指无产者的解放，而且在身体和性的审美生产方面是人类"双性辩证统一"的解放。由于文化积淀和社会实践的作用，这种"双性辩证统一"的本质力量的解放正是女性优美化"道"的品性的实现。正因为这样，我们在考察任何时代，任何审美现象和艺术现象时，都应自觉地以女性优美化"道"的品性为主导，批判和超越僵化的性别审美话语模式，来促进人类的解放。由于男权统治，现实中大多数女性和男性遭到不同程度的畸形化、异化，很难具备"道"的品性，这只能寄托于审美和艺术，并且通过无产阶级专政来达到。"只有在现实的世界中并使用现实的手段才能实现真正的解放。……'解放'是一种历史活动，而不是思想活动，'解放'是由历史的关系，是由工业状况、商业状况、农业状况、交往关系的状况促成。"③ 所以，人类从僵化的性别审美异化状态中求得解放，不是一种激进主义者的呓念和咒语所能实现的，也不是用一种观念、制度取代另一种观念、制度，更不是通过损害肉体或放纵性欲来实现的，而是要大力发

---

① 《马克思恩格斯全集》第42卷，北京：人民出版社，1979年，第120页。
② 《马克思恩格斯选集》第1卷，北京：人民出版社，1972年，第18页。
③ 《马克思恩格斯全集》第42卷，北京：人民出版社，1979年，第368页。

展生产力，把握先进的生产力，解放生产力。在马克思看来，异化在资本主义社会里直接导源于商品生产或剩余价值生产，在那里，"我们把劳动力或劳动能力，理解为人的身体即活的人体中存在的，每当人生产某种使用价值时就运用的体力和智力的总和。"① 这种劳动力所有者把握了先进的生产力，那么解除身上的异化，就有了雄厚的物质基础。然而，男权社会依然束缚着生产力的发展，只有解放生产力，保证生产力的高速度发展，在这种情况下，消灭男权制（父权制、私有制）及其性别审美异化成为历史的喜剧结局。

然而，廖雯认为，各种对女性的话语规范化使女性在不知不觉中逐步丧失了作为人的完整性，失去了她们自己的现实。"这种情形经过漫长的历史如今已经变得畸形不堪，单一的男性化方式的统治造成的人类存在形态的严重倾斜，也使父权制自身走向极端和毁灭。"② "父权制把人性的不同方面分裂开来，并与不同的性别粘连在一起，事实上是把人性内部的冲突外化为人类两性之间的冲突，父权制话语在规范女性的同时实际上也规范了男性。男人和女人必须扮演给他们规定的性格，这不仅使女性失去了作为人的完整性。事实上，也使男性失去了作为人的完整性。"② 她主张寻求一种超越父权制范围和限制的整体生命和人类新的生活方式的整合。"我们如何走，决定了我们走到哪里。"她反对"夺权"方式，因为这仍带有父权制的侵略性特征。她只是寻求人格完整的人性整合方式重建女性话语和男性话语。她认为，中国社会主义革命过程，妇女被称为"无产阶级的劳动妇女、同志"，这是功利主义的妇女解放运动过程。妇女"解放"程度越高，就越男性化，与其说是妇女的成功，不如说是革命阶级的胜利。她写道：

  新时期改革开放、人性复归的社会背景，使许多普通的中国女性，不用任何的宣传和运动，也没有任何的口号和说法，就本能地渴望把自己还原成为她们心目中的"女人"。而除了"革命妇女"，她们心目中的"女人"概念，依然是父权制传统意义上规范的"女人"，于是，这一"还原"几乎回到了对传统观念下依附角色的认定中去，一个时期内，许多妇女甚至希望退回家庭。一些要强和优秀的妇女，则更加激进地进入社会与男人平等竞争，很多人以牺牲女性本性为代价去换取社会的认可，成为"成功"的"女强人"。从社会上普遍认为"女强人"不是"女人"的观念，我们可以感到"女强人"异化的人格，并没有真正得到接纳。这其实是女性价值的重新陷落。这即是中国女性主义面对的基本现实。③

---

① 中共中央马恩列斯著名编译局马列部，教育部社会科学研究与思想政治工作局编：《马克思主义经典著作选读》，北京：人民出版社，1999年，第115页。
②③ 廖雯：《女性艺术——女性主义作为方式》，绪言，长春：吉林美术出版社，1999年。

廖雯在这里所论述的关于父权制话语异化控制方面和其他女性主义者的一般主张是一样的，而在如何处理这种异化控制方面就不大一致了。可她不明白无产阶级运动和妇女解放运动的一致性，没有看到社会主义革命与建设中新型的男女关系（不一定是无产阶级革命同志关系），以及"女强人"作为人和他人的新型男女关系，这些关系正在突破着父权制的异化控制。显然，廖雯没有看到父权制和私有制的一致性关系，因此就没有认识到无产阶级专政的目的不仅在于使妇女团结起来成为革命同志进行斗争，而且在于通过这种斗争，逐渐消灭父权制即私有制本身，建立共产主义社会的公有制（不是母权制的"还原"，亦不是父权制与母权制相加，而是消灭父权制和母权制），这是人类社会必然经历的历史阶段，并且这个阶段的生产力高速度发展才能使妇女解放成为现实。没有无产阶级专政，也即"女人"也先成为"革命妇女"，这是不可能想象的。廖雯仅在父权制话语中寻求人性论式的人格回复原始完整状态的女性主义话语模式，只是感到"女强人"异化的人格，却不知"我们如何走"了。因此，她只看到新时期中国女性本能地渴望把自己还原为自己心目中的"女人"，这就和西方女性主义者的主张一样不可能寻求到任何人性普遍复归的方式，况且这种方式仅止于观念和价值的话语体系，仅止于想象领域。她最终不懂得无产阶级专政的目的最后是消灭阶级统治（也就是父权制和私有制统治），不懂得女性的"男性化"和男性的"女性化"作为变性革命方式在其中的重大的历史价值和意义。"女强人"作为"男性化"的女性，社会上普遍认为不再是"女人"的观念，只是僵化性别审美话语的表达，而并没有认识到"女强人"是新型的女性，这不能说是女性价值的重新陷落。恰恰相反，这使女性充分认识到自己的价值，即作为"人"的价值存在而同样可以进行男性能完成的事业，这个事业应该被评价为"人"的共同的事业，因为这是社会主义事业不可或缺的，正是未来人完整自由发展的变性革命的事业的早期阶段。也就是说，"女强人"的新型审美话语塑造为未来共产主义社会的全面发展的自由自觉的人的审美建造准备了物质和文化条件。看来，廖雯关于中国女性主义面对的基本现实的论述还不够深入全面，这是由于她思考问题的模式依然无法摆脱女性主义者与男性主义者的对抗性的一面造成的。

第八章　当代中国文艺的性别审美话语问题

一　由人体摄影所引发的文艺新问题

在巴赫金看来,"狂欢中的荒诞不经的身体是不纯洁的低级的身体,它是古典的身体的对立面,古典的身体是美的、对称的、升华的、间接感知的,因而也是理想的身体。因此,荒诞不经的身体及狂欢活动,在中产阶级身体与文化的形成过程中被排除在外。"[1] 身体的荒诞不经及其狂欢活动并不是凭空产生的,这是与当代科技及商业文化的迅猛发展密切相关的,复制身体和包装身体主要就是突出身体的性征部分或性感姿势,以便给大众的身体及其性本身的欲望获得想象性的疯狂刺激与满足,这就自然形成了人体性征审美消费的文化快餐,而人体摄影成为其中主要的因素。

人体摄影的主体是人的形体,所以要求人体模特必须是具有性感和美感结合的形体以及对这一形体有比较敏感的艺术表现能力,无疑,女性胴体正符合这些要求,因此大部分的影人都选择女性胴体来展现人体美。在中国,2001年是人体摄影最为热闹的一年,在这一年,《摄影之友》杂志社做了一次中国人体摄影创作状况的抽样调查(共对30名影人进行调查)发现,摄影人大都是男性,年龄为27—69岁。其中,年龄在31—49岁的占三分之二强。摄影人中三分之二的人对其人体摄影作品选择发表、出版、展览或参赛的方式来处理,而少数人却只供自己欣赏,其中有8个人卖过自己的作品,价格一般为200—1000元。这些作品倾向唯美,彩色多于黑白,前卫极少。摄影人拍摄对象自然以女性为主,个别拍摄过男性。很多人喜欢选择中国女性模特,偏爱瘦的形体或丰满又苗条的形体、不胖不瘦的形体。下面我们且选择此次调查中的一些问答做一分析。

第一,从事人体摄影创作的乐趣和价值是怎样的?①人体是大自然的杰作,拍摄人体与面对大自然一样其乐无穷,能享受原始淳朴的美。②能提高自身审美观与艺术修养,丰富精神生活,净化心灵。③纪录人体韵律后品味人体的美。④更好地关注人性、表现人性。⑤是对传统观念的挑战。⑥其乐趣来源于摄影背后的一切。⑦满足小小的虚荣心。

---

[1] 陈晓明:《挪用、反抗与重构——当代文学与消费社会的审美关联》,《文艺研究》2002年第3期,第15页。

分析：身体被视为一种自然物或满足人的审美心理的价值物，这说明性别审美异化成为大众人体摄影的严重问题。

第二，只是拍摄女性人体吗？为什么？三分之二的人只拍摄女性胴体，因为：①女性人体可以唯美、自然、抒情。②女性象征母性、仁慈和宽容。③女性是摄影语言的最佳体现。④女性相对好找，男性健美的较少。⑤异性相吸。

分析：女性身体成为一种仅供人唯美地抒情的自然物，并被界定为一种象征、语言和商品及男性欲望的对象。

第三，什么样的模特才是最好的？①有好的容貌、体态，身体线条流畅。②文化修养、素质要好。③交际诚恳，待人随和礼貌。④有一定表现力又不过分自我，比较容易沟通。⑤经过专业训练。⑥摄影师是指挥，模特是乐章的音符，双方应有交流。

分析：在这种情况下，模特的身体属于大众，而不属于自己，因此，本来就美的身体实际上在摄影中被商业和大众的注视观瞻中被异化、分裂而失去自己美的自由，其中所谓的交流成为没有什么深刻人性体韵的商业交流。

第四，什么样的人体作品才是好作品？①内容积极健康向上，寓意深刻，意境优美，有内涵。②用光构图讲究，色彩组织协调，制作精良。③形式与内容完美结合。④充分利用光影表现人体线条皮肤质感。⑤表现生命张力及时代风韵的作品崇拜生命，歌颂青春，追求自由，天人合一。⑥喜欢一些非形式而个性的、表现人的状态和情绪的作品，同时应具有一定视觉冲击力和想象的空间。⑦视觉舒服的作品。

分析：人体摄影是十分敏感而非常严肃的创作题材，如果在内容和形式（技术）上把握不好，就会越界，进入时下纯然刺激身体欲望的三流摄影。然而，强调视觉的冲击力明显要求突出平常被视为性感的部位、动作和姿色，给予观者一种性感的审美幻象满足及由此刺激这种满足感的要求，自我角色认同渐渐造成自我肉体的侵凌或侵淫。

总分析：对于人体摄影来说，如何恰到好处地把原始淳朴的自然美（古典美）、现代的个性美及后现代的视觉快感结合起来，既不再是古典的，又不是纯审美的，而是借助古典的、纯审美的技法达成大众的身体欲望和视觉快感的需要，美感中充满可人的性感，性感中装点着审美的因素。女性胴体的姿色尽为男性欲望的投射和纯审美的需要，于是处处充满这样空洞的女性胴体，整个男权社会就被一种女性化（男性欲望异化的女性化）的唯美幻象笼罩着，这是一种父权制审美的意识形态的统治新方式。你能说这是女性身体的反抗方式吗？你又能说这是对传统的成功反抗方式吗？如果说古希腊的人体艺术雕塑是用以对身体的神性美的渴望、纪念和崇拜，那么描绘美感、性感和动感结合的裸体形象是合理的；如果说西方文艺复兴时期的人体绘画是一种具有反抗封建、教会黑暗统治的革命意义的话，那么其中唯美地表现人体也是合理的。然而，当下的人体摄影大都是描绘一种父权制男性欲望投射的审美的女性胴体，那么在维护人的真实的审美需要和审美交流方面就显得扭曲作态而不合理了，说它合理也只不过是在满足大众的疯狂的身体欲望刺激和视觉冲击力方面说的，一幅复制的女性胴体只不过是一首甜蜜酥软的流行情歌。

这种性别审美异化现象首先引起了女性艺术家们的反抗，她们与国外的女性艺术家们遥相呼应。美国的芭芭拉·波洛克在其《女性主义新观察》一文中指出，危地马拉的雷希娜·何塞·加林多在其2001年的一系列双年展中，在她的行为表演中展示了她的身体，她称之为"女性的痛苦"，其中有一件作品描绘她浸泡在一个浴缸里。与说教的女性主义不同，金素子在首尔居住了大半生，现居纽约，1996年亚洲协会举办的"亚洲当代艺术：传统与强力"中展出的那些，十分接近20世纪70年代的女性主义行为表演。缝纫、刺绣和搬运一捆捆织物并洗涤，这些"洗衣妇"式的传统妇女劳动被金素子搬来表现韩国妇女的传统行为。《艺术家与巴塔厘》（1994）这幅绘画表明，织物、缝纫、浆洗衣物和身体，成为金素子表现的领域。她最新的"针女人"，表现了"艺术家不再作为缝纫女工的行为出现，而是成为针的孔眼，世界必须从它穿过。"[①] 波妮·沙利发现了她作为黑人妇女的身份，利用自己的身体，不可避免地与性的主题产生联系，但性与种族和阶级也有关系。裸露对40岁的印度尼西亚行为艺术家阿拉曼尼来说是一个庄严的主题，她的作品已引起一些敌意。她的行为和装扮表现了在她自己的国家及世界大多数国家中发生的对妇女的暴力，但她在她的祖国却遭到了最大的抵制。1999年，在一件行为作品中，她慢慢脱掉衣服，请求观众在她的身体上写字或画画，现场的观众有的跑上表演台，试图给她穿上衣服。对于年纪最老的超现实主义艺术家多萝西娅·塔宁来说，现今的艺术不允许想象与诗意。为什么我们要看艺术，艺术是对生活的安慰，使我们感到生活的美好；或至少使我们认识到问题，而这些很少有人去追问。总之，当代西方女性艺术家们运用她们的身体来创作，力图避免说教的女性主义，又强调从女性的直接感觉的自由抗争，而不再只纯审美地描绘女性受欣赏和悦人的部位，破坏古典和男性欲望的投射，拒绝遵循男性审美话语的安排。

在现今的中国年轻女性艺术家中，王英应该值得我们关注。余丁在其《精灵的对白——王英作品解读》一文中指出，王英以人的平常生活为根基，将自由自在的想象力和某种童趣般的稚拙和天真，用来讨论有关生存、死亡、爱情、精灵等永恒主题。她的绘画具有性格鲜明的个人语汇，尽管她从没有把自己当成为女性主义艺术家（至少她自己还没有强化这种主体意识），但在她的作品当中几乎没有出现过男人的形象。女人，在她的作品当中充当着不同的角色。她的许多作品都是自我内心世界的观照，并以象征、荒诞和怪异的手法来描绘她的内心的现

---

① ［美］芭芭拉·波洛克：《女性主义新观察》，《世界美术》2002年第1期，第14页。

实和感觉。《哪里》受到早期现代主义风格的影响，画家以狂放的笔触，大面积橙红色的涂抹，营造了一个令人窒息的都市角落，人物如同鬼魅般游荡其间，充满躁乱和恐惧，似乎又在追问"我们从哪里来，要到哪里去。"女性发自身体内在的无意识、欲望、情感话语在变形了的女性身体艺术形象中，留给人的是性、身体的各种质疑和幻觉。

人体摄影所带来的视觉快感被运用到摄影文学创作当中，《裸魂》是其中的代表作。《裸魂》是摄影小说，导演是成坚，由李宇强摄影。小说主人公分别为姐姐和弟弟，他们不是同父同母的姐弟关系，而是1976年唐山地震留下的原是邻居的一对孤儿，姐姐比弟弟大十岁，成为弟弟生命中唯一的依靠。在姐姐的疼爱中长大的弟弟，对姐姐的感情一天一天加深。姐姐13岁时不再与弟弟同睡了，对弟弟有了秘密和界线。在弟弟15岁那年，姐姐到南方挣钱供弟弟读书。第一次离开姐姐让弟弟哭了好几次，想到长大后要和姐姐结婚，于是姐弟之情悄然转化为男女特有的爱恋之情。弟弟读高三时，姐姐回来看弟弟，如今的姐姐已经长成美丽的女孩，这更激起情窦初开的弟弟的思恋之情。弟弟考上中央美术学院时去看姐姐，明白了姐姐为了供他读书而过着艰难的生活，他决定毕业后工作，可姐姐执意要送他去国外深造。大四那年寒假，弟弟再一次对姐姐表达心中的爱情，她还是不能接受。弟弟要去法国读书的前几天，姐姐神色不安，情绪很不好，像是和谁谈崩了什么，又像做出了什么重大的决定似的，眼角还挂着泪花。次日一早，姐姐把房子收拾得干净整洁，突然用从来没有的语调，目光灼灼地对弟弟说："你不是一直想画我吗，现在我愿意，非常愿意。"姐姐神情坚定，像一尊雕塑。透过那微微起伏的身体，弟弟再也把持不住，又一次向姐姐勇敢地表达久藏的爱情，姐姐轻轻仰起脸，迎接弟弟旋起的风暴。第三天下午，姐姐的画——《裸魂》完成了，它象征着姐姐美丽的心灵，也象征着姐弟真诚无瑕的爱情。小说后来进一步描述了姐姐如何因为送弟弟出国深造，而嫁给不愿意嫁的人，从孤儿院女院长那里弟弟了解了姐姐后来痛苦艰辛的生活。现在，弟弟才彻底明白，姐姐原来深深爱着弟弟，为了他，献出了自己所有的一切。所有零碎的记忆迅速组合起来，构成一个美满的结局：姐姐正在故乡的小路上，铺满红玫瑰迎接弟弟呢。

小说中的弟弟以第一人称"我"来叙事，前面三分之二实写"我"和姐姐从小到大的亲情到爱情的故事，后面则以"我"学成回国寻找姐姐为线索来虚写姐姐的生活过程，这就形成虚实结合，以实带虚，在虚中引起新的悬念和沉思。姐姐为了弟弟的学有所成、也为了姐弟真诚无瑕的爱情而奉献自己——一是到南方打工挣钱供弟弟读书。二是裸露身体以给弟弟画画的成功之机会，并把自己的贞洁给予弟弟。三是为了弟弟出国留学而违心地嫁给她不愿嫁的男人。读者的目光因此聚集在姐姐这一悲剧性的身体上，姐姐用女性的身体向读者敞开女性所有的神秘、美丽和苦难，用女性的身体摄影传达女性审美异化过程中动人的情感，这完全得益于摄影技术和小说叙事、镜像与幻象相结合的审美话语机制的作用。姐姐的柔性美被表现得淋漓尽致，其高潮集中在给弟弟裸露美丽的胴体以完成《裸魂》的那一顷刻，在这里，姐姐用女性胴体证实了女性身体是男人欲望中的"他者"，他们需要这个"他者"，甚至认同于"他者"。如果说姐姐有"孤儿情结"，那么，弟弟就具有了"女性情结"，姐姐在弟弟眼里，可以被还原为原始的"女神情结"发作的过程中去。这些都借助于姐姐的女性胴体才得以展开，当下的、古典的与现代化、全球化的审美幻象同时在特殊的审美话语中交织叠合。这种叠合文学的生产方式，以中国都市女性的身体为视觉冲击力焦点，结合镜像和幻象，把复杂矛盾的性别审美话语贯穿成文化快餐式的小说故事，适合当代中国人新的视听感觉的审美需要，也显示了社会主义初级阶段的文学理念。

总而言之，当代中国文艺中与人体摄影密切相关的新问题就是：如何通过视觉图像和听觉幻象结合的审美话语机制达成真正艺术的理念。技术、身体、性感、美感、符号、象征等等的矛盾交织，始终笼罩着父权制审美的大网。文学艺术家们又怎样才能具有强大的忧患精神重新塑造人的身体审美话语，从而塑造人的健康向上的灵魂。对这些问题的回答恐怕依据目前的文艺发展还无法做出决定。

二 女性审美话语现代危机及其文艺表达问题

第一次读池莉的小说，是《新华文摘》（2000年第4期）上摘自《大家》（2001年第6期）的《看麦娘》。这篇小说所描写的现实都市生活中女知识分子的自我意识、感觉和情感，一下子吸引了我。

现在的女性作家大都注重女性觉醒之后，如何在父权话语中表达自我真实的体验。王安忆的《长恨歌》中的王琦瑶，不就是在城市民间和时尚精神中展示自己身体的切实体验吗？确实，女性作家在描写生活的时候，总是受到来自父权话语的制约，但正是在注视这种制约之中，现实迫使她们进行深入反思和自省，激发她们对自我身体的经历和审美表达的深刻体验。王抗抗呼吁女性作家摆脱以往的性别对立的写作，要求打开自己那一间屋子的门窗，让女性敏感的心灵融入无限复杂矛盾的现实生活体验中。毫无疑问，池莉的"新写实"在这方面给予女性最为贴切的审美话语方式，一种引导女性进入无限复杂矛盾的现实生活的情感话语方式。

真的女性，总是生活在现实中的活生生的个体，而这些个体的体验基础总是在保持女性身体的特异感觉和体验的话语冲突中，建立在女性身体及身体性实践关系上。对于女性作家来说，女性最大的现实莫过于女性身体的真实存在及其直接感受，在任何文化话语中，它们总是明显不同于男性身体的存在及其感受。这就是为什么《看麦娘》中女主人公易明莉总是表现出那么多的不同于、也不可能被她的丈夫于世杰理解的预感、沉默与难言之语，并且最后因为不能与于世杰

"合力挣钱"而发生激烈冲突。于是，在结束寻找女儿容容的北京之行后，易明莉更为深刻地感受到："只有我们自己拯救自己的内心与灵魂了。我只有与上官瑞芳坐在湖边的长椅上，看着围绕湖心岛盘旋的鸽群，感知些些许许的金色阳光，在照耀我们裙角的看麦娘草，只有这样，我的心便会一刻一刻地趋于安宁。"而"只有我们自己的生命，在悄悄生长过程中的那些感受，那些只有我们两人领会到了却无法用语言来表达的，它将与我们的终身如影随形。"易明莉在现实生活中所感知到的一切都会使她的心不能安宁，而只有在上官瑞芳那里，在看麦娘草丛生的枫园湖边，她的心才感到安宁。这不能不引起我们的深思：为什么疯狂了的上官瑞芳成为易明莉生活当中最宁静的领域呢？这显然是不能用语言来表达。也就是说，这是一种来自女性身体切实体验的无意识的情感话语实践过程。

只要经过现代高等教育的当代都市女性——像易明莉这样的女性，都会在现实生活中通过自己身体切实的体验之后感知到这一点：语言是不能够表达女性身体内在的情感话语实践的。语言，包括日常话语，都已经被父权制意识形态所变形、控制，而易明莉那些来自她的女性身体的人性感受，根本不可能用她的丈夫于世杰的异化变形了的语言、话语来表达的。这样，易明莉在现实生活中往往表现出黑沉沉的沉默，这表明：作为知识女性，她已经在自觉不自觉地用沉默——来自女性身体内在的切实体验的情感话语实践——来抵抗、消解现实社会象征性的秩序，并努力建构属于自己的无意识话语表达的空间。因此她自己对朋友们说："我是可以三天不说话，可是并不等于我心里没有话，更不等于我没有说话。我在自己心里说话，这就够了。谁要是指望靠倾诉获得别人的完全理解，那才是憨呢。"其实，上官瑞芳的疯狂就是一种沉默方式，她在自己的身体的历史创痛之后陷入疯狂，这使得她得以摆脱现实意识形态话语的束缚，进入女性身体内在"真切自由"的精神历程——自己跟自己说话当中——因而她那对现实的本能似的直接感觉有时会令人感到她是最为清醒的、理智的女性。这一点表现在：当易明莉再一次叹息容容在哪里时，上官瑞芳突然说："在想在的地方。"

"在想在的地方"，这是一句简短的话语，折射出这样的女性现实：她们平日里是在她们不想在的地方，这些地方又迫使她们不能不存在着。这就是说，她们的现实存在并不属于她们，而是属于别人，属于他者的话语，也即属于父权制话语，属于现代市场的商品的话语。因此，她们的要求得到真实的情感交流的愿望在这些有意识的现实话语控制中，是无法实现的。在这种情况下，有的女性可能不得不把真实的情感交流掩盖起来，而学会运用有意识的现实话语来实现自己的情感交流，这以小说中的女经理乔万红为代表。相反地，有的女性无法掩盖自己真实的情感交流的需要，在找不到一个自己情感话语表达的途径和方式的时候，就有可能变得沉默和疯狂，这以小说中容容的两个妈妈——上官瑞芳和易明莉为代表。就易明莉来说，她处在这样的话语"三控制"境况之中：①以她丈夫于世杰为代表的符合大众情理和公共原则的话语控制。②以她母亲为代表的符合传统规则的僵硬话语控制。③现代市场商品交换的话语控制。可以说，如果易明莉没有去北京找女儿，在这样的境况之中，易明莉肯定会生病的，因为"病是一种积淤，从心里生来的"。如果易明莉不能凭自己身体内在的女性直接感觉去找女儿，那么，就在预感有不祥之兆的6月21日这一天，她会由平日的沉默顺从变为疯狂。本来她的现实是在话语"三控制"之中发生扭曲、异化和变形了的，现在，她则由女性身体内在的直接感受出发，打破这种现实，即把因价值颠倒而变形了的现实按照女性身体内在的真实情感交流进行再颠倒、再变形，这一再颠倒、再变形只用了9天时间她就回来了，日常生活的程序便又接上轨了。而这，正是上官瑞芳说的"在想在的地方"的具体表现。而容容"在想在的地方"，意味着小说中所虚写的容容形象转喻着上官瑞芳和易明莉两个女性身体内在的审美欲望表达要求突破现实的意识形态话语束缚的狂放不羁的直接感受。这一点可以从下面一段描述疯狂了的上官瑞芳的话语方式中得到印证：

  上官瑞芳只是说话，不是交谈。她的表情空远，声调平缓，显得莽撞又盲目。有时候，要过了好一会儿，我才会觉出她话语的意思。她有她自己的意思，与我们一般人不一样。我们说话总是就事论事，赶着脚跟，说眼前的事情。上官瑞芳常常跳过了具体的事物，在遥远的地方，等着与现在的发生相遇。

  在这里，上官瑞芳的话语方式完全突破了现实的话语控制，且空远而狂放不羁，这是我们一般人无法达到的，也无法理解的。当一个女性的欲望、情感无法获得对象化表达的时候，她就会疯狂地打破现实话语的僵化方式，从而打破意识形态的镜像表达，凭借来自身体内在的真实的直接感受和切实体验来与他人进行交流，把一切破碎了的重组为生命体验的整体。上官瑞芳正是这样的女性，她无疑具有和看麦娘草一样的最为自然、直接的生命需要和感觉。这种草在民间叫作狗尾巴草，小时候，它就给上官瑞芳和易明莉带来了第一次女性生命需要和直接感觉的启蒙。环绕着麦地四周的所谓狗尾巴草，有一个美丽的名字：看麦娘。看麦娘所有的草穗子都回护着麦地，无论日出日落。麦地里的杂交麦子是品质优化了的，因而比一般的麦子更加强健、产量更高和适应性更强，从而对人类的贡献更大。由此可见，"看麦娘"隐喻着人类大母神的原型，大母神具有旺盛的繁殖力和强大的呵护万物生命力的能力。其实，大母神即人类要征服的大自然无限的生殖创化力量本身，这自然与女性身体及其性本身的生殖创化力量相比拟，它们在中国最为古老的哲学抽象中被表述为"道"。诚然，"道"是对女性化生殖崇拜的哲学抽象，这与远古先民尤其处于母系氏族时期的原始人崇拜女性神有关系，强调"道"的生殖功能与强调母性崇拜在学理上和文化人类学依据上是能从"无"中生"有"。原始女性神"道"的原型内在品性可以根据老子的描述概括为：自然无为、有无统一、如谷如渊，"虚而不屈，动而愈出"，似水处下，"水善利万物而不争"，柔和静谧，自由玄通，妙而无形，和谐愉悦。这些品性与女性内在品性无疑相吻合，女性无疑具有"道"的品性，女性趋向柔美淑静，而愉悦自由通过其身体即身体的特殊性征及其生殖功能完全表达出来，用一个短语表达为"自由和谐"。正因为这样，"看麦娘"一下子就打动了小时候的上官瑞芳和易明莉的心，特别喜欢它，在作文中不约而同地写到它，与它一起照相。易明莉这样回忆着：这两个情调十足的小女孩，"还常常在午后时分，在农学院那寂寞枯燥的打草场上，用粉笔写满大大小小的'看麦娘'三个字。我们端详着这三个字，舌头上会无端地涌出甜甜的滋味。我们不知道'Alopecurus'一词怎么就能够翻译成为'看麦娘'的。这种文字的奇迹，启发和滋生了我们对于汉字的热爱，还使我们的语文成绩节节升高，还使作为女性的我们，从此开始觉悟女性的优美气质。这是一生一世的塑造与缠绕，是一生一世的暗示与默化。所有这一切，都发生在心的深处，怎么能够用日常的语言来表达？以便获得他人的体会和理解呢？尤其是我的母亲和丈夫，他们自认为已经太了解我了。"同时，这两个情调十足的小女孩，夜晚所做的梦中出现了被阉的小公鸡、刀及阉鸡者在黄昏的背景和一只古怪的大网。她们就在这样的梦中慢慢长大，这是连做母亲的都不知晓的秘密。对生命在被阉之前的恐惧惊慌和之后的茫然悲哀的切身体验，透射出这两个小女孩特有的女性"道"的品性和感知，决定了她们将来必是极力抗拒父权制话语的"阉割"威慑，也决定了这种抗拒的途径和方式只能是沉默和疯狂。

事实上，《看麦娘》向读者表达了知识女性在现实话语控制中所出现的人文化上的严重断裂，涉及当代中国人的审美现代性问题。人的文化断裂在小说中被描述成人的身体内在要求和外在欲望之间的激烈冲突。一方面，上官瑞芳和易明莉作为当代中国都市里的知识女性，其身体从小就受到有关女性审美话语方面关于"道"的优美品性的塑造与缠绕，因而内在渴望与他人形成真正的审美交流，内在保持着女性特殊的直接感受和人性关怀；另一方面，她们身体外在的各种欲望，比如，男人们对金钱、权位及占有和支配他人的欲望，社会上对商品价值、名利私欲的追求满足的欲望等等——无情地侵吞着她们的情感话语、审美话语，麻木不仁地侵扰着她们的内在的女性优美气质和人性要求，使她们不能与他人进行正常的交流（包括审美交流）。总之，她们身体的外在欲望压抑和破坏着她们身体的内在要求，就好比那紧紧追捕着容容的浓烟。这铅灰色的浓烟翻滚着膨胀出无数朵来，简直就像一只旺盛裂变的多头动物。因此，小说这样写道："我们不和别人讲道理。我们力求豁达。我只想和熟悉和喜欢自己生命过程的人在一起，一步一步走向彼岸，每一步都踏实。那无数的生长的秘密，是滋润每一个白天的土壤。今年是2001年，一个令我不安的年份，我的容容，在今年，是否能够逃离那怪兽般的浓烟？我知道，我的容容一定在某个角落隐藏着，发出巨婴的啼哭，我这个平凡的妈妈平凡的臂膀，怎么才能抱得住她、救得了她？现在这个世界，如果单就强弱大小，单就生命的表象，人类谁能够救谁呢？"我们正生活在现代市场的商品化、信息化、全球化和仿象化、幻象化的极度欲望膨胀而身体及其内在的人性与心灵极度扭曲变形的时代，因此在现实话语交往中不可能恢复以往优美和谐、自由愉悦的真实表达，在都市生活中的我们被世界符号重压着，这使我们强烈感受到各种可怕的影像追踪着我们。人为符号正不断地淹没着身体和自然，我们在家里犹如在监狱里，在都市中穿行犹如地狱中幽灵般地游荡，而各种欲望的声音便在我们四周呼号着——精神、人格、伦理、行为和言语于是渐渐产生了错乱和癫狂。这样一来，当代中国人的审美现代性追求出现了以生命感性为原则来取代以技术理性为原则的心理趋向，这在上官瑞芳和易明莉身上表现得十分突出。我们认为，这种情况产生的一个关键因素是现代化进程中的"语言（符号）转向"，即视觉（欲望）转向。为了满足视觉快感的商品需要，商品交换使人的欲望能指化，于是一切表达变得肤浅、虚拟、虚假、变幻、煽情而无法达成人与人之间的真实交流，这一点在《看麦娘》中被集中描述为虚写的容容形象，她是她的两个妈妈——上官瑞芳和易明莉——的欲望能指化为虚拟的换喻存在。易明莉要找回容容，就是试图找回自我欲望真实本体的存在，结果证明了，知识女性不可能再找回真实的自我。

池莉在一次当代中日女性作家的创作座谈会上说："我以为，语言本身就是鸿沟。加上不同民族的历史，不同民族的文化，不同的社会体制以及生活方式，都使语言的鸿沟更加扩大。依靠翻译作品的交流，永远是慢一拍的，或者会有隔靴搔痒之感。因此，见面就是格外重要的方式了。直接的见面可以获得超越语言的直接感觉。有时候，这种直感可以导致人类共鸣的产生。"[①] 在《看麦娘》中，易明莉一定要去寻找女儿容容，要求直接见到容容及知道她现在在何处生活着，虽然她知道这样做是不可能的，但还是决定要去实现它，于是不再听从丈夫的话语，不再理会单位的什么大事小事，也不管商品社会人情的冷漠复杂。这就意味着，以易明莉为代表的都市里的知识女性开始注重自己身体的直接感受，不屈从于父权制商品化、理性化原则下的现实话语的异化控制。借上官瑞芳的话来说，这就是容容"在想在的地方"的原因。然而，这样一来，审美现代性就突出了当代中国女性的审美危机问题，同时也突出了中国人的文化危机问题。因为，如果为了彻底摆脱现实话语的异化控制而无视现实的具体的有条件的人的存在，或采用容容的能指化方式，或采用上官瑞芳的疯狂和易明莉的沉默顺从方式，即或向外放纵自我，或向内沉湎于自恋情结，那么，人是不可能获得真正的审美需要的满足，也不可能达成任何真正的审美交流。在我们看来，真正的审美需要和审美交流应该建立在坚实的现实关系中，在勇敢地面对现实话语这个怪兽时，勇于

---

① 池莉：《重要的是见面》，《百花洲》2002年第1期，第17页。

把握现实并走向未来，这需要把个体化和社会化、身体的内在要求和外在欲望辩证统一起来，达成交流中内容与形式的辩证统一。这样，在交流中，才会避免极端的话语方式及偏激而与现实格格不入的自我审美中心主义的迷误。毫无疑问，这对于易明莉来说，是很难做到的，或不过是一种不可想象的理想。因此，如何进行现实的审美交流，依然是个历史和现实的难题。这就使得易明莉往往只能退回到身体内在审美话语的狭隘生活中，她于是这样想象着未来："上官瑞芳在，我在；上官瑞芳不在，我也在。看麦娘在，我在；看麦娘不在，我也在。如是这般，我还需要什么理由？我又怎么能够放弃？"这里的上官瑞芳和看麦娘被易明莉的话语反思方式并列起来，这暗示出此二者的一致性，即表现出女性身体自然而直接感知事物的特性、方式——即使上官瑞芳和看麦娘不再存在，易明莉的"我"也存在，这是不需要任何理由也不能够放弃的，因为这里的"我"明显地指向知识女性身体内在的女性审美话语"道"的品性。

不管怎样，易明莉自我意识到自己是怎样存在以及需要怎样的存在，这就已经足够了。因为在当今的幻象时代，人毕竟需要有这样的自我意识，这也是文化自觉的一种现代表现。既然如此，那么"在想在的地方"，难道不就是这样的文化自觉的现代表现吗？"在想在的地方"，鲜明地表达了现代都市化的人努力战胜话语控制的勇气和精神，激发人们勇敢地坚持中国"道"的品性和人文价值，使断裂了的、碎片化了的人通过身体内在的审美话语方式来获得重新整合，这难道不就是一种文化进步吗？这正是《看麦娘》给予我们的最大启示，也是《看麦娘》成功的最大原因。

陈晓明指出："年轻一代的作家，特别是女作家，对消费社会流行的价值观念有着天然的敏感。她们并不反感这些价值取向，关于金钱、身体、成功。她们可以准确而全面地理解消费社会，在这种理解中，她们同样可以表达自己对消费社会的赞赏或批判，或者说，在亲近消费社会的过程中去揭示它的荒谬性。"[1]从私人写作到现实写作，从性别批判到社会批判，这可能是女性写作的最终之路。消费社会越来越强调女性化的审美趣味，消费品、广告等等到处充满女性符号，审美文化产生一种娇媚阴柔的魔力，消费偏向于女性诉求，使一种唯美主义的时尚风格开始蔓延，深刻影响到当代小说叙事。例如，杨映川的小说《做只鸟吧》叙事中，描写果果和树子之间的同性情感，她们守身如玉，互相眷恋，与其说是肉体之恋，不如说是一种审美之恋，一种美学上的需要。在小说中，时尚美学趣味混含着自我反抗精神，但女性固恋自己的感官享受，显然深深批判了父权制社会审美意识形态对女性的进一步异化作用，充分展现了女性审美话语的现代性危机。在我们看来，这也是《看麦娘》最大的成功之处，它表现女性身体在

---

[1] 陈晓明：《挪用、反抗与重构——当代文学与消费社会的审美关联》，《文艺研究》2002年第3期，第7页。

现实话语控制之中力求断裂的身体诗意化，但又力图拒绝身体的男性话语化、欲望化。这样，古典的优美在现代商品化父权制社会中发生残缺不全的韵味，这就是当代中国美学和文艺学所要面对的"余韵"现象。

三　建构当代中国文艺批评新模式

当代形态的中国马克思主义文艺理论研究基本内容之一是探究在社会主义市场经济条件下文艺发展的特殊性、文艺的特殊作用以及文艺实践提出的新问题。这种探究的实际出发点是：关注在古今中西各种文化话语和审美话语及其象征符号叠合交错衍生的社会主义初级阶段文艺的审美幻象，运用切合文艺创作、欣赏和批评需要的理论、方法来引导文艺的进步发展。

正如前文所论述到的，当代中国文艺实践已经向我们提出这样的难题：如何通过文艺的审美话语机制塑造人的身体及其性本身？从审美话语角度可以把文艺本质特征规定为一定时期人们的审美话语的表达。这种表达的实质是：人们在既定的文化和意识形态模式中，力图通过达到彼此情感价值的审美交流，来把握人的现实关系或身体性实践关系。这样，性别审美话语的艺术表达成为文艺塑造人的身体及其性本身的主要的审美话语机制。

如果从哲学角度来思考问题，那么我们就会发现，哲学最终关注的是人的存在问题。在这一点上，马克思和海德格尔分别给予我们很大的启示。海德格尔指出，自柏拉图到尼采，西方哲学观均人为设立一种最高的本体及其规范来看待存在物，从而把存在本身忘掉了。存在在被规定者设立为想象性的现象后，就永远定格于其某一规则之中，成为镜像、幻象。关键是如何还原人的存在本真，才能促进人的"此在"，以有限性的"在者"取代无限性的形而上学的"规定者"。因此，如果性别被这样的一些"规定者"设立和规定的，人们仅关注性别的人这样的被规定的"存在物"，那么，人真正的"存在"本身——完整的身体及其性本身，就被遗忘了并且被僵化固定于一定的图像、形式和规则之中。一言以蔽之，被锁定于不合理的僵化话语规范之中，于是，如何解构这种话语规范并重构人的存在，成为当代哲学的根本任务。与海德格尔不同的是，马克思指出，语言、精神现象（意识形态）等等都不是最终的决定力量，所以仅仅对它们的批判的改造是永远不可能还给人本真的存在的。人的存在是活生生的历史和现实交错矛盾的具体的个人存在，这种存在以人的身体及其身体性实践关系为物质基础条件。人只有深刻体验到自己的身体及其性本身的痛苦、断裂、异化的情形下，才会直面自己真实的受到创痛的身体及其异化现实，从而勇敢地拿起革命的武器摧毁一切资产阶级的意识形态话语规范，进行解除人的身体的异化的枷锁和解放人本身的共产主义革命，达成对人的全面自由的发展。如果性别作为一种意识形态话语规范，性别审美话语作为一种审美的意识形态话语规范，那么，人的身体及其性本身作为一种存在，就需要我们直面其异化现实，深刻体验之，然后从无产阶级革命的意义上对之进行意识形态话语的批评。因此，反过来说，我们对文艺的意识形态话语的批评，从其根本上说就是一种深刻的身体性话语批评。

传统的批评大多注重中国式的审美话语批评——"道"的审美批评。它包括道家的审美批评和儒家的审美批评，像"味"的批评、"仁"的批评，都各自涉及道家宏观的"道"的审美话语把握及儒家宏观的"王道"的审美话语把握。一归宏大的"自然"，而一归宏大的社会，总是从一种最高的"规定者"——"道"或"仁"那里出发，来观照和规定万事万物，最终引导人们关注的只是存在物本身，而把人的现实真实的存在给遗忘了。身体性话语批评就是要揭示套在人的身体上的各种审美幻象进行现实和历史的形态解剖，深入日常生活中人的身体性存在本身进行审美话语的批判，从而引导人们避免审美的意识形态话语的遮蔽与误导，提高人们对生活的审美把握能力。

当代形态的中国文艺创作和欣赏越来越倾向对身体及其性本身、性别及其审美话语的文化欲望表达，利用一定的技术手段经过一定的审美变形之后，把这种表达浸淫在审美意识形态的当下存在中，自我麻木和陶醉。在消费社会到处充满了女性化唯美趣味的今天，一些男明星也开始通过一定技术的训练和包装，演唱一些迎合当下身体及其性别审美趣味的歌曲，有人认为，这种追求中性美的时代已经到来，文艺创作和欣赏方面追求这种不上不下、不伦不类，是不是一种病态的审美呢？王干先生这样认为："我觉得这种中性化的文化特征不用'变态'两个字能够解释得了。而与人的挑战意识和极限意识是分不开的。人类社会不断发展的动力之一，就在于人类不断突破自身的局限，挑战新的疆域而取得的。……挑战性别的极限，也就是对人的彻底挑战。……当然，挑战性别最形而下的方式也是最彻底的方式，就是做变性手术，但变性手术之后只是 1 - 1 = 1，仍是单一的性别存在。而一个人如果两种性别同时兼而有之，其能量往往胜过常人。……弗洛伊德的精神分析学说认为，普通人的潜意识里面都有双性恋的倾向，也就是有能男又能女的欲望，因而当男扮女装、女扮男装的演员表演时，观众的潜在的欲望得到了宣泄和满足。"[①] 至少在审美的层次上，男人开始突破自己对自己的审美话语规定，享受女性独自享受的身体及其性本身的美感，反之，女性也开始突破父权制的审美话语对她们的规定，享受男性能享受的身体及其性本身的美感，中性化消费已经成为一股时代潮流。但是，王先生警告说："就我的价值观而言，我希望这种挑战到阿哲美妙的歌声为止，到艺术为止，如果到了东方不败和克隆人的程度，那就离魔界不远了。"[②]

文学是语言的艺术，是一种依靠语言媒介的作用来传情达意的审美意识形态，因此，没有语言，没有既定的审美话语机制，也就没有文学对社会生活的审

[①②] 王干：《阿哲的歌声与东方不败的绣花针》，《大家》2002年第1期，第102—103页。

美反映。"语言和审美意识的产生和存在,是文学之所以产生和存在的重要前提。人类社会如果没有语言,没有说话人和受话人的思想感情的沟通、交流与对话的话语活动,就不会有文学的存在。"[①] 这就是说,文学和艺术一样,也是依靠一定的媒介技术运作来生产供人们审美交流使用的话语,因此,文学是一种实实在在的审美话语机制,也即一种审美意识形态机制,一种审美幻象机制。它通过审美话语的交流对话的刺激,引发读者身体的整体感觉、知觉的审美意识形态的认同,即审美幻象认同,进入肉体性感和美感交织的体验之中,逐渐丧失人的真实存在。当然,真正的文学能够让读者暂时丧失自己的真实存在的同时,带给读者深刻体验、体悟现实的痛苦感,从而与真实存在保持一种审美批判的距离,促进人的身体及其性本身的健康发展。但是,如果作家本身具有强烈的父权制性别意识形态话语的规范意识,那么,这种情况所带来的审美价值、审美效果就有可能大为降低。比如,沈从文所具有的"女神情结"总是使他笔下的"自然女性"形象按照他对女性的心理反应和主观愿望来纯神性、纯审美地塑造,实际上是男性的一种身体审美的投射。此外,他对"世俗女性"的人性美的描写,也是从男性眼光去处理的,女性对男性来说,性感的部位及神情姿势都化为男性欲望追逐的目标。因而,对文学的审美话语的批评应该从性别审美方面切入其中的人的身体话语批评,从文本虚拟世界中走出来,进入广阔的历史文化和社会现实生活中,深刻解析其中的审美价值和意义。

正因为这样,我们才主张性别审美话语的批评。批评的出发点是文艺作品中存在的性别的身体审美塑造过程,接着从文本走出来,把性别的身体审美塑造放到广阔的历史文化和社会现实生活中进行身体性话语批评。最后上升到哲学人类学的高度,对其中提出的人的存在问题做出评价和解答。显然,这是一种符合当代需要的审美人类学的文艺批评,能够引导人们把握现实的自身的审美塑造,充满信心地走向未来。当然,当代中国文艺幻象叠合,要想做到这一点,是很不容易的,从建构一种当代形态的马克思主义的美学和文艺学来说,那就更加艰难了。然而,我们需要这样走下去。

[①] 李衍柱:《文学理论:面对信息时代的幽灵——兼与J·希利斯·米勒先生商榷》。《文学评论》2002年第1期,第120页。

第九章 性别审美塑造

一 什么是变性？什么是变性审美塑造？[①]

父权制社会性别意识形态话语最初仅是一种虚幻的共同体形式的话语，只要具备了这种话语，任何性征身体都可以被重塑为异性的表征形式。也就是说，在否定人作为类本质力量存在的情况下，父权制社会规定的性别审美话语模式可以在心理层面对一个人的身体和性进行性别塑造。这就是使"变性"现象得以存在的主要原因。所谓"变性"，是指在性别意识形态话语塑造中性的生理、心理方面的变异存在。"变性"有两种形式：一是"真变性"，即由于异性审美话语强烈吸引（压抑）而采用医疗技术实行生理变性手术，由原性变成异性。二是"假变性"，即由于心理层面的异性审美话语强烈吸引（压抑）而实行自我心理变性，由原性变成"异性"，这包括弗洛伊德所界定的性变态或性倒错。"假变性"有一定的生理基础，因为现代生理解剖学早已证实男人身上有女性因素，而女人身上也有男性因素。"假变性"表现在男性身上，可能以为自己是女性，正要寻求所钟爱的男性；或者保持着男子汉气质，但寻求具有女性心理特征的人（古希腊有男性气质的哲人正是这样）。"假变性"表现在女性身上，可能以为自己是男性，正要寻求所钟爱的女性，或者保持女性气质，但却寻求美丽娇柔的女性为目标。无论男性还是女性，有一点是共同的，即均喜欢或钟爱最具有女性阴柔之体态和神韵者，因此，每个人都潜藏着"假变性"的因子（易装癖与易性癖是较为显著的"假变性"现象，而现代生活使男性和女性在服装、美发、性别认同方面进一步确立了"假变性"的性别审美趋同价值心理基础）。"假变性"因子普遍在每个人心理层面中存在，这也是由于人类"双性辩证统一"的生理本质力量先天决定的，而"俄狄浦斯情结"与"爱列屈拉情结"所证明的人类"双性辩证统一"的心理本质力量的对象化也证明了这个"假变性"的可能性。在社会经济基础层面上，由私有制（父权制）统治下产生的性别意识形态话语的塑造模式，其中的"女性意识形态话语"和"男性意识形态话语"，或更少的范围即"女性审美话语"和"男性审美话语"，均可以成为个人体验、把握世界

[①] 本节内容已出版于本书作者独著的《审美人类学概论》第四章第二节，南宁：广西民族出版社，2007年。

和人本身的话语实践方式。如果通过"女性审美话语"方式来体验、把握世界和人本身，那相应地成为"女性"的存在，自愿受男权支配；如果通过"男性审美话语"方式来体验、把握世界和人本身，那相应地成为"男性"的存在，支配他人。不管一个人采用何种话语方式，均出自这个人的本质力量追求合理存在发展的表征，而不应遭受僵硬的男权意志统治下的性别意识形态话语模式的横加干预。但事实上是不可能的，干预总要出现，因为干预目的是为男权统治秩序、利益服务的。在这种情况下，"假变性"就会强烈地要求"真变性"，要求彻底地改变性征身体，这样寻求合理的性别审美话语存在。

孙绍先在分析《红楼梦》性别文化问题时认为："曹雪芹实际上告诉我们，男人或女人，如果从小被放在异性别的环境里培养，就必然会背叛自己原来的性别角色。"[1] 一个人在社会生活中将担任什么性别角色，即"这使我们有理由相信，角色性别不是由基因性别和体貌性别先天决定的，而是人与其周边环境在后天共同塑造的。"[2] 孙绍先的分析是有一定道理的，他明确意识到一个人的性别角色实际上是人的社会属性在后天养成，也就是说，"性别"的根本属性是社会文化决定的，在什么样的社会文化环境中生长的人，就会因为异性文化习染而认同为异性角色，并以异性审美话语方式来观察、体验周围事件。贾宝玉从小长至青春期，一直在"大观园"这一女性世界里生长。"耳濡目染，从性情到举止，都不知不觉地女性化了。贾母称他为'女孩错投胎'。贾宝玉的童年生活明显缺少硬性的性别角色约束。特别是缺少'男尊女卑'的传统男性意识。两性间自然的吸引和模糊的平等思想，使贾宝玉对身边女孩的命运十分关注。……贾宝玉的叛逆，不仅表现在男性的社会化选择方面，而且表现在人格化心态方面，称得上是一种对传统人的全方位的叛逆。"[3]

然而，孙绍先的分析尚未充分涉及导致性别文化认同的历史根源，对贾宝玉做出"他愿为女孩的女性化倾向、全方位的叛逆"的判断，是否有可行的历史性、审美的正确性？在我看来，性别文化认同事实上是在男权意识形态话语统治下，由男性审美话语塑造模式单方面僵硬地规定或异化产生的。贾宝玉虽然身在"女儿国"，但这个"女儿国"始终受制于男权意识形态话语统治之下，是男性审美话语塑造模式产生的异化物，即均为满足男性审美话语权或欲望表达要求的女性身体的审美异化现象。这样一来，从根本上说，贾宝玉同样是受到男性审美话语塑造模式的僵硬控制的，即使他接触更多的是女人，而这些女人均是男性审美话语异化控制的对象。因此，贾宝玉不是纯粹是女性化。他的女性化是不可能成为现实性的，最终是异化了的"男性化"本身。贾宝玉作为根本上的男性角

---

[1] 叶舒宪主编：《文化与文本》，北京：中央编译出版社，1989年，第236页。
[2] 叶舒宪主编：《文化与文本》，北京：中央编译出版社，1989年，第238页。
[3] 叶舒宪主编：《文化与文本》，北京：中央编译出版社，1989年，第242页。

色,只是他体验到"女儿是水做的骨肉,男子是泥做的骨肉。我见了女儿便觉清爽,见了男子便觉浊臭逼人"。即他也是在充分体验到来自女性和男性不同的人生、文化活动时,做出选择:坚定地以女性审美话语塑造模式为体验,把握世界和人本身,勇敢地替女性的屈辱地位进行斗争。在女性身上,贾宝玉看到了这种人性自由和对象化。他要用这种女性审美话语方式来改造封建男权社会,这就提出一个值得他深思的历史问题:作为男性,他如何成为一个真的、善的、美的充满人性自由和属"人"的"双性合一"的本质力量对象化的人?所以,我认为,贾宝玉具有重大的文化历史使命,这始终使他身处"女儿国"而不失男性身份(作为真的、善的、美的人)。即他绝不是十足女性化的精神病患者,而是向人性现实回归的全方位叛逆的真正的男人。曹雪芹正是借助贾宝玉形象,目的就是探讨人如何超越僵化的性别审美话语塑造模式,达到真的、善的、美的"双性合一"的人本身;同样地,一个社会如何超越僵化的性别编码,达到真的善的美的属"人"的"双性合一"的社会?这就涉及一个重大的问题:变性审美塑造问题。

什么是变性审美塑造?我们认为,变性审美塑造就是用变性方式、方法来达到对原性进行异性审美话语的塑造。

为什么一个人需要变性审美塑造才能生存发展呢?在我看来,这完全与人的类本质力量要求完美地、自由地对象化的现实需要有关。如果一个人不满于或厌恶眼前的性别审美话语塑造模式,那么这个人就完全有理由和有条件转以异性审美话语塑造模式来塑造自己的身体及其实践。这样做的目的是满足这个人的类本质力量对象化存在的要求,因为这样,这个人才能生存发展。这个人事实上有权这样做,就像现实生活中不同的人有权采用不同的体验、把握方式来体验、把握世界和人本身一样。这样看来,变性审美塑造具有普遍的人类学意义。

米歇尔·福柯认为:"肉体并不是像人们一向所意味的那样,其一切本质都是与生俱来的,固定不变的。恰恰相反,它不但原来就没有固定的形式和内容,而且即使完成了某种形式和内容,也不是完全不能改变的。"[①] 肉体同灵魂一样是由社会逐渐建构起来的,至少在原则上是可以改变的。只要身体及其本身在某种话语状态下充分体验到"极限体验"的情感,实现自我创造性的潜能,感受到舒适、自由与和谐,那么,人就可以选择这种话语来生活。2001年10月19日,《南方周末》刊登了一则写真——《整形医生和他的病人》。"整形医生"是给人做变性手术的陈焕然博士,而"他的病人"是那些接受陈博士的变性手术的病人。陈博士认为:"这些病人只是'性中枢系统'出了毛病,他们觉得自己是个女(男)的,可身体偏偏却长成了男人(女人)的样子,常年承受着来自

---

① 李银河:《福柯与性——解读福柯〈性史〉》,济南:山东人民出版社,2001年,第123页。

心灵和肉体的压力,有人甚至想到死。"为什么"性中枢系统"出毛病呢?除了生物学上的双性生理、心理互动作用之外,性别审美异化是直接原因。在僵化封闭的性别审美话语的禁锢和扭曲之下,无论男性还是女性,本来的身体及其本身的欲望无法对象化,即异性审美话语的强烈吸引,使他/她自然而然地幻象式产生异性身体及其本身的审美生理、心理上的认同,认为这样之后才能满足这种认同机制作用下的人性需要。然而,无论怎样的认同,都仍属于僵化封闭的性别审美话语的禁锢和扭曲范围。也就是说,他/她认同的角色从根本上来说并不属于他/她的真正人性所有,而是属于他人、他者欲望及社会和统治阶级意识形态的,这种角色和审美话语反转过来进一步地压抑(异化控制)他/她自己。其实,两性的人性自由不可能都在单性身体上获得,而在现实社会中,单性身体的人性自由也不可能达成和谐状态,但人对身体及其性本身的自由和谐、美满愉悦的追求却是一种实实在在的客观生存需要。如果真的为了这个生存需要,把异性审美话语当作一种艺术形式来达成所需要的内容的把握和体验,这明显就是个人的体现,在福柯看来,又何乐而不为呢?陈焕然并不把变性手术看作"伤天害理,逆天而行"的事,他把自己看作一位雕刻家,只是所用的材料是人的皮和肉而已,把男人或女人的某些器官取下、安上,自然从心理上失去一些平常人的"兴趣",但所进行的"雕刻艺术活动"还是富有理性和美感地完成了。如果说雕刻家只是对大理石进行审美变形和艺术转换,那么,陈焕然给病人做变性手术,就是对人体进行审美变形和艺术转换,通过这种审美变形和艺术转换,使人重新获得这个社会及其僵化封闭的性别审美话语权许可证,就可以凭借另一种身体及其本身来达成人的欲望,从而转换位另一种人生角色,把握和体验人的自由和谐。这从人类学意义上来讲,是完全有必要的、正当合理的。一位接受了"男变女"手术的病人站在陈博士的解剖室内一具骷髅旁说:"我不再像它(骷髅)这样活着了。"

有的人也许激烈地责备说,刊登《整形医生和他的病人》之类的写真,很容易引导更多的人陷入变性状态中,这就危害整个社会的道德伦理规范的纯洁性,极大地影响青少年的身心健康。这显然对审美变性采取了简单肤浅的否定和拒绝态度。然而,为什么人们总觉得变性审美塑造是那么"逆耳",那么"反常",那么"离奇古怪"呢?那是因为人们被几千年来父权制统治下所强制规定的性别审美话语塑造模式束缚着,认为此模式是天经地义的。这种塑造模式的片面化和不合理性,却被父权制统治规定为全面化和合理化的,因而也是合法化的,由于囿于此模式之审美塑造,因而一切身体及其本身的审美需要和能力不可越轨发展。越是这样做,越是引发和激起人的"变性"因素,而目前,光是在中国,需要做变性手术的人越来越多,即使做一个变性手术需要的费用平均为五万元。这样看来,"变性"是对父权制统治的一种绝妙的讽刺和沉重的打击。总之,因为"变性"对于传统的意识形态话语统治来说,完全是"离经叛道"的,所以,人们把"变性"看作"逆耳""反常""离奇古怪"的。"变性人"被看作第三种人，遭到社会的隔离与排斥。即使一个人"变性了"，但其异性审美的体验、把握和人本身的关系并未能如愿以偿，因而"变性人"在生活、学习、婚姻、工作等方面均遭失败。这不仅仅是政治、伦理、道德等等意识形态话语和性别审美话语的异化控制问题，而且由于各种性话语和性科学在社会上形成的普遍的权力话语控制的缘故。正如福柯所指出的，在国家和个人之间，性成为一个话题，一个社会话题，它被话语的整个网络，被知识、分析和告诫的崭新形态所笼罩。性于是成为国家权力控制个人的有力工具，性学家和精神病学家以及大量的卫生机构与性知识读物，都一致认为性的不幸来自压抑。只要把那压抑的潜意识揭露为有意识的，即所谓的心理矫正，就能使需要变性的人在易性癖这一"假变性"状态下收住脚步，往回走，重归自己原来注定一生的性别审美话语的塑造模式。这显然是一种变相地帮助国家和社会异化控制人的身体及其本身的权力话语的施行。《性障碍百问》上这样写道："易性别常与同性恋、异性装扮癖同时存在，成为'多型变态'，因而在治疗原则上是相通的。旨在使其认识到这种心理、行为是悖逆于传统的，手术改变性别是违反生理的。对这种变态心理，不能自陷不拔，放任纵容，而要坚定意志，尽力克服，决心改掉这种不良心理行为。"① 诸如此类的"悖逆于传统""违反生理""不能自陷不拔，放任纵容"等等的批评话语，当然很容易在整个社会上动员人们个个正襟危坐，不敢越雷池一步，遇着变性人自然就大加攻讦、排斥，难道这样做才算是"人"应该有的态度吗？从精神分析学角度来说，这不也是一种潜意识的"变性"强烈要求的体现吗？只是这些人借助强大的话语把这些潜意识掩盖得一丝不露罢了。这也难怪有的变性人做变性手术之后得不到社会应有的人道主义方面的认可与生活的照顾，承受着权力话语强大的压力而抑郁。无可否认，变性人是一个畸形的性别审美话语塑造者，然而，所谓的"正常人"难道在僵化封闭的性别审美话语异化控制之中，在身体及其本身的欲望无法对象化的扭曲痛苦的状态中生活，不也是"畸形"的性别审美话语塑造者吗？为了达成"人的自由自觉的类特性存在"，人们总要经历无数的生理和心理的变化创伤，只是变性人的变化创伤更为巨大而已，即使这样，也仍然被视为一个"人"存在，有他/她的身体及其本身的审美需要和选择。

二 男性审美塑造

我们先来讨论男性的变性审美塑造问题，还是从现实中的男性审美话语模式出发吧。这种模式自从性行为方面有了分工意识起就已经萌芽了，这种模式确定男性从小要强壮有力，富有钢铁般的意志及攻击性和冒险品格，能支配别人（主要是女人与奴隶）。柏拉图认为，要求男性青年要有智勇双全、正义有节制、正

---

① 徐声汉：《性障碍百问》，上海：科学技术出版社，2000年，第73页。

直善良、刚强不屈的品行。这样规定了崇高型理想追求模式的男性审美话语塑造范围，尤其不能模仿女人。其实，这种崇高型审美本质力量本就是属于人的类本质力量的一方面，却把它片面抬高，成为真正的"人"或"君子"的审美形象，用以压制人的类本质力量的另一方面：女性优美化审美本质力量，认为女性和奴隶都不能成为真正的"人"或"君子"。日益片面化地审美塑造，致使男性作为人存在的属人的本质力量不完满、不合理，必然导致男性的扭曲，于是导致了"变性"。日本的国分康孝认为："坚持这种僵化形象的男性心理，我们在本书中称之为金太郎情结。这种人因为要勉为其难地装出'男子汉'的样子，所以无法坦诚地正视自己，不能成功地扮演一个真正的男人。于是，他们又会对自己没有男人气质而感到不满意。总之，生活得很不愉快。而坚持这种僵化形象的女性，也会对自己从属于男人的地位感到不满意；或因为过于勉强地追求'女性化'，而不能坦率地反对自己。总之，生活得也不愉快。"[①] 僵化的男性审美话语为男权统治者意志利益服务，因而不可能遵从人的类本质力量全面对象化要求，甚至必要的时候，还以牺牲生命为代价。

　　新石器时代，劳动工具的变革发展，使劳动生产率大为提高，产品开始有剩余，这样，社会生产力发展到了一个新的阶段，生产关系也随之改变。男性生产力总量大大超过女性生产力总量，社会生产关系由男性身体及其实践关系为主导，女性被当成男性的私有财产。但是，男性审美话语"刚性"的僵硬一面要想战胜女性身体审美话语"道"的品性，从而取代之成为审美话语的统治者，这需要十分艰难的过程，而积淀在氏族成员心理底层的女性审美话语"道"的品性，其崇高和无上权威尚未消沉下去。这种时候，在雕塑和绘画中，就出现了人类首次"变性革命"：男性神的变性审美塑造，即企图借女性审美话语"道"的品性来宣传男性审美话语"刚性"的神圣和崇高。"我国青海省乐都县柳湾三坪台原始社会墓地出土的马厂类型裸体人像壶的塑绘形象，就是这场尖锐斗争时期的产物。""人像的胸前有一对男性乳头，另外，在两边还有一对丰满的女性乳房。人像的腹部似有男性生殖器，又为女性生殖器，所以认为这是一个男女两性的复合体。""正像拉法格在论述有关问题时所形容的那样，为了突出自己，否认妇女在生育中的作用，他搞'假性别'，那'改装为妇女的男神'胆怯地偷偷进入神圣的位置，在这里强迫人们崇拜自己，最后从这里把妇女的神赶出去。"[②] 此后，在男权统治意志驱使下，各种"阴阳人"雕像相继产生，例如，安阳殷墟 M5 妇好墓出土的"阴阳人"玉雕，贵州盘县土陶"阴阳连体祖妣人像。""西姆是西戎极古老的女酋长"，"东王公很可能由她的扈从里'升格'而来并与她组成配偶神，且分司日、月——阴、阳，就像伏羲女娲那样"，到了汉

---

① [日]国分康孝、国分久子：《男性之谜》前言，北京：中国国际广播出版社，1988年。
② 陈醉：《裸体艺术论》，北京：中国文联出版社公司，1987年，第35—36页。

代，这二种被祀为祖妣神。① 与此同时，各种神圣庄严的催孕求雨仪式和铜饰与壁画相继产生。发现于南斯拉夫青铜时代的"阴阳合体偶像"，印度湿婆阴阳合体像表现男性和女性的对立统一，而印度教的创造大神梵天本是"中性"与"阴阳合体"之神。这些阴阳合体神像目的在于让族人确认男性催孕的神圣而崇高的作用，而如果没有男权作用，女性就无法繁殖后代。由于借助女性审美话语"道"的品性来宣扬男性审美话语的"刚性"，致使女性审美话语"道"的品性由最初的主导地位降级为与男性审美话语"刚性"同级地位。一旦男根形象确认之后，男权统治意志就会得寸进尺，迅速贬低女性审美话语"道"的品性，或者把女性神描画为极阴毒可恶之丑怪，或把女性神描画为可供玩赏的优美形象。"由于父权制文化的意识形态总是本能地对女神宗教的遗产加以改造，从而确立阳尊阴卑，天尊地卑，男尊女卑的新秩序，所以大母神总是以变相的形式遗留下来。"这样，"在父权文化对原始神话改制之后，创世主的性别由女变男，原来的女创世主不仅失去了原有的至上地位，反而一落千丈，被贬低为男性创世主的对立面——阴性或女性的混沌。"② 贬低毁灭之而又须利用驾驭之，使之"道"的品性附于男身，结果出现了阴阳合体的变性审美塑造，"道"的崇高感丧失了。

从奴隶社会开始，女性雕像的形体开始妩媚起来，充满诱感。这完全成为男性审美欲望的一种外化，是男性身体和欲望的一种投射。这种优美形象，只是男性身体和本质力量对象化的优美体征，并促使优美和崇高分庭抗礼。以伯罗奔尼撒博物馆所收藏的阿芙罗黛蒂雕像为代表，其强调突出女性诱人的柔美胴体在站立姿势中给人产生的无限美感，已经完全失去了原始女性神崇高的内质感，而肌肤柔滑丰满，充满男性身体和欲望。各种女性雕像均与之相仿。另外，在壁画中，如古代埃及壁画中的宴会上的侍女，古罗马秘密祭庐壁画上献祭的女体形象，虽然场面充满崇高庄严的气氛，但从女体的妩媚线条和优美体态可见，女性审美话语"道"的品性已被异化。这种被异化的是悲剧性的崇高，在弗享·吉亚柯摩提的《阿缪摩内被劫》油画中，一再重现出来。这幅油画中的她奋力地挣脱着，可是，她那女体的诱惑力对于抢劫她的男人们来说实在是无法摆脱，以致一个男人紧紧地"束缚"着她，这使得她又不得不站立在另一个惊心游走的男人后背之上，似乎成为男人们身体审美欲望表达的天使了！也就是在这样的雕刻与绘画中，女性身体和审美崇拜完全转变为激烈的性别审美话语，由异化而产生对立斗争，而创作这些古典女性形象的艺术家，大都是男性艺术家，以男性的

---

① 萧兵、叶舒宪：《老子的文化解读——性与神话学之研究》，武汉：湖北人民出版社，1994年，第187—189页。

② 萧兵、叶舒宪：《老子的文化解读——性与神话学之研究》，武汉：湖北人民出版社，1994年，第746页。

身体和审美体验来把握女性身体和审美话语。这往往在一幅优美女体画像的背景上，充满着深不可测的黑暗与恐惧。

安格尔（1780—1867），法国新古典主义画家，表现年轻女性的青春之美是安格尔所独有的禀赋，也是在这个领域，他的艺术取得了极大的成功。他怀着深厚的感情专画她们，把她们描绘成自己所想象的样子，尽量改变她们的模样，不遗余力地揭示她们最微妙的美质；妇女身上的轮廓，即使是最微弱的一点波状曲线，他也像一个情人那样倾心地去对待。男性身体和欲望在找不到理想的对象投射之时，往往退回内心理想美女的欲望投射之中，这种把自己由男性身体体验为女性身体的优美欲望实现，是一典型的假变性审美塑造的自恋式艺术活动。安格尔正是在这种心理状态下，体现了由女性审美异化而导致自己男性的审美异化，而异化也是一种对象化。由安格尔的《泉》到罗丹的《欧米哀尔》雕像，女性审美话语"道"的品性在异化之中由男性欲望投射中的优美变为老娼妇枯柴般僵化的丑体形象，罗丹说："既然只有性格的力量才能造成艺术的美，所以常有这样的事：在自然中越是丑的，在艺术中越是美。"而这种没有性格的丑在异化现实中表达着人性的悲剧性毁灭，达到了现代人真正的崇高美。

按照荣格的原型理论，每个人生理、心理上均内含着"双性合一"的本质力量。每个男人体内内含着女性组元，构成这个男人无意识自我方面的"阿妮玛"的女性审美意象；而每个女人体内内含着男性组元，构成了这个女人无意识自我方面"阿妮姆斯"的男性审美意象。也就是说，"双性合一"的无意识自我成为人们变性审美塑造的内在原型和本能力源。事实正是如此。人的身体和性的审美本质力量应该是崇高（男性美）与优美（女性美）的和谐统一，然而僵化的男性审美话语模式却把人弄得僵化单一，丧失人的"双性合一"的类本质力量。在与女性审美话语塑造对立中，男性审美话语塑造必然因此发生变性审美塑造，来追求合理的人的本质力量对象化的存在："双性合一。"性别审美话语是人为的，是一种体验、把握世界和人本身的方式。只要人们愿意，就可以选择女性的或男性的审美话语塑造自身，以求合理合法的人的体验和生存。

余风高先生在谈到阉割的现实时认为，歌手生理上的痛苦和心理上的羞耻感无人注意。"因此，生理科学越是进展，阉割就越是少为人所采用。但是20世纪仍旧存在'阉割'，它有一个科学的名称，叫'变性手术'（Sex-Change Surgery）。"[①] 我们认为，这种变性是由假变性即心理变性引发生理变性，变性手术的目的是彻底摆脱原性僵化的性别审美话语塑造模式，进入异性审美话语塑造模式。

余风高先生写道，欧洲的第一例变性手术出现于1930年，当时没有引起人

---

① 余风高：《解剖刀下的风景——人体探索的背景文化》，济南：山东画报出版社，2000年，第319—322页。

们的注意。比较有影响的手术是1952年于丹麦首都哥本哈根做的,前士兵乔治·乔根森术后改名为克里斯丁(即下文的莫里斯——引者注)……莫里斯在"变性"后,于1974年出版了一本书,他大概觉得自己变性的思想和实践是旁人难以理解的,因此将书名题为《谜》(Clnundrum)。在书中,简·莫里斯说道,三四岁的时候,他曾认为自己不过是一个长了一副不相称的身躯的女孩子,成人以后,他虽然有女性伴侣,但他不跟她们睡觉。后来,他把这从前的"我"看成一个化装成男人的女人,但他作为一个男人,他既不是一名同性恋者,也不是一个有异性装扮癖的人。现在,在"变性"之后,简·莫里斯的《谜》,还对他先是作为一个男人,随后变为一个女人而出现的种种敏感和高度个性化的双性特征,做了不少详细的描述,产生了世界性的影响。[①]

  令人感兴趣的是,弗洛伊德所界定的孩童三四岁始有性创伤或性固着或自体淫欲时,容易产生一种自我力比多,即男孩把自己同化于母亲或其他女孩,并在心理上产生高度自恋,这种自恋正发生在莫里斯身上。莫里斯三四岁时就认为自己是一个长了一副不相称的身躯的女孩子,即把自己同化于女孩子,并把关于女孩子的身体和性的生理、心理本质特征的观念固着于男性身上,从而自我就产生了高度自恋。即在女性审美话语主导下形成的一种审美幻象——始终凭此幻象在自己男身上获得女性身体和欲望的满足,这使得他成人后不跟女性伴侣睡觉,并理所当然地认为自己不是同性恋者和异性装扮癖者。在弗洛伊德看来,这是一种心理上的性变态,是力比多退化或退行而造成的。在我看来,这是一种"假变性"即心理变性,这种心理变性的目的是摆脱僵化的男性身体和审美话语塑造模式,在心理上采用女性身体和审美话语塑造模式来虚幻地塑造自己。可见,莫里斯是采用女性审美话语对抗男性审美话语,二者激烈斗争达到白热化程度。由于他依然保有男身,故而产生双性特征:生理上的男性,心理上的女性。生理和心理上的矛盾冲突,使他下决心"真变性",即生理变性。用过激素后,他的躯体柔软起来,并显出女性妩媚的线条。只有生理上成为女性,心理上才能真正成为女性——他改用女名,与妻子离婚,以姑妈的身份和孩子相处。从莫里斯变性过程可以看出,不能说莫里斯是个性倒错者,因为他也结了婚并有了五个孩子,而只能说莫里斯在高度自恋情形下一直在心理上采用女性审美话语塑造自身的结果。如果说这里有性欲问题,那就是他在心理上成为女性,从而获得女性满足。而这,在生理上更促使他"真变性"。我们认为,这种变性审美塑造心理特征之所以左右着莫里斯,是和他的女性审美欲望要求满足有密切联系的。即使他变为真的女性,这种情况依然存在,不过改换了一个方面,即现在生理上的女性又和心理上的男性重合了,而这,正因为他原身确是男性,这就是说,莫里斯不是变

[①] 余凤高:《解剖刀下的风景——人体探索的背景文化》,济南:山东画报出版社,2000年,第319—322页。

态者，而是变性人，这变性人是以双性特征存在的。因此，莫里斯在真变性之后以姑妈身份与孩子们相处，并不缺乏女性的满足或男性的需要。

在这里，问题产生了：为什么男性社会里的男性本是中心话语者，却偏偏要求变性为处于边缘话语者呢？为什么变性人需要变性，才能作为"人"的感觉而存在呢？对这些问题的思索，其焦点集中在：男性审美话语的僵化、异化如何造成了男性生理的大悲剧和心理的大危机。而一个人，无论是男性还是女性，都是因此具备着变性审美塑造的心理潜能，这是因为，任何人都有双性特征，而人的社会文化活动正是人"双性合一"的人的本质力量对象化的心理学过程。

叶舒宪先生认为，佛家讲究的慈悲为怀，从精神内核上去领会，与儒家的仁爱教义实在有相通之处。儒家之仁既然可以归入"妇人"品格，那么释家的大慈大悲就更显得妇人心肠特色了。……根据博斯的看法，萨合佳修行要使男信徒变为女性，这要求实质乃是中性化。正像变性手术可以使男人变为非男人，却无法使男人变成真正的女人。精神修炼也终究无法从生理上完成变性的目标，充其量只能借助于对男性欲望和冲动的升华改造，塑造出某种第三性的宗教人格。由此看来，我们把修行对自然人性的伟大改造看成文化的"心理阉割"，也就不无根据了。[①]

这种"心理阉割"正如我们前文论述的，是变性审美塑造方面的"假变性"，其目的是通过"双性合一"的审美体验修炼，达到"佛"的完美人格境界。因此，在这一点上，佛家、道家、儒家的身体审美塑造却在内核、实质上是一致的。这是为什么这三家能相辅相成，长盛不衰，共同促进中华民族的审美建造。在这一点上，这三家共同成了父权统治的潜在的阴性反抗力量。

男性"假变性"审美塑造主要突出体现为异性伪装者或曰易装者以及同性恋者的文化和审美心理与行为。在未开化的原始人那里，就已经存在男性易装者，这些人在特定的文化话语或神的话语作用下，幻象式认同于女性，穿上女性的服装。日本当代文化人类学的奠基人祖父江孝男指出，在现在发现的未开化社会中，这些异性伪装者因被认为具有由神所授予的严厉巫术力量而使人们恐惧，在很多场合中是受到崇敬的。这些人从青年时代起就接受了神的告谕，必须成为异性伪装者，他们的身体理应是一点也没有改变的，但情感却变成女性的，同时，性的兴趣转向同性。雷娜特认为："如果某人生理上拥有的一个身体，但他认为自己是女性，那他就可以把他的身体当作'真实的'自我的伪装，因此易装可被视为一种将'真实的'自我展示出来的机会。"[②] 这个易装者到底是怎样的一种"真实的"自我被展示出来的呢？在平原印第安人那里，穿上妇女的艳装，挨家挨户串门访问，便被认为是有神力的人，也是能给人们带来福泽的。在

[①] 叶舒宪：《阉割与狂狷》，上海：上海文艺出版社，1999年，第159—161页。
[②] 格尔特鲁特·雷娜特：《穿男人服装的女人》，桂林：漓江出版社，2000年，第23页。

阿拉斯加的尼阿古族，某些男孩子从小就被当成女孩子来养育，专门从事女性的工种事务，长大以后就以具有巫咒力量而受人尊敬，成为部落中掌权者的妻子之一。在这些未开化的男性身上，他们往往在一定的文化话语环境——主要是女性文化话语环境中塑造自己，或者经由神谕或梦托而自觉地用女性文化话语来塑造自己。女性的服饰是女性文化话语的集中体征之一，一旦易装为妇女，整个人的身体及其性本身的审美体验和意象就会转换为女性的了，这样把自我的那一部分女性本质力量真实地展示出来。如果用女性文化话语和审美话语再加以不断地强调，就会促使易装者冲破日常意识形态话语的束缚而幻象式觉得自己就是运用某种神的有意识话语来行动和思维的神。由此可见，通过男性身体来展示女性本质力量对象化，这意味着原始幻象生活中神的"双性合一"的本质力量对象化的原型再现，因而易装者被视为神并让人感到神秘和敬畏。祖父江孝男因此指出，在日本兵库县加古部的各村，年轻的男人们在收获祭祖的时候，戴着假面具，改装成女性跑到各家访问。祖父江孝男认为："这样的风俗好像也在其他各地被发现，而对于和具有类似风俗的未开化社会的相互关系，我觉得有进一步研究的必要性。无论如何，这类问题的分析，不能仅仅只从心理学性的角度出发，应该进一步追溯，也从文化史的角度研究。"[①] 依照这样的主张，我们似乎应该把易装者的"心理阉割"改称为"文化阉割"就更为妥帖了。显然，"文化阉割"是指在男性身体及其性本身的生理、心理基础之上，对笼罩在其身体及其性本身上面的男性文化话语和审美话语进行阉割。这比"生理阉割"和"心理阉割"在幻象领域中的改塑作用来得更为深刻有力，更具有"双性合一"的幻觉性，因为幻觉性"双性合一"就是在双性文化话语和审美话语融合统一的基础上，来塑造人的健全的身体及身体性实践关系的。

"文化阉割"的男人在二战前后大量地公开出现。从江户时代起，就有被称作歌伎的女性化男人存在，这些男人有健壮的男性肉体，"他的大部分，虽然身体理应是正常的，但是，大概由于看过、听过，或体验过穿女装、享受异性的爱，于是，就迅速地沿着女性化的方向改变吧。"[②] 沿着女性化的方向改变自己，大多就是从小在女性文化话语和审美话语环境中长大的，渐渐地丧失了男性文化话语和审美话语功能，从而丧失了男性身体及其性本身的功能和心理意识，这是男性自我"文化阉割"的悲剧历程。

很显然，丧失了男性文化话语和审美话语功能的男性易装者，往往同时伴随着严重的同性恋倾向。这里就有一个典型的病例：年近三十的身体魁梧的壮汉，由他姐姐陪同到上海求诊，开始咨询时他涨红了脸，后来话题一打开，他便侃侃而谈。他说自己虽为男身，但心理上却是女性的，现在已经到了婚恋之年，而自己不爱女性，反爱男性，现实又做不到，心想，自己爱恋的人可望而不可及，永

---

①② [日] 祖父江孝男：《简明文化人类学》，北京：作家出版社，1987年，第155页。

远得不到。医生询问其姐有关他的幼年发育、心理成长及其导致此种心理的情况。原来他姐姐比他大3岁,下又有个妹妹,母亲强悍能干,但父亲懦弱惧内。他从小就生长在"阴盛阳衰"的家庭中,母亲及姐姐对他的影响尤深,他什么都跟着她们学。小学时还穿着姐姐的衣服,同学们笑他男扮女装,可他毫不介意,且内心里自我欣赏。这种"性别认同"和"易装癖"倾向,使他的性别角色定向发生了混乱,而种下了"异性化"和"性变态"的种子。① 有关专家指出:"对性别异常的处理极为复杂,它涉及小儿初生时性别表现类型的确认,父母及社会对患儿性别的识别,以及对孩子的培养等等,每一点对患儿都很有着深刻的影响。因此对两性畸形患儿务必在两岁前确认其性别,否则,小儿已在心里牢固形成心理性别,若再改变,可能造成严重的心理创伤,甚至精神变态。总之,性别应根据外生殖器的形态和心理社会性别相结合来决定。"②

我们认为,以上有关这个壮汉的治疗和评论,仅仅局限在心理学范围来进行,令人觉得有点像福柯所说的具有为男性社会权力话语服务的不良倾向。首先,这些治疗和评论没有真正从"人"的角度来肯定像这个壮汉的人变成这样,根本上也应该是出于身体及其性本身的人性审美需要的缘故。其次,这些治疗和评论没有从围绕着人的身体及其性本身的文化话语和审美话语来深入地做出诊断,从而认为造成这个壮汉现在这个样子,都是由于从小定型的心理性别倾向于女性。因此没有注意到无论人在小的时候还是大的时候,都一样因为身体及其性本身所接受的不同性别文化话语和审美话语的塑造而改塑自我性别审美体验和意象。最后,这些治疗和评论没有很好地运用精神分析学来对病人进行性别审美心理上的引导和治疗,而套用过去历史背景、身份地位、性格爱好、外在打扮等等,来轻易地对病人进行调查,于是轻易地就做出诊断——给病人安上"性变态"和"易装癖"等等令人习惯了的可怕的名称,这似乎有着单方面强制实行男性社会的权力话语统治的嫌疑。诚然,这个壮汉从小就是在女性文化话语和审美话语中塑造自己的,他出于身体及其性本身的人性审美需要而自然而然地把有关女性的体象(音容笑貌、体态神情等——请注意:他的母亲突出自身内在男性本质力量)、文化幻象(美丽的女性的形象、别致舒适的女孩子的服装等),渐渐固着于自己的心理,这样,那些男性的体象和文化幻象就被遮蔽起来了。医生必须设法让这个壮汉在女性体象和文化幻象的审美体验和固着当中,激发其中被遮蔽着的男性体象和文化幻象。按照拉康的语言无意识的治疗方法来说,那就是医生必须对病人保持沉默,不要直接向病人及其家里人调查有关病人的情况,更不要直接否定病人的选择。总之,在与病人的接触当中,医生要注意不穷问、不

---

① 徐声汉:《性障碍百问》,上海:科学技术出版社,2000年,第70—71页。
② 李正、王慧贞、吉士俊主编:《先天畸形学》,北京:人民卫生出版社,2000年,第779页。

批评，使病人感觉到就像他所设想的那种镜像（意象）那样舒适自由地去说话、交流和自我肯定。也就是在这一过程当中，病人的妄想病症充分刺激病人的身心，最后使他懂得：自己的幻象惩罚了自己的身体及其性本身。

同时，在这一过程中，医生势必让病人无意识地意识到，"文化阉割"所必然引起的心理创伤、同性恋及其中激烈的性别审美话语的矛盾冲突。从这个壮汉的病例可知，同性恋倾向最终是要取得异性的意向认同，希望迅速在男性身上实现其异性的欲望对象化并因而从中无意识地获得被异化或外化了的男性欲望的满足，这种"假变性"于是很容易在异性审美话语的强烈吸引之下导向"真变性"。然而，换另一个角度来说，如果我们大胆地跃出传统道德伦理界定的性别范畴和强化封闭的性别审美话语范畴，就能从审美人类学高度上来把握男性变性审美塑造的这一复杂现象。于是并不认为病人是先天或后天形成的所谓可恶的行为、心理，而是深入地看到了其中闪耀着人的身体及其本身的人性审美需要和能力的光辉，总是极需给予人"双性合一"的本质力量的类特性满足。关于这一点，古希腊哲人苏格拉底做到了。在当代，人们也埋怨福柯——福柯身为同性恋者，竟然从未参加过同性恋的解放运动。对此，福柯回答说："我认为'同性恋者'这个词已经作废了，因为我们关于性的认识发生了变化。我们看到我们对快感的追求在很大程度上被一套强加给我们的词汇限制住。人既不是这种人也不是那种人，既不是同性恋者也不是异性恋者。我们称之为性行为的东西有一个无限广阔的范围。"[①] 福柯坚决反对近代以来心理学、精神分析学、医学和社会传统对同性恋者加以身份政治的限定与排斥，然而，无论同性恋还是异性恋，还是什么也不恋，或自恋或独身，人们在潜意识中总钟情某一性的身体需要的性别审美话语存在，也就是说，美和审美永远是这样选择的内核和归宿，美将成为未来人们选择伴侣的主要标准。自恋的 Naccessue 拒绝女神的爱，自我欣赏，也是一种美的伴侣的选择。无论怎样，人类的身体审美需要就是一种属人的生命需要，因为人的生命本身总是趋向于人的本质力量的自由全面发展的优美状态，力求达成人的无限潜能的创造性实现。而我们的医生最终要做到的正是这一点：让美重新塑造这个壮汉真正的人本身！

三 女性审美塑造

在僵化的男性审美话语塑造模式主导下的男权社会，女性审美话语塑造模式也是僵化的，而且这不是女性们自己提出的模式，而是男权统治者和男权社会强加给女性的一套模式。因此，女性比男性，作为人的本质力量存在者更为痛苦悲哀。这种模式是由男性审美话语决定着并为之服务的处于被看、被动的性别审美

---

① 李银河：《福柯与性——解读福柯〈性史〉》，济南：山东人民出版社，2001年，第195页。

话语塑造地位上的模式。女性一出生就会被教以"妇道",穿"妇人"衣裳,做"妇人"之活儿,她们必须消除攻击好斗之本性。总之,她们不是"妇人"或"君子",只需学会娇弱如柳,细步束腰、抹粉涂脂以及一切"优美"的着装打扮以迎合男人身体的占有欲望。所有女性的一切生理、心理的审美特征大都为这个模式所僵硬塑造,因而女性们一旦看到或听说有的女性不守妇道,或有"男子气",就会麻木地指责排斥自己这个姐妹,认为这些女性真是"离经叛道"的"妖精"。然而,僵化的性别审美话语塑造模式终于激发这些女性起来反抗,大胆地革命。事实上,在这里,变性审美塑造者不仅指变性人,而且指易装者、同性恋者和"女强人"。前者被称为"真变性"审美塑造者,后者被称为"假变性"审美塑造者。至于女性的"真变性"审美塑造的事实存在,我们可以容易明白其意义。而至于女性的"假变性"审美塑造,似乎很多人不容易弄懂。

第一种女性的"假变性"审美塑造(易装)往往表现在:这些女性从小在心理上就不满足于"女性化"僵化控制状态,因而强烈要求"男性化"。她们也要"生当作人杰,死亦为鬼雄",按照男性崇高型审美理想塑造自己的身体和性。我最倾向于以花木兰从军为例来说明这一问题。花木兰不满于封建男权社会对妇女的偏见,毅然女扮男装,千里从军。在男性化的军营里生活,她力求克服自己女性身体和性的弱点(也就是克服、战胜僵化的女性审美话语塑造模式),从一名士兵到将官,历经"男性化"的艰险,终于实现了自己男性崇高型审美理想追求,完美地塑造一个女性作为人的本质力量的真实对象化(自我占有)或感性现实的"双性合一"的存在。很多女性也都模仿花木兰,追求这样的存在,我称之为"花木兰式假变性革命。"

这类女性"假变性"审美塑造者在内质上能保持女性的"道"的品性,内里温柔美丽,外表却是富于男子汉气概,智勇双全、大胆革新。其中,有超越男性话语控制者,并能称为一般男性的统治者,俗称"女强人",她们往往着男装,操男性的腔调,喊声粗野,关键时刻行事果断。她们十分讨厌女人及其服装、发饰和神情姿态——而这,正是女性审美话语异化的表达方式之一。她们要把自己身体及其性本身上的女性审美话语表达方式消除掉,换上男性审美话语表达方式,目的是让社会所有成员感受到她们是个真正的男子汉。美国女人类学家米德(Marcaret·Mead)在太平洋地区纽基尼亚德马内斯岛进行实地考察时发现,这里的女性从事繁重的男人才做的农活,而男性则在家里照料孩子,女孩不喜欢玩娃娃,而男孩却很喜欢玩。阿拉贝加族的男性特色,变得过于近似于我们社会中的女性特色。而女孩子呢,则从小就被严格管教,做重活,学会像母亲一样担当大任,不轻易哭泣。穆都古摩鲁族的女性致力于生产,从小就被要求锻炼成勇敢的人,身体必须强健有力,性格富于攻击性。这两个部族均处于未开化的社会时期,具有母权统治的痕迹。而这也正好说明了,人的性别气质和身体及其性本身的审美需要与能力和社会文化建构相称的,因为任何建构都是人为的,所以这些建构并不是不可改变的。如果让女孩们充分认识和体验到自己也是有头脑、有男性一样的力量、有血肉、有伟大的灵魂的存在者，即是作为"人"存在着——与男人一样，这就让她们学会在何时何地都能以"人"的方式解决困难，这样把自己锻炼成强壮有力、坚强勇敢而不再懦弱无力、依赖男人的人。那么，她们就有可能突破僵化封闭的性别审美话语的异化控制，为人处世、心理变化及一切言行打扮、举手投足、神情姿态等等方面，就会具有自由自觉、自立自强的创造性特征。然而，这在男权社会里是很难做到的。这就迫使这些女性借助于男性审美话语崇高型理想形象来设计自己、构造新我。古埃及第一位女法老哈特舍特谢普能登上国王的宝座，就是借助于已规定好了的男性审美话语崇高型理想形象——太阳神阿蒙——来包装自己的身体及其本身。借助于阿蒙神的审美话语，她宣称自己是阿蒙神的亲生女儿。她在自己建造的大方形尖塔顶碑上设计许多金盘，用以反射太阳的光芒，以此来证明她与众神的关系。很少有人亲眼看到她的尊容，她的雕像也以男性的面目出现。"很难说她是否希望百姓将她看成一个男人，因为我们不知道她的真实想法。但有一点毫无疑问，那就是她期望她的子民认为她无论在哪方面，包括容貌，都能与男性法老媲美。与此相应的是，她与男性一样，具有冒险精神。在她统治期间，曾派出探险队远征庞特，在当时，几乎没有几个埃及人到过那儿。"[①]她出身皇族，深谙父辈权术之谋略，战争之指挥，在她的指挥下曾打了好几次大胜仗。所有这一切表明了，她确实利用了男性审美话语崇高型理想形象来设计和包装自己的身体及其本身。中国历史上有名的女皇武则天大概于此可与哈特舍特谢普相类比。

随着社会文明的进步发展，男女之间的交往渐渐地呈现为开放势态。本身并不想做"女强人"的女性，从近代社会以来，开始对男性服装感兴趣。男性服装凝聚着不同阶段男性审美话语的表达，公开喜欢男性服装，显然是一种性别审美异化转换的表现。当代文化研究女学者格尔特鲁特·雷娜特认为，性别转换通常是通过视觉表现出来的，如果男人扮成女人，他们通常被看作不成体统，因为这意味着社会特权的丧失，而女性扮成男性。比如说女演员将平时分离的男女性别的标志系统结合起来，外在表现出强烈的男性着装和特征，而内在又存留着生动的女性肉体，这就意味争夺"男性"角色变成为了争夺"社会特权"的易装游戏，稳固的传统事物发生了断裂。她指出，17世纪的英国，妇女穿戴像男人，她们的行为、礼仪也男性化。1620年，英国国王下令妇女不许易装，但无济于事。自中世纪以来，裤子之战是男女两性的权力之战，从此女装经常吸收男装的要素。"许多材料证明，男装对女性来说象征着权力和自由，一种对改变形式的

---

① 阳光文化系列丛书编辑委员会编：《古老神秘的女人——古埃及女"法老"》，上海：上海文化出版社，2001年，第26页。

说不清道不明的兴趣驱使女人接受，而很少接受人们认为正规的时尚品格。"①着男装的女性势必自觉或不自觉地用男性审美话语来塑造自己的身体及其本身，在审美幻象上重塑一个"双性合一"的人的意象，在潜意识之中掀起了女性"假变性"审美话语塑造高潮。此后的"女强人"更加大胆地包装自己的身体及其本身，称为现代新兴的有魄力的"男人"。她们承认，她们喜欢着男装，这样有助于她们以男性审美话语权来指挥别人、争夺事业的胜利果实。因此，格尔特鲁特·雷娜特指出，易装作为一种性别转换，暗中向现存的性别秩序挑战并对其造成危害。

由此可见，花木兰正是这一类"女强人"。与花木兰相类似的典型代表是法国近代民族女英雄贞德，据说她着男装、操男性话语口气和腔调，曾因此引发了法庭上的大论战，最后由于她的丰功伟绩征服了所有的男权统治者。中国近代民主主义革命战士秋瑾女士，自号"鉴湖女侠"，她坚决反对女性缠足及封建贞节观。她对那些依傍男人的女人说："这些花儿朵儿，好比玉的锁，金的枷；那些绸缎，好比锦的绳，绣的带，将你束缚得紧紧的。"② 秋瑾认为，男女平权天赋就，而女性缠足束腰、施粉娇媚，都是用僵化封闭的男性审美话语来束缚、塑造自己的身体及其本身的，这首先伤了女性原本为"人"的身体及其本身的审美自由。所以，秋瑾推广天足运动，去掉缠足，提倡女子体育，强身健体。她自己身体力行，一生以男性审美话语真实的一面——"刚性"审美话语来改塑自己的身体及其本身，以唤起女性全面发展的健全人格和意志。她如此大胆革新，使她成为革命的领导者，直到最后慷慨就义。

我们在现实生活中都强烈地感受到，僵化封闭的性别审美话语的塑造，例如，划界分明的男女服装设计，是两性本就是一样强壮有力的身体日益扭曲的结果，与其说是"美"的，不如说是"丑"的。因为两性之间被僵硬地束缚在各自对立的意识形态话语造成的镜像中，不能真实地交流、融合，人的身体及其本身的审美需要无法真正获得满足。要突破男女服装的划界防线，女性就应该掀起一场反服装束缚的"变性革命"。

这首先还得从锻炼自己的身体及其性本身的强健有力为出发点。请看1996年芝加哥健美操比赛中的奥林匹亚小姐们吧——她们肌肉发达，身体健壮如男子，这样的健美女性身体完全粉碎了僵化封闭的性别审美话语的塑造模式，达到了真实人体的审美自由。这样的人体难道还能用传统性别审美标准来判断吗？人类的身体天生在肌理结构上是一致的，两性身体及其本身的欲望和攻击性基本上是等量的，而在质上是相辅相成的。因此，两性的本质力量应该是相互统一于人

---

① [德]格尔特鲁特·雷娜特：《穿男人服装的女人》，桂林：漓江出版社，2000年，第5页。
② 《守节·再嫁·缠足及其他——中国古代妇女生活面面观》，西安：陕西人民出版社，1990年，第334页。

的身体之上，僵化封闭的性别审美话语却使其中属于异性本质力量的成分被抑制，或加以否定、扭曲，或加以消灭、压制，从而使两性本质力量的对象化之间产生断裂和对立。如果一个拥有男性一样强健有力的身体的女性，能否允许她认为她也是个男子汉，可以用适合她的身体的男性服装来包装自己呢？如果能这样，那么，这些"假小子""女强人"们所进行的女性"假变性"审美塑造是否是合理的？如果是合理的，那不就具有了革命的意义了吗？

第二种女性"假变性"审美塑造者是同性恋者。女性同性恋者往往具有强烈的变性要求，她们的欲望夹杂着复杂的性别审美话语的矛盾冲突，或许可以说，她们真正达到了"假变性"的极端：不承认自己已经被僵化封闭的性别审美话语塑造成的女性身体及其本身的自我形象，而是力图以男性的体象来替代自己本来的女性体象，也就是说，她们彻底用男性审美话语来塑造自己的身体及其本身的自我形象，实行彻底的"易装"。西蒙娜·德·波伏娃认为："同性恋既不是一种厄运，也不是被有意纵情享受的一种变态，它是在特定处境下被选择的一种态度，就是说，它既是被激发的，又是自由采纳的。"① 许多女人宣称自己是同性恋者，她们以此方式试图解决处境问题，现在绝大多数的女性着男装，有的粗着嗓子说话，谈男性的事，炫耀自己的男性本质特征和自己的女朋友，激烈地表达自己男性化的欲望和身体审美欲望，表现出十分激烈的性别审美话语的矛盾冲突，带有比较现实而有效的变性审美塑造。波伏娃记述一个名叫萨洛塔的女同性恋者的事例：萨洛塔出生于一个匈牙利贵族之家，父亲把她当成男孩抚养，起名为桑多。她学会了骑马、打猎等，长大后爱上一个英国女孩，假扮男装与她私奔。后来回家，依旧着男装，受精心的教育，热衷于运动、饮酒、逛妓院，喜欢十分女性化的女人。她说："如果一个女士的情欲暴露在诗一般的面纱下面，我会感到很快活。女人的一切非礼都会使我厌恶。我对女性服饰有一种说不出的反感——的确，对女性的一切都是如此，但这只是就我个人而言，因为，另一方面，我对美丽的女性还是满腔热情的。"她虽然无"真变性"的要求，但她的"假变性"十分强烈：她把自己认同于男人，和男人在一起睡觉不觉羞耻，跟女人睡觉感到害羞，别人把她当作女性，她觉得十分尴尬；她抚摸女性身体感到快乐，而被抚摸时却毫无满足。她特别喜欢年龄大的女人，和母亲在一起时，总希望能保护和支配母亲。② 显然，从小就对她进行男性审美话语的塑造，这使她的文化角色选择倾向于男性，按照男性的体象（尤其体现为身体健壮有力方面）来塑造这个角色，其身上的每一种性感神经都直指十分女性化的超脱女人，并迅

---

① [法] 西蒙娜·德·波伏娃：《第二性》（Ⅱ），陶铁柱（译），北京：中国书籍出版社，1998年，第471—473页。

② [法] 西蒙娜·德·波伏娃：《第二性》（Ⅱ），陶铁柱（译），北京：中国书籍出版社，1998年，第483页。

速把这种审美幻象和选择固着于自己身上，于是她就成为一个男人。在她的意识和精神之中，存在一种性角色认同之后的符合当时当地男性审美话语要求的意识形态镜像，这是一种坚不可摧的内在心理屏障，把她原本的女性身体及其性本身的欲望本能地抑制起来。在弗洛伊德看来，她有严重的退行特征，即退守"俄狄浦斯情结"；在拉康看来，她退守离开母亲身体之际，无意识地形成了自我侵凌和破坏特性，即具有了攻击力，这是她的妄想狂病症产生的表现，她的关于自我男性的审美幻象同时产生了暴虐倾向，她自己惩罚了自己女性的身体及其本身。

拉康分析了一个与萨洛塔相似的女性病例。这位女性名叫杜拉，她被一位 K 先生追求，而 K 夫人和杜拉的父亲又有暧昧关系。杜拉把 K 夫人视为奥秘的化身，因为父亲爱她，但杜拉自觉无能，不能同 K 夫人发生关系。杜拉抱怨父亲有了外遇。杜拉承认，她感兴趣的是研究男性的欲望，如果一个女人能令一个男人爱上她，除了性之外，她还有什么呢？拉康认为，杜拉真正感兴趣的是女性气质，为了寻找这个问题的答案，她自居为一个男人，尽管这样做是无意识的。她这样做，目的是研究男人的欲望，研究男人想从女人身上得到什么。杜拉的女性肉体之外虚构一种自我理想形象——比如说以像 K 先生那样的男人形象自居——这实际上是男性审美话语及其符号侵占和控制了她的肉体，使她虚幻地自居为一个标准的男人，好与 K 夫人相爱。总之，杜拉为什么要这样做？关键在于人的身体及其性本身的审美异化作用，而这个异化作用主要是通过具有意识形态特性的话语发生的。拉康指出，所有的话语及其符号控制了人的身体及其本身。身体在不断接受和吸收话语及其符号过程中会逃离真实的肉体，在肉体生物界之外虚构一个自我理想形象，从而使主体的肉体变得四分五裂、模糊且不协调。自我理想性是有话语及其符号虚构的，因此它矫情地向外宣称自己是完整统一的，欺骗人本身，并把真实的现实关系掩蔽得严严实实的。假使一个人不能与异性身体及其本身达成契合，那么，有关异性的身体及其本身的审美话语及其符号信息就会紧紧地困扰和改塑着这个人的身体及其本身，改塑他/她的欲望本能，在现实不可能的情况下，这就呈现为主体的一种痛苦而自由地体验异性身体及其本身的欲望的幻象状态。杜拉是这样，萨洛塔也是这样。

综合起来看，我还是倾向于第一类的女性"假变性"审美塑造，也就是"假小子""女强人"等类型的花木兰式的"变性革命"。之所以称之为"变性革命"，这是因为，这种"假变性"不是一般的变性要求，也非一般的变异存在，而是具有人类"双性合一"的革命意义，具有否定、消解、推翻单性男权统治的意义。其目的是追求女性能回归真实的人本身，从而促使人类能回归真实的"双性合一"的完整的人的本质力量的对象化存在。当然，也应该清醒地看到，女性把女性审美话语转换为男性审美话语——即在意识形态镜像上以男性的体象和审美幻象自居，说彻底点就是，女性把自己改塑为男性，这就有可能把女性本身转变成传统的男权主义者，按照僵化封闭的男性审美话语来塑造自己，使自己困在自我的男性形象中，变得凶残、势利、保守或极端严肃负责、支配别人且刚愎自用。然而，在当代，这种花木兰式"变性革命"已经转化为真实的、人们都能理解的"性的革命"，所以问题的关键是——如何引导这场"革命"。

凯特·米利特这样指出，在性的革命的第二次高潮中，我们或许能够最终实现将占人类一半的妇女从已存在千万年的屈从中解放出来——并且，在这一过程中，带着我们所有人朝完美的人性跨进一大步。我们还能将性撤离出政治这一严酷的现实。但是，在实现所有这一切之前，我们的当务之急是在我们居住的这片沙漠中，创造出一个我们能够忍受的世界。[1]

由此可见，女权主义运动和妇女解放运动必然是这样的革命运动：彻底瓦解现实的政治制度——男权制，这样，才能有女性真实的属人的审美话语塑造。但这种革命必须是一种阶级斗争，是在以往全部历史文化、物质条件基础上、在现实异化的女性能够忍受的世界中进行，而不是某种偏激、极端的功利主义。

然而，如果要求男人们转变为女性，似乎是天方夜谭，是没有一个志得意满的男人愿意的。如果还认为，只要充分"女性化"的女性，就可以创造自身的性别审美话语塑造模式，那也一样不可能成为现实。我们要进行的"变性革命"，不是旧瓶装新酒，不是用男性审美话语塑造女性，或用女性审美话语来塑造男性，而是这两者必须对其异化的僵化方面做积极扬弃，并在以往全部历史文化、物质条件基础上达到"双性合一"的本质力量对象化存在。这样，男性和女性均变成真正的现实的人性自由存在者，而不是想象中或理论观念中存在的幻想者。看来，这种"变性革命"是人类"双性合一"的必由之路。在"双性合一"的回归中，人类"变性革命"将随着女性的性革命而展开，使崇高和优美高度统一在人身上，而不再因为僵化的性别审美话语塑造模式而产生苦恼烦闷与扭曲压抑。马克思认为，这将随同私有财产即人的自我异化的积极扬弃，在共产主义社会中彻底被消除，人类身体和性的审美的片面化将为全面化所代替。

四　审美和艺术中的变性审美塑造

克服僵化的片面发展的人的类本质力量的历史状况，只有在高度发展的生产力基础上、各种文化技术条件都具备的前提下才有可能，这时候，人类个体的身体和性的审美建造必然向人的类的"双性合一"本质力量对象化回归，没有了单一的男性化和女性化的个人，而是"双性合一"的完全占有世界和人本身的感性现实的联合体和自由的人。人们按照"双性合一"的本质力量对象化进行身体性实践活动，不再有严格而僵化的性别审美话语限制，妇女真正从男性审美话语和自我作贱的性别审美话语中彻底解放出来，找到一条真正的回归人的道路。男女平等成为话语交流的模式，"双性合一"成为社会健康美好向上的话语

---

[1] ［美］凯特·米利特：《性的政治》，北京：社会科学文献出版社，1999年，第570页。

塑造模式，人们从身体和性的审美需要来自由地审美表达，婚姻成为这种审美表达的社会行为，不再受制于僵化的道德律令，于是身体和性的审美本质向人复归。

冷东在谈到"双性同体"的现代回归与文化蕴涵时这样写道：为了使个体人格得到健康和谐的成长，应允许男性人格中的女性因素和女性人格中的男性因素在个人的意识和行为中得到一定的展现，否则这些被压抑到意识深处的异性因素的逐渐积累，最终会危及生命主体的存在……毕竟，男女性别有其自然的区别，双性不可能成为事实上的同体。"同体"一词似也不能形象地概括哲学意义上的"双性平等"这一文化理想状态，而中外学者认为"双性同体"的伊甸园、桃花源寻找母型的努力，却是不可能实现的。而只有超越性别的种种努力，才可能使两性实现真正的平等，达到一种理想的社会和文化模式，这才是"双性同体"或"双性和谐"的真正含义。①

按照冷东的看法，我们应该主张要经过"变性革命"，方能超越僵化的性别审美话语塑造模式，进入"双性合一"的人的完整本质力量的对象化阶段。这种"变性革命"已经不是当前僵化的性别审美话语塑造模式下产生的偏激的一般生理、心理的"变性"，而是从整个文化心理、审美话语模式进行身体和性的审美建造方面的革命，是基于生产力高度发展和文化技术条件具备的基础之上进行的革命，是相对于僵化的性别审美话语模式而言的人类历史上第二次身体和性审美话语模式的革命，即战胜父权制或彻底消灭父权制，达到"双性合一"的自由自觉的感性现实的人的民主制。这种民主制是在生产力高度发展和文化技术条件具备的基础之上的共产主义公有制，这是全球的理想，是人类历史的最终目的。所以，一般的生理、心理的"变性"不是真正的"变性革命"，真正的"变性革命"是共产主义的"变性革命"。但一般的生理、心理的"变性"却是"变性革命"必然产生的社会文化基础，否则，"双性合一"的人的本质力量对象化不可能在两性对立之中找到统一的审美话语模式。

变性审美塑造使人们不得不正视人的"双性合一"本质力量对象化如何成为现实的问题。从古至今，作家、艺术家的创作均无法逃避这一主题。男性和女性只有真正平等地互相了解彼此的身体和性的生理、心理本质特征，在此基础上才能寻找到共同的人的身体审美话语。我们可以从女性审美话语"道"的品性在非女性形象中的表达来把握这一创作规律。诚然，女性审美话语"道"的品性不仅集中地通过女性形象来表达，而且同样渗透在男性审美话语"刚性"形象之中，也可以通过各种自然景物的形象来表达。

第一，男性审美话语"刚性"形象内含着女性审美话语"道"的品性。一

---

① 冷东：《"双性同体"的历史演变及文化蕴涵》，《文艺争鸣》1999年第5期，第18—21页。

般认为，上帝虽为男性形象，但其生殖创化和主宰生命却有女性审美话语"道"的品性。男神必须具备远古女神的生殖创生的能力，才能创化生命。因此，男神形象势必渗透女性审美话语"道"的品性。恩格斯说，随着自然力被人格化，最初的神产生了。随着神的形象的物化，人类性的自炫的原始心理对象化了。在希腊神话中最早出现的是天帝宙斯，宙斯体格健壮。古希腊（公元前460年左右）阿吉斯那德所制的青铜宙斯像，两腿张开，两臂前后舒展，表现出跟巨人斗争的不可战胜的力度。在这个雄壮威严的神的统治者身上，这些动作姿势有一种内在的自然和谐的优美感，从而具有犹如古女性神至高无上的"道"的崇高感和正义感。阿波罗是太阳神，对太阳的无限创生之伟力，就是对男性的崇拜，在某种意义上说他也是一个为首的神祇。如果说宙斯是一个毁灭的神，那阿波罗则是一个创造的神。原始人类很早就看到了太阳的威力，它给大地以光明，给万物以生命，给人类以青春、音乐和诗……这一切，都是郁郁生机、幸福愉快的象征。看来，阿波罗也具备原始女性神"道"的创生功能，这不能不使之具有女性气质。各种有关阿波罗的雕像大多结构比例最完美、平衡和谐，令人产生青春愉悦之感，在公元前350年的伯拉克西特拉斯的雕像《阿波罗杀死蜥蜴》里，阿波罗的脸型被绘成女性秀美的脸型，其站姿也有女性优美的风韵。这种站姿还一再出现在各种男神形象中，比如，伯拉克西特的《赫尔美斯与婴孩狄奥尼索斯》里正表现这样的站姿，整个人体秀美富丽，雅致轻柔。这与当时贵族阶级生活趣味有关，但更多地表现出男性审美话语"刚性"形象最终必然展现女性审美话语"道"的品性，因为如果不是这样，就无法创生，无法成为神。神既然如此，那么人更应该如此。米隆的《掷铁饼者》，这位运动员不仅有男性强健有力的身体，而且蕴含着女性优美无比的姿态神情，那种女性自然婉转含蓄的内质渗透在强健有力的体魄之中，就在掷铁饼的一刹那间表现出来。意大利文艺复兴初期著名雕刻家多那太罗的《大卫》的雕塑，他那未发育的成熟的少年的细长身躯，和未脱稚气的单纯清秀的面容，其有如女性曲线美般的站姿和微笑，无疑充满女性神"道"之阴性语汇。相比之下，米开朗琪罗的《大卫》增加了男性愤怒的表情，而其结构动作姿态依然于紧张情绪中见优美。一些特别强调男性审美话语"刚性"形象的雕塑，越是"阳与刚"，就越是在骨子里离不开"阴与柔"，因为这二者不能人为地割裂开来，前者的突出，就是后者被暗里夸大，这样，我们是否可以把前者与远古女性神粗犷的崇高形象相媲美呢？

第二，各种自然景物和图案渗透着女性审美话语"道"的品性。这种情况大量出现在中国原始和古典绘画中。李泽厚认为："人的审美感受之所以不同于动物性的感官愉快，正在于其中包含有观念、想象的成分在内。美之所以不是一般的形式，而是所谓（有意味的形式），正在于它是积淀了社会内容的自然形式。所以，美在形式而不纯是形式。离形式（自然形体）固然没有美，只有形式（自然形体）也不成其为美。"①中国自然景物之绘画，特别强调意境，这必须要求画家做到"气韵生动"，通过"有意味的形式"的绘制来把握宇宙本体和生命——"道"。从最简单的抽象的几何图案（鱼纹、鸟纹、蛙纹）到清代石涛的山水画，中国绘画一直追求这一艺术理想。沉睡于地下7000年的人面鱼纹陶盆，鱼是性的隐语，是女性的象征，也是多子之源的象征。原始人生活中最重要的内容莫过于维持生存与延续生存，即物的生产，部落的壮大依赖的是子孙兴旺。当人们把鱼画在陶盆里，便完成了一种祈愿，使希冀部落的人口像鱼一样茂盛的心理得到外化。人面鱼纹这一抽象形式表达了原始女性神"道"的品性。无论范宽（北宋）震撼人心的《溪山行旅图》，还是黄公望（北宋）浑朴轻灵的《富春山居图》；无论弘人（清代僧人）静清净远的《雨后春深》，还是郑燮（清代）的《墨竹》；无论马远（南宋）空旷沙漠、寒意萧条的《寒江独钓图》，还是石涛（清代）意境深远的《余杭看山图》，这些自然山水画无不体现画家内在的女性审美话语"道"的品性，阴与柔构成画卷的主基调。为什么中国古代画家倾向于女性审美话语"道"的品性的追求呢？在我看来：①这种审美意识建立在中国自然经济基础之上，与原始女性神在"道"（自然）伦理道德上有关系。②"道"表现为自然景物美，又是一种女性美的象征。追求这种女性美的象征，表明封建文人志士（男性）在封建伦理道德压抑下身体和欲望的外化与投射，把握这种女性美并把女性美表征出来，就会在主体身体和变性审美塑造中获得欲望满足，这里明显存在着审美变性和审美变形的关系问题，即通过把握与表征自然景物的阴柔之美并使之楔入主体的肉体之中，以达成"双性合一"的入"道"脱俗之境界，此为审美变性；而选择虚实相生、情景相融和凸显"道"的品性的景物细节来描画主体情志，此为审美变形。审美变性和审美变形的辩证统一，二者正是异化现实压抑下的性别审美异化产物，它直接导致了自恋审美心理的产生。

总而言之，古今中外的非女性形象中存在着女性审美话语"道"的品性，这一点足以说明了人类由古至今，在现实异化控制下，难以表达身体方面的变性审美塑造在艺术形象构造上却获得了自由自觉的表达。而这一身体审美话语表达的过程，是在无意识之中进行的，它暗含了人类身体必朝着人的内在"双性合一"的本质力量对象化的共产主义变性革命理想目标发展。

---

① 李泽厚：《美的历程》，北京：文物出版社，1989年，第25—27页。

第十章　七大审美范畴的性别审美话语阐释

优美、壮美、崇高、悲剧、喜剧、意境和韵,这七大审美范畴均渗透着性别审美话语及其矛盾冲突。从性别审美话语理论的角度,我们完全可以对这些范畴加以新的阐释。

一　优美、壮美、崇高

优美、壮美、崇高均为美的最基本的具体形态,也是最重要的审美范畴。它们之间的级别关系是:优美＜壮美＜崇高,高一级别的美包含着低一级别的美。中国古代美学思想中没有具体的崇高审美范畴,优美和壮美的审美思想最早在《易传》中就已有所表述:

一阴一阳谓之道　　　　《说卦》
立天之道曰阴与阳,立地之道曰柔与刚　　《说卦》
分阴分阳,迭用柔刚　　《说卦》
《乾》刚《坤》柔　　《杂卦》

显然,优美即以阴气为主导的偏于静态的柔性美,称"阴柔之美";而壮美即以阳气为主导的偏于动态的刚性美,称"阳刚之美"。"道"美正是由阴柔之美和阳刚之美和合生成。老子《道德经》认为,"道"分出的阴、阳二气先天地而存在,也就是说,"道"是混沌纯一的物,"有物混成,先天地生。寂兮寥兮,独立而不改,周行而不殆,可以为天下母。"老子把"道"视为"天下母",可见"道"本为阴性,却能吸纳阳气和合生天地,故又为"天地根"。只是经过漫长的物质运动,阴气和阳气开始分离出来,即从"道"的内部生出,于是天地万物始流动着阴、阳二气;此二气和合运动,使"道"的生命渗透在天地万物之中,但始终以阴性为主导。故曰:"道生一,一生二,二生三,三生万物。万物负阴而抱阳,冲气以为和。"

到了清代,姚鼐在《复鲁洁非书》中明确描述优美和壮美之形态:

鼐闻天地之道,阴阳刚柔而已。文者,天地之精英,而阴阳刚柔之发也。……其得于阳与刚之美者,其文如霆,如电,如长风之出谷,如崇山峻崖，如决大川，如奔骐骥；其光也，如果日，如火，如金铁；其于人也，如冯高视远，如君而朝万众，如鼓万勇士而战之。得于阴与柔之美者，则其文如升初日、如清风、如云、如霞、如烟、如幽林曲涧、如沦、如漾、如珠玉之辉、如鸿鹄之鸣而入寥廓。其于人也，漻乎其如叹，邈乎其如思，暖乎其如喜，愀乎其如悲。

这里的描述突出了优美的柔和静态的特征，但又蕴含着阳刚动态之趋势；而以阳刚动态为美者，必自有其阴柔为根基，故曰："文者，天地之精英，而阴阳刚柔之发也。"如此以阴性为本而刚柔相济，仍与老子"道"论一脉相承。这样看来，优美即阴柔之美是任何美的形态的根本和基础，我们讲壮美比优美高级，那是因为壮美除了具备优美的本体生命之外，还突出了人类改造自然的道德力量和实践力量，显示了人类的文明进步。健壮挺拔的人体美，显示出人体这一自然体由于其属人的类实践活动而充满实践力量，因而有推动文明进步的伟力。奔腾咆哮的江河，巍峨耸立的山峦，由于具备人类实践伟力和精神道德之力的特征而被认为雄壮、激荡的历史进步或豪放恢宏的人格精神之象征。孔子曰："知者乐水，仁者乐山；知者动，仁者静；知者乐，仁者寿"（《论语·雍也》）。孔子指出，自然美能否成为现实的审美对象，取决于它是否符合审美主体的道德观念。这就是后来形成的"比德"说。壮美的一个突出特征正在于表征主体伟大而高尚的道德品质而具有一种不可战胜的力量。

古希腊人的思考对象是优美。在柏拉图看来，这种优美本源于"神"，而"神"是"美本身"，是永恒纯一的，是形式与自身的统一。神为什么能够这样？因为神是"理式"，超验地先天地万物而存在，自然就永远使自己的形状纯一不变。"神"是一切美的源泉和内因，她具有完整的人性："双性合一"的本质力量。因此，"神"造出的人也是"双性同体"的人。"神"是"双性合体"，也就是虽"无性"却产生"双性"：男性和女性。被"切"开的男性和女性即单性人，只有追求自己"人"的另一半即另一性，达成"双性合一"，才能达到美的境界。而要真正能达到"神"的"双性合一"的美本身，在现实社会中，只有通过心灵知觉和心灵方面的生殖欲望的满足才能实现。阴阳两性结合，在相反因素中引生相亲相爱。神教会人们爱美，像大自然那样追求真和善，一切都应要求圆满整一。因此，一切善良、纯洁、纯真、纯一、清幽、柔和等阴柔之美特征的事物都会产生一种积极健康向上和正义的影响。后来的席勒也谈到优美（秀美或女性阴柔之美），指出，秀美永远只是被自由所激发的身体的美。这种美具有"融洽性"，能激起我们"爱"的感情，而崇高是一种振奋的美。

叶舒宪和萧兵两位先生考察了西方的"始祖神"，发现这些"神"均有"双性同体"且以阴性为主导，因而和"道"一样衍生万物，创化万美，带给族群幸福、安宁与生命。

阴柔之美和阳刚之美,均由人们身体和性的审美本质特征出发来概括的。女性身体和性在审美本质力量上倾向于阴与柔,而男性则倾向于阳与刚。但任何事物均由阴阳二气和合生成,因此,阴柔之美中必然潜含阳刚,而阳刚之美中必然潜含阴柔,而刚柔相济、"双性合一",则为至真至善之人,此即"神人""圣人"和得"道"之人。而这样的人又往往以阴性为主,因为阴性能处静以吸纳和合阳性,以求永恒纯一、生生不息。现实生活中,这样的人往往有女性化的倾向,但却蕴含着人类最强劲无穷的实践和精神力量。或者,具有中和美之特征,能把握万物生命的现在与未来。阴阳二气之美集中于人身上,因此这人能通过其"双性合一"的本质力量进行身体性实践活动,能把社会导向和谐美。在关键时刻,在社会冲突和危难时刻,这种人具有的扭转乾坤的道德力量和实践力量,就能产生壮美之形象,正在这一点上,壮美高于优美,但壮美内质和最终目的又是追求优美,以优美为根本。孟子曰:

可欲之谓善,有诸己之谓信,充实之谓美,充实而有光辉之谓大,大而化之之谓圣,圣而不可知之之谓神(《孟子·尽心下》)。

在我看来,这里的"美"乃仁义机智之道德修养扩充到人的身体容貌而展示出来的充实、和谐与美满;"大"却比之高一级,"大而化之"正是把"道德人格光照四方而能化育天下"才能成为"圣"。看来,"大"者乃"壮美"也,这个"大"和老子的"大"不同,老子的"大"即指"道",但此二者比一般的优美高一级,都必须以优美("美")为根本。因为任何阳性均由阴性生出,故而必以阴性为根基。

优美和壮美均建基于人与自然界的和谐关系之上,由于壮美能由此突出主体的道德力量和实践力量,具有战胜一切的豪迈雄伟的斗争品格,总具有热烈激荡感,因而可以看作初级的崇高,或是优美(古典美)向崇高(现代美)的过渡形式。在西方,早在古罗马时期的西塞罗就认为美有两种,一种美在于秀美,是女性美;另一种美在于威严,是男性美。威严是美,能突出人的道德力量和实践力量,这是战胜一切的豪迈雄伟的神情美。显然威严美仍是一种壮美,即男性的阳刚之美,与女性美("秀美")相对。但从西塞罗起,优美和壮美渐渐分离,壮美渐渐侧重于主体精神和道德方面。朗吉驽斯在《论崇高》中指出,崇高可以说就是灵魂伟大的反映。因此,崇高成为一种强大的精神力量,出自主体的伟大心灵,如闪电,令人惊叹,伟大、庄严、威严、遒劲、奇特、超凡。而优美则如小溪小涧、星星之火,明媚明亮清美。然而,这种崇高尚处于初级形式,即壮美。英国近代工业革命使美学上的崇高渐渐脱离壮美,形成与优美对立的主体性审美范畴,西方美学史始有真正的崇高出现。柏克是第一个区分优美和崇高的人,他指出,凡是能以某种方式适宜于引起苦痛或危险观念的事物,即凡能以某种方式令人恐怖的,涉及恐怖的对象的,或是类似恐怖那样发挥作用的事物,就是崇高的一个来源。崇高感就是由恐怖的对象引起的一种痛感，即惊惧而令人欣羡和崇敬。显然，这已经不是"壮美"的范畴了，始终伴随着主体痛感的崇高已经显示出与始终伴随着主体愉悦感的优美的分裂与对立。柏克认为，小的、光滑的、各部分方位有变化的且融为一体的，有娇柔纤细的结构而不带任何显著的强壮有力的外貌，颜色鲜明不刺激人眼等特征的才是优美。麦迪西的维纳斯像、安提纳斯像均为优美的雕像，其全部魔力在于悠闲自若、圆满和娇柔。这实际上属于女性的阴柔之美。到了康德，崇高完全成为主体道德力量的升华，数学的崇高是体积的无限大，力学的崇高是巨大的威力。康德指出，只要我们自觉安全，这种崇高越是可怕，越是有吸引力，心灵的力量提高到超出惯常的凡庸，使我们显示出另一种抵抗力，有勇气和自然的这种表面的万有进行较量。康德认为，崇高是主体处于恐惧而分裂对立的痛感中，由于理性力量、道德力量的高扬而产生抵抗作用，即主体道德力量与异物恐惧做较量，从而产生一种主观合乎目的的快感。康德强调崇高的主体性和分裂对立的斗争，使之脱离壮美形态而成为现代意义上的崇高。这一点是可适用于近代以来的社会冲突中的主体的崇高的。

黑格尔认为，崇高是理念压倒形式，引起感性形式的变形、扭曲。车尔尼雪夫斯基认为，崇高有实际现实性，人的一切抵抗被它摧毁。桑塔耶那则认为，崇高是专横、尖锐的，美使我们与世界合成一体，崇高使我们凌驾于世界之上。崇高打破了人与自然的和谐，并带来了一定丑的形式和痛感，这只能建基于近代工业革命以来人与自然的对立分裂的现实关系上，这与人的异化扭曲和人格分裂有一定的关系，恐惧、彷徨、失落、痛苦、哀愁、忧郁、压抑感等等均为崇高感的前提。鲍列夫认为，社会生活中崇高具有广泛而积极的社会意义，人对崇高现象的关系不是自由的。

崇高的立体感受是，身体痛感、压抑感向道德高扬、精神伟岸而出现的崇敬感受的转化，先是丑的形式的压抑，然后是主体的本质力量的高昂，突破丑的形式的压抑。显然，崇高往往存在于险恶激荡的自然形式和社会冲突之中，在艰苦的斗争中，立体表现出超越客体和丑的一种伟大的道德力量、伦理力量、精神力量。崇高的事物在内容和形式上不和谐、不自由，分裂对抗，能使人产生亢奋和激情，它根源于人类的实践活动，处于主客体对立斗争之中。如果说自然界里的崇高或多或少存留着自然的壮美，那么社会生活中的崇高不再存留自然的壮美，而成为真正意义上的主体的崇高，因为壮美还属于主客体和谐统一的自然状态，而崇高却是主客体分裂对抗的社会状态之中并突出主体的能动改造的力量。周来祥先生认为，只有近代工业革命以来才有真正意义上的崇高。我们认为，正因为这一点，崇高高于壮美，并与优美形成对立的两极。

从以上关于优美、壮美、崇高的历史回顾中，我们发现，任何美的本质特征均与人的身体审美感受相关。人的审美需要往往通过身体的审美需要及其感受来达到的。身体区分为女性身体和男性身体，这使得任何美的形态势必与两性身体不同的性生理、心理审美感受和特征同构。例如，女性美首先是因为其雌性激素作用才能自然形成，由这种自然的性生理、心理为基础再加以文化的审美修饰与塑造，才有今天的变化多样的女性美（包括服饰和形态等）。如果一位女性，雌性激素不足，则其女性美就不能真正产生，男性美亦如之分析。因此，任何美和审美均暗含不同的身体和性的审美欲望，这又往往与美的对象同构。例如，女性特别喜欢优美的事物，这就是一种同构作用（同情作用）。女性画家认同于一朵百合花，就在绘画上把百合花绘成女性阴部形象。如果一位男性也与优美的事物发生这样的同构关系，那么，这又怎样解释呢？在我看来，原因就在于：由于身体和性是人类历史文化层层积淀而审美地塑造，特别是父权制取代母权制之后，统治阶级意识形态话语的政治塑造，因而以身体和性的审美感受为介质的优美、壮美、崇高，就会蕴含着对应的女性审美话语（"道"的品性）和男性审美话语（刚性）。这两种话语一经定型，就会产生强大的文化和意识形态的塑造功能。由于人的身体和性的生理、心理自然需要"双性合一"，因而任何人，不管是男性还是女性，都能够在审美中接受不同性别审美话语的塑造。如果按照女性话语来塑造，那么审美主体就会倾向于优美（倾向于女性美）；如果按照男性审美话语来塑造，那么审美主体就会倾向于壮美或崇高（倾向于男性美）。一位男性对优美的事物发生同情同构，这就说明其身体内部蕴含的女性审美话语"道"的品性起了同构作用，优美化的幻象塑造着这位男性的身体，于是自己也觉优美起来。而父权制统治阶级强制实行僵化对立的性别审美话语塑造模式，如果人们突破这个模式就会被斥为变态、怪异而加以讥杀之。这样，上面的这位男性就在表面上严守这个规矩，内心却暗自超越这个模式，来体验女性审美话语的情感性表达。这说明，大多数人可以欣赏、惊赞于优美、壮美、崇高，但却很难达到优美、壮美、崇高，这显示出审美方面的不合理、不科学，少数人因此在压抑中选择了变性审美塑造。但在真正的审美和艺术活动过程中，却能使审美主体在与审美客体双向交流对话之中获得了适性怡情的审美感受，"适性"就是指在审美鉴赏中审美客体适宜于审美主体内在的两性生理、心理的健康发展，培育健全的个性；"怡情"就是指在这种"适性"基础之上把身体和性的自然欲望提升到审美欲望来表达而获得的情感性话语的实践。在"适性怡情"中，审美主体与审美客体融为一体，如果审美客体是优美的，那么女性审美话语"道"的品性在二者之间获得交融，即使是男性主体，他也会因此觉得自己优美了起来，这在以后的生活中会时时影响着他的性情发展，而女性主体因此也就更感优美化了。反之，如果审美客体是壮美和崇高，那么男性审美话语"刚性"在审美主、客体之间获得交融，即使是女性主体，她也会因此觉得自己壮美和崇高了起来，这在以后的生活中会时时影响她的性情发展，而男性主体因此也就更感壮美和崇高了。而事实上，女性审美话语"道"的品性往往与男性审美话语"刚性"密不可分的，二者是辩证统一的关系，我们就生活在这二者矛盾统一的状态中。当优美的形象出现在我们面前时，我们立时投去赞赏热爱的目光，我们会像宗教教徒般向往之，这在一定想象时空中就会产生一种崇高感，即好像有一种神圣不可侵犯的威严力量征服了我们。当壮美和崇高的形象出现在我们面前时，我们会产生惊叹、振奋、豪迈、雄伟、威严甚至恐惧、痛苦和茫然失措的感觉，但当我们与之交融之后，会在神圣的伟大的形象感中获得痛感宣泄之后的无限快感：生理、心理的平衡与和谐。这正是优美化的特征。而且，任何壮美和崇高都是内含优美而且为达到更高一级的优美而奋斗的。因此，优美和崇高（壮美）是辩证统一的关系，二者你中有我，我中有你，为了分析的方便，我们才分开讨论。

如果说，优美是以女性审美话语"道"的品性为主导的和谐纯静的阴柔之美，那么壮美则是以男性审美话语"儒"的品性（自然伦理）为主导的阳刚之美，而崇高则是男性审美话语侧重主体社会理想追求的更高一级的阳刚之美。这样，在鉴赏任何优美形象时，势必要探讨其女性审美话语的问题，以把握真实的现实关系。而在鉴赏任何壮美和崇高形象时，势必要讨论其男性审美话语的问题，且由于壮美和崇高均包含着优美（以之为根本和基础），故又势必关涉到其中的女性审美话语的问题，以求辩证地把握真实的现实关系。总之，由于任何形象都离不了优美、壮美和崇高的问题，故而，鉴赏中势必深入分析其中性别审美话语问题，以求全面把握真实的关系。

为什么人们需要优美和崇高（壮美）？即为什么人们需要阴柔之美（女性美）和阳刚之美（男性美）？要回答这个问题，就要从马克思主义唯物史观的美学立场出发，寻找人们为什么需要审美和如何审美。我们认为，任何美，都是人们的审美需要，而人们的审美需要又必须基于一定历史阶段的一定文化语境中的身体及其实践关系之上。原始社会的生产力水平极为低下，那时审美需要附着于物质需要，认为对身体及其实践关系有益有利就是好的。陶器的制作最初为能盛放物品，因此各种盆、罐有其不同的造型，这都与人在使用之时方便省力有关；由粗陋的石器、木棒发展到锋利、匀称、光滑的石器、木棒，这都是为了有利于劳动时人手的使用方便省力并能提高生产效率。弓箭能取代尖木棒而用来远射猎物，完全为着省时省力，以避免身体与生命受到危害。火的使用，完全有益于肠胃健康和身体健康，因为用火烧熟食物而食比生吃食物更有益于肠胃运动，而且火能驱寒、赶猛兽，能保全生命而益于身体健康。用树叶或编织物遮蔽下体，不但有利保护身体，而且起到装饰的作用，有益于身体健康。甚至把房子建立在四周有防护野兽侵袭的陷坑和护栏的中央，而且房子大而圆，以利于族群成员安定生活，这也有益于身体安康，有心理保障作用。原始人在劳动过程中，常常呼喝相应而成节奏，这有益于身体劳动力的发挥。普列汉诺夫认为，每次猎取海豹之前，爱斯基摩人都要模仿狩猎动作表演一番，这就形成了他们独特的狩猎舞蹈。原始舞蹈最初都是有利于提高狩猎效率的，但这主要是为身体素质与技能的提高，慢慢地，才能成为审美的对象。恩格斯指出："手不仅是劳动的器官，它还是劳动的产物。只是由于劳动,由于和日新月异的动作相适应,由于这样所引起的肌肉韧带以及在更长的时间引起的骨骼的特别发展遗传下来。而且由于这些遗传下来的灵巧性以愈来愈新的方式运用于新的愈来愈复杂的动作,人的手才达到这样高度的完善,在这个基础上它才能仿佛凭着魔力似地产生了拉斐尔的绘画、托尔瓦德森的雕刻以及帕格尼尼的音乐。"① 人体各种感觉器官是全部历史的产物,正因为出于属人的类特性的需要才产生出日益丰富的审美感觉。这种感觉及其器官一旦在异化现实中生成,就会使人的身体产生丰富的审美欲望,衍生出各种审美和艺术。反过来说,各种审美和艺术均表达人的身体内在的审美欲望,这种欲望指向人的类特性,必须通过身体审美感官感知来达到。然而,直立行走使人类不同性征的身体得以发现,身体是充满着性生理、心理特征的,或说充满性力作用的,女性生理、心理作用下的身体就是阴与柔,男性生理、心理作用下的身体就是阳与刚,而阴与阳、刚与柔又须在身体上获得统一,才能适合人的生存发展,适合劳动的需要。正是基于女性、男性身体与性的生理、心理及其实践活动基础之上,那种小的、光滑的、圆润明亮的、柔和嫩弱的、光色和谐可人的、宁静淡泊迷人的、朦胧含蓄神秘的,都与女性阴与柔相关,因而演化为阴柔之美或柔性美;而那种大的、粗犷的、凹凸不平黑暗恐怖的、坚硬挺拔不屈的、光色混乱激荡人心的、声如吼狮苍劲怕人的、热烈广阔奔腾不驯的,都与男性阳与刚相关,因而演化为阳刚之美或刚性美。我们可以借《性审美学》一书有关人体美来说明这点。

男性线条直线刚挺,它形成一种开放式的、具有爆发力的、长方形的线条感。……男性长方形线条特点趋向于表现魁伟雄奇的动态特征。……总而言之,男性线条起伏不大,不圆润,直线中掺杂折线,形成坚实有力的整体线条感。

女性线条魅力在于流畅、多变、柔媚、圆滑。以圆润柔和为主要特点,倾向于表现出一种封闭式的、优美的、圆形曲线的静态安详美,并显示出一种富有弹性的质感。……女性的曲线有着高低起伏的音乐的律动,它主要是由女性的特有的身体结构造成的。②

18世纪英国著名铜版画家和艺术理论家荷加斯(Hogarth,1697—1764)在其代表作《美的分析》序言中写道:"美是由视觉接受的,是人人都能感觉到的。"这里明确指出美是身体能感觉到的,不论优美还是崇高(壮美),都能因为人体同构的感觉造成的。为什么一位男性能体验到女性阴柔之美(优美)呢?

---

① 《马克思恩格斯选集》第3卷,北京:人民出版社,1975年,第509页。
② 史泓、杨生平编著:《性审美学》,北京:首都师范大学出版社,1998年。

那是因为在男性身上存在着阴与柔的内在欲望与审美感觉。为什么一位女性能体验到男性阳刚之美（崇高或壮美）呢？因为女性身体同样蕴含着男性阳与刚的内在欲望和审美感觉。荷加斯认为，蛇形线是最美的线条，因为它充满多样性和表现力。他指出："女性的皮肤具有一定程度的诱人的丰满性，正如在指关节上一样，它在所有其他关节处形成富有魅力的漩涡，从而使之不同于甚至长得很标致的男子。这种丰满性在皮下肌肉的柔软作用下，把人体每一部分的多样性充分展现在眼前；这些部分互相之间结合得更为柔和，更加流畅，因而也具有一种优美的单纯，它使以维纳斯为代表的女性人体的轮廓总是高于阿波罗的轮廓。"在最美的女性身体面前，不仅男士们，而且女士们都不同程度地为之赞叹和倾倒。①

女性这种柔性美的特性，使其他美（刚性美）不能不为之倾倒，为之所吸纳。也就是说，男性崇高型理想追求最终归宿于女性优美化"道"的品性之中。人们确实渴盼崇高，但这种崇高最终为着实现更加优美化的"道"的品性。人们在异化现实中必须崇高，因为这种崇高是通向共产主义优美化的"道"的生活的必经之路。因此，所有的崇高都以优美为根本和目标，更高一级的优美就能以纯一包含多样丰富的优美和崇高。人们需要优美和崇高，这与人们身体内在优美化"道"的品性欲求密切相关，与人性自由密切相关，从而与人们的身体性实践关系密切相关。这时候，在人类文化和历史层层积淀中，人们所形成的优美均指向女性审美话语"道"的品性的体征，而崇高（壮美）指向男性审美话语刚性的体征。人们往往通过身体内在的女性审美话语"道"的品性和男性审美话语刚性，来鉴赏优美和崇高（壮美），来建造优美和崇高（壮美）。由于这二者建基于"双性合一"的身体与性的实践关系之上，因而能相辅相成，于是在女性方面，又有崇高化的优美；而在男性方面，又有优美的崇高（壮美）。只有优美和崇高（壮美）合一的人才是完美的人和全面自由发展的感性个体。柯汉琳认为，介于优美和崇高中间状态的美称作中和美，包含着优美和崇高两极的特点。这里讲的"中和美"，无疑有阴阳和合、"双性合一"的"道"的特征。

二 悲剧和喜剧

优美、壮美、崇高的事物的毁灭或失败就形成了悲剧。旧事物的灭亡，由于其具有一定历史阶段有价值的优美、壮美、崇高的灭亡，也能形成了悲剧。恩格斯在致拉萨尔的信中就表明，济金根作为骑士代表，其悲剧在于，骑士阶层作为旧阶级在一定历史阶段因为存在着有价值的毁灭，一方面是坚决反对解放农民的贵族，另一方面是农民，而这两个人却被置于——"骑士阶层反对贵族却不可能"和"不可能与农民联盟"这两个方面之间，这就构成了历史的必然要求和这个要求的实际上不可能实现之间的悲剧性冲突。这个规律也可以适用于新事物

---

① 威廉·荷加斯：《美的分析》，北京：人民美术出版社，1994年。

的。《被缚的普罗米修斯》中，英雄普罗米修斯敢于向旧的神权统治挑战，盗火给人间而被缚于高加索山崖之上，每日被饥饿凶狠的神鹰啄食其心脏。普罗米修斯那种崇高的英雄形象的毁灭就是代表一种新事物的悲剧。《俄狄浦斯王》中的俄狄浦斯敢于向神谕挑战——明知自己弑父娶母带来国难均为神谕所为，他却毅然刺瞎双眼，沦亡国外。

马克思在《〈黑格尔法哲学批判〉导言》中写道："当旧制度本身还相信而且也应当相信自己的合理性的时候，它的灭亡也是悲剧性的。……历史不断前进，……现代的旧制度不过是真正的主角已经死去的那种世界制度的丑角。……世界历史形式的最后一个阶段就是喜剧。"人类历史总是先经历悲剧过程，然后进入最后的喜剧阶段，前一个是阶级社会（现代制度），后一个是共产主义社会（未来制度）。"历史为什么是这样呢？这是为了人类能够愉快地和自己的过去诀别。"我们现在要经历一个由丑角来担当主角的悲剧过程，旧的优美、壮美、崇高的毁灭产生悲剧，而且旧的优美、壮美、崇高的毁灭能够使世界历史形式的最后一个阶段成为喜剧，那是"为了人类能够愉快地和自己的过去诀别"。①

因此，喜剧正是新事物战胜旧事物，新的优美、壮美、崇高彻底战胜旧的优美、壮美、崇高。旧的优美、壮美、崇高代表着已经僵硬异化了的女性审美话语和男性审美话语模式，将在共产主义社会中被人类自我扬弃。身体和性别的审美异化的积极扬弃，能使人为了人而占有人本身，这个人本身当然包括属人的优美、壮美、崇高，即"双性合一"的审美话语，从而达到和谐统一、自我享受，达到完全的、自由全面发展的感性现实的人性回归或对象化。当社会处处体现出这种对象化或人性回归，社会处处便以喜剧的形式呈现出来，这种形式应是以和谐愉悦的女性优美化"道"的品性的实现为依归。

（一）悲剧

在人类进入共产主义社会之前，在异化现实中，由于自然、社会的双重压抑和异化，人间悲剧不可能消失。原始神话和宗教中有时反映这样的悲剧：在对某种异己力量的苦难斗争中丧生的神或英雄的悲剧，甚至旧神还相信自己有合理存在性时，其毁灭也是悲剧性的。古希腊悲剧《奥列斯特》三部曲描述的是男神对女神的激烈斗争，父权制对母权制的斗争，女神及其母权制还确信有存在的合理性时，其失败构成了第一大人类历史悲剧。建立在父权制（私有制）基础之上的阶级社会，由此必然以极端片面的男性审美话语崇高型理想追求压制、支配女性审美话语"道"的品性，并在占有妇女身体和性的审美生产方面重建一套表达男性身体和性的审美欲望的僵化扭曲的女性审美话语。这种悲剧的过程和各种阶级斗争联系在一起，事实上，僵化的女性审美话语虽然是男性欲望的投射和

---

① 马克思：《〈黑格尔法哲学批判〉导言》，《马克思恩格斯选集》第3卷，北京：人民出版社，1972年。

外化，但反过来又跟男性审美话语僵化对立，这是因为统治者截然以性别编码划分两个"阶级"——男性审美话语和女性审美话语——而造成的。凡是女性审美话语"道"的品性要求自由解放的，凡是突破僵化的性别审美话语的，也就是说，凡是要求人性自由，反抗私有制（父权制）的，就必然发生激烈的阶级斗争。在这种阶级斗争中，女性审美话语"道"的品性和人类要求自由解放的理想一致起来，因为父权制的阶级统治，使大多数人体验到受压迫受异化的苦难生活，于是弱小的、无地位的，包括妇女、儿童、老人在内，都一起站在正义斗争立场上，响应反抗阶级统治的斗争。这样，悲剧就是一种性别审美异化和身体审美异化的产物。

第一，女性优美化"道"的品性的毁灭或失败产生悲剧。阶级社会的统治者为了利于父权制统治，压抑女性审美话语"道"的品性，人为地建起一套僵化的女性审美话语塑造模式。这个模式往往通过婚姻制度、礼教制度来体现。《诗经·国风》中有大量的反映婚姻问题的诗篇。《柏舟》写一个女子爱上一位小伙子，发誓从此非他不嫁，却遭到母亲的反对。母亲代表一种家长制，实际上是父权制的象征。《将仲子》中一女子爱上一个叫仲子的青年小伙子，却怕别人议论，反映了女子没有婚姻方面审美选择的自由。这两首诗都揭示了纯真的爱情与家长制和传统势力的约束形成了悲剧性的冲突。此外，《弃妇诗》表现了女性优美化"道"的品性的彻底毁灭的痛苦。儒的政治统治，使这些爱情诗长期受到歪曲，朱熹斥之为"淫声"，可见女性优美化"道"的品性是如何遭受贬毁与压制了。汉代《乐府》中关于爱情婚姻及妇女问题描述得更加不幸和悲伤。《孔雀东南飞》里的女主人公刘兰芝，她那样的勤劳、善良、孝顺、美丽和温柔，却遭到焦母——封建家长制、父权制的象征——的虐待。焦母的冷酷无情，专横跋扈，阿兄的残忍专横，趋炎附势，制造了刘兰芝的优美化"道"的品性的毁灭。

试问，关汉卿《窦娥冤》中窦娥的悲剧，难道不是在集中笔力描述窦娥这位苦难的女性遭到封建父权制的压制而产生的悲剧性吗？王实甫的《西厢记》中的崔莺莺，难道不正是在苦苦追求自己优美化的"道"的品性在爱情中的自由实现吗？如果说《金瓶梅》中的潘金莲、李瓶儿和庞春梅是表现女性身体和性的审美欲望的疯狂表达的话，那么《红楼梦》中的林黛玉却是在性压抑中凄苦忧郁地反抗父权制礼教统治，来多愁善感地追求自己的身体和性的审美欲望的表达。这些经典的古典女性艺术形象的悲剧性，表现了女性审美话语优美化"道"的品性的毁灭和失败，给人一种"无可奈何花落去"的悲叹，更给人一种深沉而痛苦的回忆。到了现代文学史中，这些女性悲剧形象更给人无限悲伤、痛苦的反省，并激发女性的觉醒。鲁迅的小说《祥林嫂》，用最悲剧的笔调描述一位劳动妇女优美的形象受折磨、扭曲直至死亡的苦难过程，给人一种震惊的"余韵"感，即一种优美化的崇高感。用爱情故事表达一种欲望主体和欲望对象之间的严重断裂，在爱情无法弥补这种断裂时，女性对欲望的投射便叠合着破碎惊惧的幻象，这是一种女性审美话语"道"的品性分崩离析的历史过程。自恋加强了这种过程，而这种自我拯救方式退守女性优美而痛苦分裂的异化的内在世界，更使女性处于僵化悲剧的过程之中。电影《香魂女》中环环的悲剧命运正是这样的。"环环作为一个主体，她的主体世界是丰富的，而且有能力把自己的欲望对象化从而建立起与别人的深刻交流关系。现实方面环环却处在拉康称之为'镜像阶级'的状态中，由于她在物质财富方面的软弱无力从而深陷在历史难题的沼泽之中。"可见，当代中国女性审美话语背着沉重的现实和文化的阴影，而矛盾交错的幻象使其优美化抒情产生了悲剧性崇高感："余韵。"

第二，以女性审美话语"道"的品性为实质的非女性的优美事物，同样遭到阶级的压迫和折磨，以致失败或毁灭。这就是各种阶级斗争中被统治阶级的悲剧形象。他们在巨大的苦难面前表现出崇高的品质，不屈不挠，英勇牺牲。正是在这一点上，我们可以说，悲剧是崇高的集中形态。为什么悲剧中的崇高形象实质是女性审美话语"道"的品性呢？原因有二：其一，父权制（私有制）的统治，使男性审美话语崇高型理想追求产生僵化、异化的一面，而统治阶级又以之来控制、统治被统治阶级。现在，这种异化统治黑暗到极点，促使被统治阶级渴望"道"的生活的实现，因而转为为"道"的品性而奋斗。其二，崇高的根基正是优美，崇高的目的也是为了实现优美，因此，崇高的形象的最终实质应该、也只能是优美。统治阶级压迫、剥夺这种优美，当然激起被统治阶级的反抗。这些悲剧中的主人公或为了捍卫真理，或为了伟大理想，或为了阶级解放而斗争，最终因为必然的要求不可能实现而导致失败或毁灭。

古代西方斯巴达克起义中，斯巴达克为了奴隶阶级的解放而英勇牺牲是一种悲剧性的崇高。中国清代太平天国运动中，洪秀全为了农民阶级的解放而英勇牺牲，也是一种悲剧性的崇高。法国资产阶级大革命中，雅各宾派党人为了资产阶级的自由而斗争，是一种悲剧性的崇高。而巴黎公社的革命者，为了无产阶级的自由解放而战斗，更是一种悲剧性的崇高。过去，每当生产力发展要求破除旧生产关系之际，乱世就会出英豪，他们不管是奴隶、农民、资产者还是无产者，都代表着先进生产力。他们都是一定历史阶段的悲剧性崇高形象，其最终的实质应是相同的，即都是为实现本阶级的自由解放而斗争，为一种自由幸福的生活而斗争，但他们都不同程度地失败或毁灭了。中国社会主义革命的胜利，以及现在中国社会主义建设的伟大进展，依然还是一种悲剧性崇高的过程。但这种过程是中国人民反对霸权主义、破除旧思想、旧生产关系的过程，其实质和目的更为明显地表现为：为了实现自由平等、共同富裕的优美化"道"的社会，即社会主义和共产主义社会。

（二）喜剧

生活总是在僵化的性别审美话语塑造之下出现异化和扭曲变态的一面，这正是近似丑（滑稽）和丑本身。这些丑尚不构成巨大的危害，且在美的面前很渺小，因此产生自我矛盾（滑稽）的表现。喜剧正是这些丑的滑稽表现的集中形态，它往往能引发人们愉快的或讽刺的笑，丑的滑稽的事物就在这种笑中失败或毁灭。

亚里士多德这样定义喜剧：

> 喜剧总是模仿比我们今天的人坏的人。

喜剧是对于比较坏的人的模仿，然而，"坏"不是指一切恶而言，而是指丑而言，其中一种是滑稽。滑稽的事物是某种错误或丑陋，不致引起痛苦或伤害，现成的例子如滑稽面具，它又丑又怪，但不使人感到痛苦。

看来，喜剧专表现丑、怪的形象，既不美又不致使人有痛感。不美就是不优美、不壮美或不崇高，在优美、壮美或崇高面前，又丑又怪的事物显示一种自相矛盾的形式。也就是说，用另外一个本质的假象来把自己的本质掩盖起来，这本身是一种自我否定。这种自相矛盾、自我否定，就会引发观众的"笑"。

马克思在《〈黑格尔法哲学批判〉导言》中写道：

> 这种反对德国现状的狭隘内容的斗争，对现代各国来说，也不是没有意义的，因为德国现状是旧制度的公开的完成，而旧制度是现代国家的隐蔽的缺陷。对德国政治现实的斗争就是对现代各国的过去的斗争，而过去的回音依然压抑着这些国家。这些国家如果看到，在它们那里经历过悲剧的旧制度，现在如何通过德国的幽灵在演它的喜剧，那是很有教益的。[①]

马克思认为，旧制度认为自己还有存在的合理性，于是用另一种本质的假象来把自己的本质掩盖起来，造成内容和形式的矛盾，使自己成为丑角。这时候，喜剧产生了。比如中国封建制度在近代民主主义革命深入人心的情况下，袁世凯却演着登基当皇帝的封建礼制，用民主的形式掩盖着自己旧制度的内容，这就造成喜剧。我们知道，僵化的性别审美话语塑造模式，统治者总是用它来强制塑造每一位社会成员，包括他们自己。统治阶级行将没落灭亡之际还企图证明其存在的合理性，这便以僵化的性别审美话语塑造模式来装扮自己，使封建帝制内容本质上的没落灭亡通过僵化的帝王崇高形式表现出来，内容和形式于是产生了自我矛盾，因而袁世凯成为可笑的丑角。

艺术中的喜剧要注意真实。僵化的性别审美话语塑造模式束缚人性自由全面地发展，这是不合理的，但人们却早已习以为常，喜剧家就善于把不合理的真实

[①] 马克思：《〈黑格尔法哲学批判〉导言》，《马克思恩格斯选集》第3卷，北京：人民出版社，1972年。

情状表征出来。西班牙杰出的现实主义小说家塞万提斯（1547—1616）创作了一部讽刺灭亡了的骑士制度的长篇小说，主人公堂吉诃德是位穷乡绅，因为读骑士小说入了迷，决心恢复骑士道，模仿古代骑士去周游天下，打抱不平。堂吉诃德带着侍从潘沙连续三次出游，每次均屡屡受挫，闹出许多笑话。堂吉诃德按照已灭亡的骑士制度所要求的僵化的男性审美话语来塑造自己，选中邻村的一位姑娘做"夫人"，立志终身为之服务，为她而"冒大险，成大业，立奇功"，可是他却干出许多荒唐可笑的事来，骑士事业完不成，自己也险些丧了命，临终时不得不承认自己实在是个疯子。堂吉诃德正是一个喜剧主人公，一个丑角，因为他用旧的已经僵化和死了的骑士式男性审美话语来塑造自己，而骑士制度早已灭亡，用旧形式来装扮空无的内容，犹如空空的躯壳在蹒跚行走，这怎能不引人发笑呢？当然，堂吉诃德也有悲剧性的一面，他如同冯·济金根一样，要求扫除人间不平，但这个历史要求实际上是不可能实现的。骑士制度是11世纪的制度，而堂吉诃德却生活在资本主义兴起的时代，他的必然灭亡，就带来一定的悲剧性，但整部小说的基调却是喜剧性的。

在资本主义异化现实下，人们的身体"外在尺度"和"内在尺度"发生了严重断裂，把金钱——商品价值当作身体"外在尺度"，就会产生商品拜物和金钱主义。1789年，法国大革命高潮一过，一大批流亡国外的封建贵族卷土重来，妄图彻底恢复他们自己失去的土地和财产，其政治首领是路易十八。这样，没落的贵族在上升的资产阶级面前就表现出喜剧的丑角形象来了。巴尔扎克笔下的贵妇鲍赛昂夫人，仍然按贵族女性审美话语塑造自身，最后被赶到乡下定居，卡斯顿男爵因慕其美色来与之同居九年，但终因新女性——罗地埃小姐的财产诱惑，抛弃了鲍赛昂夫人而娶了罗地埃尔小姐。在这一情节里，鲍赛昂夫人这样的丑角可笑又可怜，之所以可笑，是因为她明知贵族没落还要按贵族女性审美话语塑造自己，内容与形式互相矛盾；之所以可怜，是因为她必然走向没落，被金钱打败。鲍赛昂夫人身体的"外在尺度"已经变成金钱——商品价值尺度，因而与她"内在尺度"——贵族女性审美话语发生了严重断裂，因而她变成丑角。而卡斯顿男爵何尝不是丑角呢？作为一位贵族，在没落中强装贵族与鲍赛夫昂人同居，但终被金钱勾引。按照一位贵族男性审美话语塑造自己却背叛这个话语，难道不是一种喜剧丑角吗？罗地埃尔小姐作为新兴的资产阶级小姐，就按照资产阶级女性审美话语塑造自己，即用金钱装扮自己，而却与一位没落的贵族男爵结婚——难道这不也是很可笑吗？一位相貌丑陋即不美的女人，如果用金钱购买一个男人来爱自己，难道这不是喜剧中的丑角吗？巴尔扎克曾对各色各样的贪婪做了透彻的研究，像葛朗台那样的守财奴形象，囤积黄金，还拮据地过着日子，难道不是金钱的奴隶，十足的喜剧丑角吗？资产阶级的统治促进了僵化了的性别审美话语塑造难道不也是一种可笑、可鄙、可怜、可憎的喜剧丑角吗？资产阶级本身是金钱的偏执狂，以最大利润为人生目标。他们因而要在社会中打破贵族性别审美话语模式，这种模式由于金钱异化作用，往往出现资产阶级变性审美塑造。社会主义和共产主义社会，就要对资产阶级的变性审美塑造进行革命、破除，建立崭新的属人的性别审美话语塑造模式。我们所主张的社会主义变性审美塑造，就是要使人们的身体和性从审美异化下解放出来，超越以往旧的僵化的性别审美话语塑造模式，使"双性合一"的人的本质力量回归人本身。

三 意境和韵

意境是中国古典审美范畴，意境审美关涉身体审美话语和性别审美话语，而身体审美话语本就内含着性别审美话语，因而必须探讨意境"道"的审美原型，因而又必先探讨意境和"道"的审美原型问题，当这些问题解决之后，方好理解其内部的性别审美话语问题，关键是着重剖析"韵"的身体性问题，因为身体性就内含着性别审美话语问题，主要侧重性别审美话语斗争的探讨。

（一）意境

意境是中国古典美学特有的审美范畴，也是中国人在审美中把握现实关系的特有的艺术表现范畴。意境的审美话语表达直指人生的优美化生存及发展状态即"道"的把握状态，从而求取人与自我、人与他人、人与自然、人与社会之间乃至两性之间的和谐发展。

1. 意境和"道"的审美原型

意境是意与境的辩证统一，是主体通过审美介质作用与客体进入深刻的审美交流的过程。意境中的"意"是主导，指的是主体的思想情感、文化精神；意境中的"境"是"意"的基础，指的是经主体"意"审美化了的客体（审美对象），如诗和画中的生活、自然景物等。意和境的辩证统一，可以简称为"情景交融""虚实相生"。"情景交融"是指主体的思想情感和客体的景物相互融合，或因情见景，或借景抒情，造成情中有景、景中有情，比如朱自清先生的著名的抒情散文《荷塘月色》。

一般而言，"情景交融"是"虚实相生"的基础，在"情景交融"基础上才能达到"虚实相生"。"虚实相生"是指艺术创造中虚与实的辩证统一。"虚"即指不实际存在的情和景，"实"则指实际存在的情和景。《荷塘月色》中，荷塘月色是实景，而作者心中优美、宁静的生活理想是虚景，由眼前的荷塘月色想起江南采莲情景亦为虚景；作者"这几天心里颇不宁静"的烦恼苦闷的思想感情是眼前的实情，而作者蕴含在优美景色的描写中对美好生活、宁静的生活的追求的思想感情则为理想中的情感。通观之，实景实情是基础，虚景虚情是在此基础上的生发和升华，以实带虚，从有形窥无形，从而把人的审美体验引向无限的人生、广阔的宇宙的把握，达到"神与物游"的审美超越境界。因此，意境的本质是主体克服身体的现实束缚并通过身体的审美介质作用超越主、客体僵化的有限性而趋向对人生理想价值的无限追求，关键是对象外之"境"的把握，即古人常讲的"取之象外"。"'境'是对于'象'的突破,'境生象外'。""审美观照的实质并不是把握物象的形式美,而是把握事物的本体和生命。""境"是主体的"意"审美化了的客体,是虚实结合的神境。艺术家要善于通过有限的"象"达到对无限的宇宙本体和生命("道")的观照,这样产生出来的作品才有永恒的生命力或马克思说的永恒的"艺术魅力"。很显然,意境和中华民族的原型("道")有密切的理论渊源关系。我们认为,涉及原型("道"),就须溯源到老子的"道"的学说。

老子《道德经》中把"道"当作宇宙最高范畴,是天地万物的始基。老子说:"有物混成,先天地生。寂兮寥兮,独立而不改,周行而不殆,可以为天下母。吾不知其名,强字之曰道,强为之名曰大。""道"是宇宙原始混沌,无限幽深广博,不依赖外力而存在并创造天地万物,有如孕育生命的母体。"道冲,而用之或不盈。渊兮,似万物之宗。""道生一,一生二,二生三,三生万物。万物负阴而抱阳,冲气以为和。""道"作为宇宙本体,因为其大如渊,能"生一"即生出"气",而气分生"二"即分生阴、阳二气,所以"一阴一阳之为道。"阴阳二气相摩相荡,遂衍生"三",而"三"生万物。"道"本是"无",但化成为"气"而创造、主宰宇宙万事万物,深不可测。"道可道,非常道;名可名,非常名。无,名天地之始;有,名万物之母。故常'无',欲以观其妙;常'有',欲以观其徼。""道"是"无"即无限性、难以具体把握。而"无"却生"有","有"生万物。"道"的创生功能是能够"生"天地、"生"万物,可以看出,这种"道"的创生功能与女性生殖功能在很大程度上有着密切的联系。

显然,"道"是对女性化生殖崇拜的哲学抽象,这与远古先民尤其处于母系氏族时期的原始人对女性神崇拜有密切关系,强调"道"的生殖功能与强调母性崇拜在文化人类学上看依据是能从"无"中生"有"。母体可以受"精"即受阳气而使阴阳结合,这样就能从"无"中生"有",使生命"不殆"。这个母体如谷如渊,无限幽深,万物就从这谷这渊中生出,此之谓"谷神不死,是谓玄牝。"萧兵、叶舒宪两位先生认为,"玄牝"喻指女阴形象。老子说:"道之为物,惟恍惟惚。惚兮恍兮,其中有象;恍兮惚兮,其中有物。窈兮冥兮,其中有精,其精甚真,其中有信。"我们知道,母系氏族时期,原始人在强大的自然界异化力量压迫下,由于缺乏科学、意识的能力而仅凭"诗性思维"对万事万物进行把握,最重要的是把握人的生存和发展。在原始人看来,"生生不息"的自然力量之所以巨大、无限,那是因为自然界有自我创生的无限生命力,即老子的"道",而女性身体特异即能生殖生命的功能、特征恰与自然有自我创生的无限生命力,即老子的"道"的功能、特征同质同构。这样,女性神崇拜产生了,原始女性神"道"的品性形成了中华民族审美原型。

心理学家卡尔·荣格把集体无意识的内容称为"原型","原型"是自从远古时代就已存在的普遍意象，是在人类最原始阶段形成的。"原型"是人类长期心理积淀中未被直接感知的、经人脑遗传下来的原始经验，是先天地作为一种"种族的记忆"被保留下来的原始意象和模式。我们认为，最早的审美原型就是女性神"道"的品性崇拜，在精神文化上能给人无意识地产生人的生命的无限性，从而使人达到人的本质力量无限自由发展的想象性把握，即"神与物游"。原始的先民依靠天真的"诗性思维"想象出"女性神"形象，是希望人能与神秘的自然力量抗衡。对"女性神"崇高无上的崇拜，是希望能获得生生不息的生命力，使部族繁衍生息下去，这样便产生了原始图腾崇拜。原始女性神"道"的原型内在品性可以根据老子《道德经》的描述概括为：自然无为、有无统一、如谷如渊"虚而不屈，动而愈出，"似水处下，"水善利万物而不争"，柔和静谧，自由玄通，妙而无形，和谐愉悦。这些品性与女性内在品性相吻合，女性无疑具有"道"的品性，女性趋向柔美淑静而愉悦自由，无限通过其身体特异即身体的特殊性征及其生殖功能完全表达出来，用一个短语表达为"自由和谐"。这表明，中华民族原型即"道"的品性"自由和谐"成为一种固定的审美意识深深楔入主体的文化心理结构之中，成为"天人合一"的价值理想实现的精神动力，形成中国艺术特有的"韵外之致"的美学追求。

从这里我们可以看出，意境的最深层结构就是原始女性神"道"的品性"自由和谐"的原型结构，要求从有限走向无限的"道"的把握，要求突破有限的"象"达到经主体"意"审美化了的客体神"境"的把握。从老子到王国维，这一意境的审美原型追求一直成为中国古典美学的自觉追求。意境中的"境"作为美学范畴，最早出现在唐代开元进士王昌龄的《诗格》中："处身于境，视境于心。莹然掌中，然后用思，了然境像，故得形似。""搜求于象，心入于境，神会于物，因心而得。"显然，境是一种"神与物游"之"境"，是"取之象外"的对无限的"道"的把握的"境"，刘禹锡在其《董氏武陵集记》中明确规定之为"境生于象外"。最早提出"象外"的是南朝的谢赫，他在《古画品录》中说："若拘以体物，则未见精粹；若取之象外，方厌膏腴，可谓微妙也。"艺术家应该突破有限形象达到无限的即虚实结合的"象"，即司空图所谓的"象外之象"，"景外之景"。中国古代不仅文学、绘画上要求取境于象外，而且古典园林、建筑都要求取境于象外，沈复的《浮生六记》中写道："若夫园亭楼阁，套室四廊，叠石成山，栽花取势，又在大中见小，小中见大，虚中有实，实中有虚，或藏或露，或浅或深，不仅在周回曲折四字，又不在地广石多徒烦工费。"这种园林意境的虚实相生无疑拓宽了观赏者"神思"的空间，叶朗先生认为月影、花影、树影、云影，风声、雨声、水声、鸟声……这种种虚景，在构成园林意境中有很重要的作用。无论文学、绘画、园林、建筑，都要求意与境的统一，"思与境偕，"强调在"实"的基础上求"虚"的重要性，即求取原始女性神"道"的品性：或幽深曲折、或静谧柔美或寂寥无边或"妙合无垠，"从而达到人生、宇宙的神性把握。这种民族原型结构无疑对审美和艺术起到决定性作用，因为如果不突破有限的象而未达到深刻的"远出"，即对"道"的把握或曰对经主体"意"审美化了的客体神"境"的把握，那么艺术就没有生命，人生也就没有价值和意义。很显然，"道"的实现成为中华民族的终极价值目标。

2. 审美交流和审美超越

意境产生于两个方面：艺术创造与审美欣赏。作家、艺术家创造意境必然"思与境偕"，必然身心融入；读者、观众欣赏艺术作品中的意境，必然"神与物游"，必然身心融入。人们欣赏自然美、艺术美、社会美无非存在几种意境，即"优美的意境"、"壮美的意境"、悲境、喜境等，均能使人们从日常生活中超脱出来进入神性境界，这都需要人们有相当高的审美能力。马克思早就指出，审美能力能够"在对象世界中肯定自己"，"确证"并显示审美主体的"本质力量"，这种"能感受人的快乐和确证自己是属人的本质力量的感觉"，"是由于属人的本质的客观地展开的丰富性，主体的、属人的感性的丰富性"，即"由于相应的对象的存在，由于存在着人化了的自然界，才产生出来。"① 人凭什么才能产生这种审美感觉的能力？只能依靠基于劳动改造的现实关系中的人的身体。劳动只有在人的身体被发现、被确认之后才真正属于人的身体的劳动，劳动是身体存在的一种状态；同样地，审美只有在人的身体与周围自然界产生感知与被感知关系时才产生的。劳动创造人的身体，劳动创造了美和艺术，同时创造了审美的感觉能力，使人的身体审美地建造与发展。这时，身体就不仅仅指动物般被本能支配的肉体，而且更指精神肉体，能够使主体的人与客体的自然界发生物质关系、精神关系包括审美关系。因此，身体在意境中起到了审美介质的作用。

要阐明身体在意境中的审美介质作用，首先涉及身体与美之间的关系。

我们认为，美是一种文化价值，是人的本质力量肯定方面的对象化，是人的无限丰富潜能的创造性实现。身体是属人的，具体体现了人的本质力量及其对象化的可能性。从文化人类学角度来说，身体是在类人猿从树居生活下到地面生活之后，渐渐学会直立行走时才被发现的，与此同时发现了不同性征的身体，性及身体的感知觉开始向人生成。由于直立行走，人的身体被发现，不同性征也被发现了，于是身体感知觉（主要是指"性感"）发生一次巨大革命，人发现了属人的性征身体。同时，人的直立行走使属人的本质力量的身体被确认的同时，部分身体的审美感觉器官才逐渐发展起来。"社会的人的感觉不同于非社会的人的感觉。只是由于人的本质地客观地展开的丰富性，主体的、人的感性的丰富性，如有音乐的耳朵，能感受形式美的眼睛。总之，那些能成为人的享受，即确证自己是人的本质力量的感觉，才一部分发展起来，一部分产生出来。因为不仅五官感觉，而且所谓精神感觉，实践感觉（意志、爱等等）——一句话，人的感觉、

---

① 马克思：《1844年经济学哲学手稿》，《马克思恩格斯全集》第42卷，北京：人民出版社，1979年。

感觉的人性——都只是由于它的对象的存在,由于人化自然界,才产生出来。五官感觉的形成是以往全部世界历史的产物。"[1]这样人的身体的审美感觉不是一般意义上的感觉,只是那种与人的审美本性和审美需要"相适应"的"人的感觉"。另一方面,由于直立行走,首先被发现的"美"应该是人的充满性征的身体,女性的性征身体的魅力在性活动中,在平常感触中被确认,又由于原始思维的诗性、神秘性作用,致使女性身体特异包括其能繁衍生命的生殖能力首先被确认、被崇拜,从而产生了最原始的女神神话及生殖崇拜。换一种方式来说,原始人凭借被确认的身体的感觉能力,用一种充满神秘的审美想象机制创造了美丽的神话,同时也创造了人审美的身体。

很显然,没有身体,就不可能有属人的充满人性的审美感觉的产生,审美关系就不可能产生。身体一开始就在劳动中、在审美关系中起到审美的介质作用:一方面,用肉体感官在劳动中包括人的自身生产中感知,进行审美交流,交流中的"审美形象"是身体感知(生理、心理)主体性与客体融合而生成的"中间性形象",即身体审美话语。另一方面,原始人用大脑活动即以诗性思维,加工创造出女神神话及其生殖崇拜形象,使人的本质力量一开始就有超脱自然界束缚的审美超越能力。这种审美超越是在审美交流基础上的一种深刻、高层次的审美体验,审美体验是超出常规的直觉,最高的体验层次表征为物我一体境界,主体和客体完全融合一致的境界,各种体验(人生体验、道德体验等)都汇到审美体验这一最高层体验中来,形成"神与物游"的审美超越境界或神性的境界。而这一切融合在整个劳动过程中,也即整个文化活动之中,因而文化本质内涵应属"人化",即通过身体审美介质作用在文化活动中人的本质力量的对象化,这样发展起来的身体必然是文化的身体、"人化"的身体、审美的身体。而通过这样的身体审美介质作用所产生的审美(艺术)及美本身,必然是一种文化价值体现,即满足人和人之间的文化需要,包括性审美快乐的需要。因此美是一种文化价值,首先是其审美价值,然后通过人的身体的审美感知转化成或积淀到人的一切文化活动和关系之中,其中包括伦理、道德、经济、政治、性别等文化价值之中,美通过身体的审美介质作用得以凝聚这些文化价值并通过审美愉悦或审美价值方式表征出来,促使人的无限丰富潜能的创造性实现。这样,身体成为审美的物质基础或曰审美的物质承担者或曰审美的介质,成为一种文化的载体,主体在审美中必然通过它才得以产生与审美客体之间的深刻的审美交流,并由此产生审美超越。意境就是审美主体凭借身体的审美介质作用才得以产生与审美客体(象、境)之间的深刻的审美交流(情景交融),并由此产生审美超越(虚实相生、象外之象、味外之味、境外之意、无形之象的把握)。

这种审美超越能把主体从现实身体异化状态升华为神性的身体审美话语存在

---

[1] 马克思:《1844年经济学哲学手稿》,《马克思恩格斯全集》第42卷,北京:人民出版社,1979年。

状态，把远古和当下的时间整合成优美的韵的表达，就如同原始人与女性神的审美交流导致审美超越一样，使人的本质力量通过身体审美介质作用获得完全对象化或完全占有，达到人与自然合一、物我两忘、神人同一的审美话语境界，亦即"道"的把握境界。主体于是获得真正意义上的伦理提升，"美是一种文化价值"在这里也就完全被表征出来了。我们把以上的论述进一步表述为下列图表：

主体（人）—未改造→身体—进入→实境—变形→身体—进入→虚境—交流→意境—超越→"道"（美）

人与自然合一、神人同一、"神与物游"

上图表明了，主体（人）必须对未改造的现实身体感受变形为审美的身体感受来把握实境（现实的审美对象），这时身体转变为一种审美介质，通过它，主体（人）由实境进入虚境（摆脱现实的束缚）。但必须能够和审美客体展开深刻的审美交流（对话），才能变成意境，从而使审美主体达到物我两忘、超脱现实的艺术意境，达到对女性神原型"道"（美）的凝神观照与深刻把握的神性意境。

3. 意境中的性别审美话语斗争

原始人（尤指母系氏族时期）凭借身体审美介质作用与女性神发生了深刻的审美交流，犹如他们获得了某种神力得以抗衡大自然强大的压迫力量，如同获得自然界神奇力量来保存与繁殖族群生命，从而渐渐产生人与自然的同化、合一的心理经验。在荣格看来这可以凭借"种族的记忆"在人的大脑中遗传，形成积淀于民族深层心理结构的原型意象，原型意象经过艺术家的创作化成人们可以欣赏的艺术形象，所以每个人在这样的艺术形象的审美欣赏中都会无意识地与原型意象产生深刻的审美交流。而艺术意境就是这样的艺术形象。显然，这一原型指的应该是女性神原型（"道"），这一点我们已经在前面论述过了。

原始女性神原型"道"的品性在人类身体经文化积淀得以审美地塑造过程中，转化为人类身体内在的审美无意识话语，作为身体无意识话语最深层的结构沉积于人类文化心理结构和审美心理结构之中，由于这一身体审美无意识话语即使在任何文化和意识形态重压之下，在任何艰难险阻的人生境况之中，都能从身体内在的无意识话语结构深处支撑并激发主体对人性自由解放的执着追求，因而必然遭受来自现实的一般社会意识形态话语以及主体日常生活意识形态话语的僵硬控制与压抑。如果把现实的一般社会意识形态话语以及主体日常生活意识形态话语统称为现实身体有意识话语，那么身体审美无意识话语必然与之发生压抑与反压抑的斗争，这一斗争在意境审美体验过程中尤显激烈，我们把它当作意境中身体审美话语斗争。

马克思在论述古希腊神话时指出，困难不在于理解希腊艺术和史诗同一定的社会发展形式结合在一起。困难是，它们何以仍然能够给我们艺术享受，而且就某些方面说还是一种规范和高不可及的范本。古希腊神话无疑给我们现代人创设一种原始思维或诗性思维机制作用下的艺术意境，作为一种审美意识形态话语过程，只能由当时古希腊一定的生产关系及其构成的经济基础决定，归根结蒂由当时古希腊社会生产力状况决定。这样，古希腊人把他们当时现实的身体有意识话语进行审美化或神话化，使之直接转化为身体审美无意识话语存留至今。现代人虽然其现实身体有意识话语已距离古希腊人现实身体有意识话语无限遥远，但是却能通过人类身体审美无意识话语这一审美介质重新体验古希腊神话艺术的意境美，因此，古希腊神话仍然能够给我们艺术享受。又由于现代人不可能回到古希腊人如何从具体丰富的现实身体的有意识话语素材之中，提炼加工出神话艺术意境的美，因而，古希腊神话就某些方面说还是一种规范和高不可及的艺术。

由此看来，审美主体在意境审美过程中，总是要挣脱现实身体的有意识话语，并在深刻的审美交流和审美超越之中，凭借身体审美无意识话语做内在地、无意识地反压抑斗争，把主体引向人性自由解放的"道"（美）的把握状态。现实身体有意识话语总是异化和控制人们的身体欲望，而这种身体欲望实质就在于追求主体的人性自由解放。在意境审美过程中，主体才有条件在一定想象性的审美时空之中，凭借身体审美无意识话语，把现实身体有意识的话语在激烈斗争之中加以优美化，从而实现了主体对现实关系的优美化把握，亦即把现实关系优美化为"道"的状态来加以把握。而这，正是意境中身体审美话语斗争的本质和最终目的。这种时候，现实身体的欲望表达（自然欲望表达）往往合法化地转化为身体审美的欲望表达。断臂的维纳斯塑像在现代人眼中仍然具有无限的艺术魅力，那是因为古希腊雕塑家在艺术创造"她"的时候，通过特定历史阶段下古希腊人身体审美欲望表达来创设一种身体审美无意识话语的意境。无论多少世代以后的人们，都能在这种意境审美之中想象性实现了身体审美欲望的表达，从而使审美主体达到人性自由解放的"道"的境界。现代雕塑家们曾经设法为断臂的维纳斯重新补全双臂，但结果都无法补上。究其原因，就是因为现代人身体审美欲望表达随着现实身体欲望表达（自然欲望表达）失却特定的语境产生变化而变化，永远不可能体验古希腊人身体审美欲望表达的独到之处。然而，正由于这样，现代人在对断臂的维纳斯塑像审美观照时，同样奇迹般地获得身体审美欲望表达。在激烈的话语斗争之中，终于使"道"的品性魔力般地回归人本身，那种现实身体有意识话语的压抑症状亦顿然消失，主体此时与原始女性神展开了深刻的对话，"神与物游"。

4. 意境中性别审美话语斗争指归：人性自由解放

通过上述分析，我们不难得出，意境中审美话语通过身体审美介质而获得，而这种审美话语后面深刻的意义内涵明显指向原始女性神"道"的品性，这表明意境实质上是性别审美话语斗争的文化幻象，她激发人们超越现存文化和意识形态的僵化控制，重新审视民族原型，主体和身体异化、割裂症状明显消除，人性获得自由解放。马克思指出，世界历史是人通过人的劳动而诞生的过程，即自然界对人说来的生成过程。当人的本质及其本质力量完全回归，主体使劳动成为审美化的第一需要，自然界到处和人的本质和谐融合或同一的时候，古希腊人那种"感性"的存在将在更高的审美意义上自由回归人本身。这时每个人都是审美地存在的自由人，这个时候就是"自由人的联合体"——共产主义的时候。随着异化劳动的消除，性别压迫、阶级统治也被消除，人的自然性合理存在到处成为社会性本质存在，那时人的文化世界将是自然、自由人性的审美世界即和谐静美的世界，也就是人的意境世界。

两性关系衍化出婚姻、家庭关系，婚姻家庭关系衍化出各种法的制度、伦理道德规范。两性关系是社会形成的基础之一，也是文化衍生的基础之一，假如原始社会不分性别，那人类历史将不是现在的模样。老子《道德经》指出："一阴一阳谓之道。"自然界能生生不息就因为这个"道"的存在，而"道"的规律就是阴阳相摩相荡、衍生万物，"道生一，一生二，二生三，三生万物。万物负阴而抱阳，冲气以为和。"文化之道必须符合"道"的规律，所谓"淡然夫极而众美从之。"然而，由于性的本质力量不同，致使生理机制和心理机制发生巨大差异——当女性身体特异显现出来之后，原始人惊奇地发现了性的本质力量的巨大差异。随着生产力发展，农耕技术发明之后，男性身体力量胜过女性身体力量而适宜于农耕，女性身体的柔弱使女性渐居次位，男性生产力于是战胜了女性生产力，男性生产关系于是取代女性生产关系，社会按父系血缘关系确定等级秩序，父权制产生。父权制产生之后，女性被当作男性生殖的工具，男性社会还用种种法的制度、礼的秩序限制、约束妇女的身体审美、权利地位。从此，性充满了文化与意识形态，正常的两性关系被文化与意识形态扭曲，造成了正如弗洛伊德所谓的社会的人普遍存在着的性压抑，性别审美话语斗争于是不间断地展开了。

性别审美话语斗争是指男、女性在审美意识形态内的相互对立、相互制约、相互依存、相互转化的矛盾关系。它间接反映了男、女性在政治、经济、文化等领域内普遍存在的相互对立、相互制约、相互依存、相互转化的矛盾关系。由于男权统治占中心地位，因而女性审美话语一直被压抑在社会无意识底层，作为男性审美话语的对立面，从人类文化和意识形态内部不间断地冲击、消解着男性审美话语的存在，从而使人类文化发展显现出性别审美话语斗争的明显痕迹。不难看出，女性神原型"道"的理想正是这一斗争中明显对立于男性审美话语"儒"的理想而存在着的文化幻象，成为被统治意识形态压迫的人民群众内心或无意识领域内强大的争取人权、争取人性自由解放的价值动力或精神动力，从而在审美和艺术上产生了具有中华民族典型意义的"意境"审美范畴。我们认为，意境中的主体须经改造自身身体感受，即克服或消除现实男性文化与意识形态的控制、约束和异化、割裂，还原人性原本虚静自然的审美欲望表达，方能超脱现实的审美对象，并向境外之意求索，从而与"道"同一，人性获得自由和谐发展。

也就是说，意境中性别审美话语斗争结果是原始女性神原型"道"在更高的美学意义上的回归。下面仍以朱自清先生《荷塘月色》为例来具体阐明这个道理。

《荷塘月色》所有的景物形象和主体情思都明显具有女性审美话语特征，可列表如下：

荷塘：曲曲折折的
荷叶：田田的、像亭亭的舞女的裙
荷花：袅娜地、羞涩地，如明珠如星星如刚出浴的美人
荷香：缕缕清香、似渺茫的歌声
荷波：凝碧
荷叶底下的水：脉脉
月光：静静地泻下（来）
青雾：薄薄的、浮起（来）
月：满月
云：淡淡的
树影：参差、斑驳、如鬼一般
杨柳：弯弯的倩影
月色：并不均匀
光、影：和谐
主体感受：酣眠固不可少，小睡也别有风味的（即难得偷来的淡淡的喜悦之情）

这样的意境构成无疑属于女性审美话语特征，犹如对女性神美丽的身体、身体风姿及情感芳香的细腻的变形描写，把这些描写强烈而集中地虚构在一起，形成一种女性审美的文化幻象，犹如直接呈现出的女性身体之美，能击碎男性文化和形态丑恶的僵硬的无人性的一面，使主体和身体异化、割裂的症状消除了，使主体回归人自身完美的身体存在。而如果说西方现代史诗剧实验者布莱希特是通过感觉惊颤的身体毁灭回归人本身的话，那么中国现代美文家朱自清就是用相反的方式回归人本身，即用感觉优美化方式使人亲近女性的"道"的品性，同样使麻木的人们惊颤。如果说西方现代美学家本杰明主张一种男性的崇高型震惊式的审美体验，那么中国现代美文家朱自清就是提倡一种相反的审美体验方式，即用女性身体优美化表达使人性圆满回归，同样也能达到震惊的效果。诚然，这里面的性别审美话语斗争方式是，用女性身体的审美话语如：亭亭、缕缕清香、袅娜、羞涩、脉脉、淡淡、和谐等表征人性自由解放，反抗男性社会僵硬、反动、不和谐、不合理、反人性的一面，呼唤人类自由和谐的美的理想，从而战胜了男

性中心权力的审美话语。这里面明显存在着性别话语权力的斗争，这种斗争直接指向人类解放的生存权利之争，这就是革命。1927年，正是革命剧变的一年，蒋、汪的反革命政变使有觉悟的处于被压迫的小资产阶级知识分子迅速丢掉幻想，开始转向追寻真正的革命之路。《荷塘月色》中作者说道："今晚若有采莲人，这儿的莲花也算得'过人头'了；只不见些流水的影子，是不行的。这令我到底惦着江南了。"这表明，人类自由和谐的美的理想激发作者不能消沉，要振奋精神，这样便怀想着南方革命形势来了。1928年，朱自清先生写了一篇文章《哪里走》，论述自己与时代的关系和对于生活道路的选择。在这篇文章中，朱自清对于大革命失败后中国的政治分野有清楚的认识。他不满意国民党的"清党""反共"政策，又自知不能走进斗争的行列。他只能用文化自觉来拯救民族，从此，作为一位文化英雄、民族英雄和民主斗士的朱自清先生坚强地与反动派作斗争，宁可饿死，不领美国"救济粮"，表现了中华民族的英雄气概。不管怎样，朱自清先生用完美的人的身体真切地体验描画出文化主体人性的自由解放，这本就是一种性别审美话语斗争，即一种革命。我们从《荷塘月色》中这一"身体革命"中会得到强大的审美价值的激发，我们也会在愉情悦性中不自觉地提升了自身的人格美的价值。

毫无疑问，人类的终极价值目标应该指向"道"的实现，即共产主义社会，那是人的意境世界。社会主义的意义和价值就在于：如何消除根植于一定经济基础之上的性别压迫的意识形态，实现人权，从而实现男女平等，为"道"的实现做好性别审美平等对话的准备，做好意境的准备。当代资本主义社会自进入"后工业时期"以来，由于科技信息越来越超越文化限制范围，对人性、身体的极大压抑与异化引发了新一轮的文化和意识形态的斗争。反异化、呼唤人性自由和身体审美的感性存在即人的意境存在，这已成为文化全球化必须解决的重要问题，而妇女解放运动和女权运动在这方面无疑具有全人类自由解放并走向人的意境世界的历史价值和意义！

（二）韵

身体审美欲望的表达源于人的审美需要。在马克思看来，人的美感能力是通过身体一切感官及其整个肉体结构，来实现人在生理和心理方面对对象的占有。身体审美欲望表达这时呈现为一种属人的现实的自我享受，"为了人并且通过人对人的本质和人的生命、对象性的人和人的产品的感性的占有。"因此，审美中身体呈现为一种"韵"的存在状态。

1. 关于"韵"

作为古典艺术审美范畴，"韵"往往决定于"气"，无"气"则"韵"毫无生命，"气韵生动"首先取决于"气"的把握。然而，"气"又决定于"道"。老子《道德经》认为："道生一，一生二，二生三，三生万物。万物负阴而抱阳，冲气以为和。"老子明确指出，"道"产生混沌的"气"（即"道生一"），

"气"分化为"阴气"和"阳气"(即"一生二"),阴阳交合(即"二生三"),于是万物从阴阳交合中衍生(即"三生万物")。"气"和"道"都是宇宙万物的本体和生命,"韵"由"气"决定,实质上也就是由"道"决定。

审美和艺术是通过人的现实身体有意识话语经过审美变形而产生的。身体有意识话语是由日常生活意识形态话语、统治阶级意识形态话语等一般社会意识形态话语以及审美主体现实意识形态话语构成的,这种话语曲折地表征着受其压抑下的身体无意识话语。身体无意识话语是人类类特性或身体内在人性自由的压抑性情结,其深层结构由原始女性神原型"道"的品性构成。根据《老子》的描述,"道"的品性可概括为:自然无为,有无统一,如谷如渊"虚而不屈,动而愈出","似水处下",水善利万物而不争,柔和静谧,自由玄通,妙而无形,和谐愉悦。这实际上正是马克思所要表述的人类类特性在人的感性占有中以身体审美欲望方式表达的。毫无疑问,"道"的品性正是身体内在人性自由的审美欲望表达。

现实身体有意识话语由于男权统治而畸形化、僵硬化甚至背离人性自由,因此,主体必须把它上升为审美中的身体无意识话语,从而使身体审美欲望达到"道"的品性或人性自由境界而获得想象的满足,实现属人的身体感性的自我享受,同时实现人的本质力量的占有或对象化。这就说明了,审美中"韵"的产生,其实是身体无意识话语摆脱身体有意识话语而使审美主体在一定的想象时空内,通过身体审美欲望完满表达来使现实关系在无意识话语深层结构内实现优美化。

很显然,必须把"韵"的话语内涵推及"气"和"道",方能在审美和艺术中达到"气韵生动"。这是六朝人审美方面对自老庄"道"论以来审美和艺术的理论突破,并以此为一般美学评价标准。宋代范温以"有余音"释"韵",如闻撞钟,大声已去,余音复来,悠扬婉转,声外之音。此说点明了审美和艺术所产生的"韵",是在形象之外更为丰富深广的身体审美欲望表达时空中,统括之即追求"象外之象"的身体意境体验。范温认为有余意之谓韵,"必也备众善而自韬,行于简易闲澹之中,而有深远无穷之味"(《潜溪诗眼》)。此说进一步说明了把握"韵",就是要在"简易闲澹之中"把握"深远无穷之味",换一句话言之即要在素朴的"有"之中把握那自由玄通、和谐愉悦的"无"即"道",也即"气"。这就形成了中国古典美学和艺术中"韵"的审美评价标准,符合这个标准,就是"韵",也就是"美"的。到了明代,陆时雍更是把"韵"提升为文学作品("诗")的审美评价主要标准。实际上,自晋代谢赫以来,经司空图、范温、严羽之后,陆时雍标举的"神韵"之说。到了清代,王士禛更大力倡导神韵说,要求用含蓄的意境,简练的笔触,采取平淡清远的风格,来抒写诗人性情风韵,让读者体悟到"言有尽而意无穷"。这一"神韵",应该表征为诗人对"道"与"气"的独特把握,这样一来,诗歌只能给人以意会而难以言传,诗人必须凭审美中身体无意识话语来创设、提炼加工、变形现实身体有意识话语，使之以"陌生化"的审美形式含蓄地表达出身体内在的审美欲望，即人性自由或"道"的品性。

按照弗洛伊德的身体无意识话语压抑理论，"韵"无疑是受压抑的身体欲望尤指性欲的伪装性满足。当然，这是身体自然属性方面遭受文化和意识形态话语重压之下要求人性自由的必然表现。而马克思比之深刻之处却在于："韵"的本质不仅在于身体欲望的自然人性需求，更为主要的是身体审美欲望的社会属性的完满实现。"韵"作为审美主体与现实生活发生的身体性关系，必然趋向于实现人的本质力量，即实现人的社会属性在自然感性状态中回归人本身，从而使人超脱现实身体有意识话语的僵硬控制，达到身体欲望在审美体验状态下由自然需求转化为审美需要，在精神领域想象性地解放了人本身。这样看来，"韵"是审美主体在审美中产生的一种特殊的美感心理活动，是审美中身体无意识话语情感性表达过程，由于在身体无意识话语深层结构中获得原始女性神原型"道"的品性，因而其实质上是身体内在人性自由的审美欲望表达。

2. "韵"的身体话语特征

一般而言，审美和艺术中创设的意境，其身体审美欲望表达均呈"韵"的状态。在一定审美时空中，"韵"把现实身体欲望升华为身体审美欲望，通过审美中身体无意识话语实现了主体对现实关系的优美化把握，从而使身体达到完满的人性自由。由于审美中身体无意识话语由其深层结构——原始女性神原型"道"的品性——来决定，因而审美主体在"韵"的身体审美体验状态中必然超脱现实身体有意识话语的异化与控制，把现实身体有意识话语转化为女性身体审美话语，即"道"的品性。这样一来，"韵"的话语实质上是以女性身体审美话语为主导，其中，女性身体审美话语与男性身体审美话语构成了激烈的性别审美话语斗争。

女性身体审美话语来自原始女性神原型"道"的品性，在史前人类文化心理结构中早已奠定其根基，千百年来经过层层积淀，化为人类身体无意识话语的深层结构，像一股巨大的暗流潜藏于父权制社会中每个社会成员的身体欲望之中，促使身体欲望最终趋向人性自由以及对现实关系的优美化表达。因此，人类的自由解放或人类类本质力量的回归、占有或者对象化，实际上就是要求人类身体以女性身体审美话语（即"道"的品性）为主导，克服与消解男权统治下男性身体审美话语僵化无人性的一面，使人类身体实现"韵"的现实存在。

自从父权制取代母权制以来，男性身体审美话语一直处于人类身体审美话语的统治中心，统治阶级更是把男性身体话语导向人性霸权的极端，过分地强调男性身体崇高型理想追求，而极端歧视、压制或毁灭女性身体优美化人性自由品性（即"道"的品性）。并且形成这样强有力的意识形态话语：认为性别审美界分是天命所定，女性身体永远是男性身体的审美附庸。其话语的蒙蔽与欺骗作用把男权社会里所有成员均询唤为父权制统治者的奴隶，制造着人性自由普遍受压抑的文化世界。

事实上，如果我们拆掉男权社会性别审美的人为强制界分的框框架架，我们就会发现，被压迫者——女性——其身体审美话语（"道"的品性）才是真正符合人类身体内在人性自由的要求。千百年来，女性身体审美话语（"道"的品性）像一股巨大的暗流不断冲击着和推动着男性身体审美话语的进步发展。试想，人世间关于真、善、美的标准无不蕴含着"道"的品性，人世间所谓幸福生活的追求无不蕴含着"道"的品性追求。人们在日常生活中，常常以"道"的品性这一身体无意识话语刻意追求身体欲望的审美化满足，并且还要为身体自由解放即共产主义理想而努力奋斗，其目的就是要摆脱、克服男权社会性别审美僵化界分，最终要求实现身体欲望的女性优美化存在。这就是"韵"的身体性特征的历史与现实的审美人类学依据。

因此，"韵"是审美主体身体性优美化存在状态，在一定的审美时空中，要求审美主体以女性身体审美话语在无意识之中或曰"只可意会而不可言传"之中，达到充分的人性自由。可以这么说，无论是自然美、社会美，还是艺术美，只要能创设意境的地方，那里就有"韵"的主体身体性优美化存在。换句话说，审美和艺术中所产生的"韵"，其实是身体欲望的女性优美化存在状态。下面列举一些审美和艺术中产生的"韵"的现象来分析、说明这一点。

首先，自然美方面。圆月往往是自然中优美形象的代表。圆圆的月亮像银盘，柔和明澈。洁白柔静的月光轻洒在万物身上，白天喧嚣、尘土飞扬的世界这时都归于洁净安宁，更别说那山、那树、那湖，都在月光柔和抚摸之中沉入梦乡。这时，身在异乡的游子"举头望明月，低头思故乡"；卫戍边城的战士此时多想与家人亲友团聚；各行各业的人们无论生活情境如何，面对圆月，也不禁有所思。凡此种种，都说明了圆月给予人们的是：柔和静谧。这自然而然唤起赏月者那身体无意识话语中"道"的品性，不管怎样，均趋向于生活现实的优美化表达。如果审美主体这时化身为圆月，无疑在审美体验中使现实身体转化为圆月所象征的女性身体优美化存在，于是就有这样的感叹："人有悲欢离合，月有阴晴圆缺，此事古难全。但愿人长久，千里共婵娟。"

松树往往是自然美中崇高的形象代表。黄山著名一景即黄山松，身在崖壁，笑傲冷雨寒风，铮铮铁骨，刚健身躯，耐得千百年烈日炎炙。黄山松这一自然美形象，在游客心目中，均可表征为男性身体崇高型理想追求。然而，细察其"韵"的指向，仍能看出其身体内部实由女性身体审美话语（即"道"的品性）支撑着，其千百年斗争的英姿傲骨，无疑趋向于身体内在人性自由的实现。因此，黄山松以坚韧的"道"的品性召唤人们以男性身体崇高型理想追求为斗争武器，骨子里却蕴含着女性身体优美化追求。如果把视角拉远一些、放大一些，黄山松朝暮阴晴所凌空飘逸的形象，将会把人们的审美体验引向自然无为的

"道"的存在状态，那正是"有风传雅韵，无雪试幽姿"。

再如，社会美方面。以人体为例，人的身体是在文化层层积淀中历史地塑造的，是文化和意识形态的载体，因此，人的身体的美在审美主体的审美观照之中往往力求达到"韵"的存在状态。史前期原始雕刻大多是女性身体，例如，维伦堡的维纳斯雕像，往往强调突出其生殖部位的丰腴肥大。从文化人类学角度分析，这些史前维纳斯身体的美代表了当时最高的最神圣的美，说明能生产出人的人即女性，其身体特异似乎与自然一样神奇就在于：能繁殖出新的人类的生命，即按"道"的学说认为，均能从"无"中生"有"。把女性身体特异形象当作生殖神或创世神来崇拜，这就使其获得了"道"的品性而产生了原始女性神身体美的特殊的"韵"，表明族群力量能够与自然力量抗衡。

古希腊人最注重人体美，根据目前存留下来的一些人体雕塑和有关人体健美的材料，我们可以推知，古希腊人十分倾向于人的身体由于健美而力求达到神一样的"韵"的存在状态。他们特别讲究身体姿态美、身体匀称、五官端正、行为动作富有神韵，要求生命运动力度蕴含在自然匀称体态之中，而且能表征出内在优美化的人性自由及良好的文化修养。古希腊雕像《掷铁饼者》，这个男性身体在运动过程中表征着人类生命的强盛律动，处于千钧一发之际，健美之中体态自然成韵。看那《米洛斯的维纳斯》，女性身体高雅优美的动作，健美之中柔和静谧，天然成韵。这些塑像为我们提供古希腊人是如何注重人体美"韵"的存在状态的。

在现实生活中，人体，无论是女性身体还是男性身体，都必须体现一定的人性自由或"道"的品性，也即力求呈现一种"气韵生动"，方能是美的。女性身体美实际上如果没有文化和意识形态的束缚，即如果实现其自然人性自由状态，那么可以看到，女性优美化审美欲望通过其身体特异表达无遗，其身体美的实质正是"道"的品性的审美表征。正因为这样，即使在男权统治下，女性仅凭其"道"的身体美就可以始终保持真、善、美和坚韧的"道"的品性，并能通过征服男人来征服世界。无论何时何地，身体美的女性始终是一道亮丽的风景，无论她如何装扮——当然力求接近"道"的朴素淡雅——都能展示其无限"道"的生机，天然成韵。

我们还可以以社会冲突为例。历史上许多人民群众的起义以及近现代革命者斗争，总体特征均可以表现为人类身体内在人性自由的抗争。这种抗争往往以流血牺牲为代价，获取主体在美学价值和历史价值方面的崇高。由于这种崇高以身体内在人性自由的抗争为动力，因而是人类身体"道"的品性的崇高。因为流血牺牲，所以才能以身体崇高美的形象使"道"的品性或人性自由获得精神方面的永恒，这样便形成流芳百世的"韵"的故事。孙中山的革命斗争可谓艰苦，由于其以身体崇高美形象使"道"的品性或人性自由获得精神方面的永恒，因而孙中山及其革命事迹给我们产生一种深沉优美的"韵"的体验。

最后，艺术美方面。以音乐为例，《乐记》曰："凡音之起，由人心生也人心之动，物使之然也。感于物而动，故形于声。声相应，故生变，变成方，谓之音。比音而乐之，及于干戚羽旄，谓之乐。乐者，音之所由生也。其本在人心之感于物也。是故：其哀心感者，其声噍以杀；其乐心感者，其声啴以缓；其喜心感者，其声发以散；其怒心感者，其声粗以后；其敬心感者，其声直以廉；其爱心感者，其声和以柔。六者非性也，感于物而后动"（《乐本》篇）。很显然，音乐美的实质在于审美主体把"声"化为"音"，并加以"乐之"，即把现实身体听觉形象化为审美中身体听觉形象，并加以"乐之"——艺术处理——就能产生身体审美欲望的回旋式情感表达，在一定时间内，使主体与现实之间的身体性关系实现优美化的话语表达，即产生"气韵生动，"达到所谓"大音希声，大象无形"。音乐美中听觉形象往往以女性身体曲线美形式流动变幻，造成一种想象的"远出"，把主体从现实身体有意识话语异化和控制中导向审美中身体无意识话语的深层结构之中，从而实现身体内在"道"的品性或人性自由。

再如以雕塑为例。雕塑是三度空间的实体塑造，往往以人体为基本对象，让人们在直观之中可触、可感到人体美，使人的身体审美话语直接表达人的本质力量的对象化，从而达到深刻的审美交流和审美超越。雕塑被比作静止的舞蹈，可以从不同视角让观众具体感悟到身体内在的人性自由。前面我们已经讨论过古希腊的一些雕塑形象。在这里，特别对《米洛斯的维纳斯》塑像进一步分析其"韵"的内涵。断臂的维纳斯塑像能给人以无穷的想象，无论怎样，人们却无法再为之补全双臂。那是因为，身体是社会性的，是一定文化和意识形态话语的载体，其身体有意识话语决定于一定生产关系及其构成的经济基础，归根结底是由一定的社会生产力状况决定的。断臂的维纳斯塑像表达着一种特殊的古希腊人审美中的身体无意识话语，因此我们必须借助当时古希腊时代的身体的有意识话语的表达方能捕捉到它。然而，我们现代人距离古希腊人无限遥远，不可能再回到当时的身体有意识话语之中。但有一点却是肯定的，即审美中身体无意识话语的深层结构由于均系人类原始女性神原型"道"的品性积淀而成。因此，我们现代人可以通过"道"的品性来具体把握断臂的维纳斯身体"韵"的话语内涵，那就是，以女性身体审美话语（"道"的品性）为主导，体悟到人类身体审美欲望中的人性自由表达。这时候，审美主体如果是位女性，她就能把自己的身体内在人性自由认同于维纳斯塑像，并在无意识话语之中获取女性身体审美欲望的完满表达。而审美主体如果是位男性，他就必须更注意摆脱现实身体有意识话语的异化和控制，把它上升为审美中身体的无意识话语，在一定审美想象时空中，把男性身体转化为女性身体优美化存在状态，这样才能深刻体悟到人类身体内在的人性自由。从生理解剖学上来说，人的身体本来就潜存着两性欲望表达的特征，这构成了身体无意识话语深层结构的生理学基础。因此，原始女性神有时可以具备男性身体的特征，或者以两性人特征出现，从文化人类学来看，这是符合阴阳交合、创造人类的历史文化规律的。由此看来,无论审美主体是女性或男性,均须由身体无意识的深层结构切入断臂的维纳斯塑像的审美观照,从而才能体验到断臂的维纳斯塑像那女性身体审美话语的"韵"的表达。

总而言之,审美主体要在"韵"中达到对"气"和"道"的把握,就必须以女性身体审美话语为主导,克服男性身体审美话语中体现男权中心的僵化无人性的一面,力求身体欲望由自然状态或现实异化状态上升为审美状态,使身体审美欲望在一定时空内超越现实身体有意识话语性别的、获得完满人性自由的情感性话语表达。这样看来,"韵"中身体审美话语充满性别审美话语的斗争,即女性身体审美话语对男性身体审美话语的斗争,其中分两个方面:①对立斗争的一面,是女性身体审美话语"道"的品性对男性身体审美话语中由于男权中心主义作用而导致的僵化无人性的方面做斗争。②同化统一的一面是:由于人类身体生理上具备两性特征,也由于原始女性神原型"道"的品性的无意识推动作用,促使女性身体审美话语吸收认同于男性身体审美话语中崇高美的"韵"的品性。从而更符合"道"的创生规律,即"气"的创化规律,也就是"阴阳交合,创生万有",使审美主体人格完美起来,成为人生审美最高境界的"神人""圣人"。在马克思看来,无论女性或男性,人的本质力量的全部占有就意味着人的身体欲望获得全部审美的满足。这时候,身体内部生物欲望和文化欲望的矛盾将转化为身体审美欲望表达之中的和谐状态,而使身体获得人自由解放。而现实生活中,男权统治意识形态硬是把人分为女性和男性,完美的自由往往受到压抑,作为女性,不能具备男性身体审美话语中崇高美的品性;作为男性,也不能具备女性身体审美话语中优美的"道"的品性。"人"实际上处于分裂状态,人的"身体"也一样处于分裂状态,并且在遭受文化和意识形态话语的重压之下,身体审美话语产生严重损伤,从而畸形化或异化,不可能达到"韵"的存在状态。这一点同样可以从断臂的维纳斯塑像感悟得到。

3. "韵"的身体性审美变形

马克思在论述古希腊神话时写道:"困难不在于理解希腊艺术和史诗同一定的社会发展形式结合在一起。困难是,它们何以仍然能够给我们艺术享受,而且就某些方面说还是一种规范和高不可及的范本。"马克思认为:"希腊人是正常儿童,他们的艺术对我们所产生的魅力,同这种艺术在其中生长的那个不发达的社会阶段并不矛盾。这种艺术倒是这个社会阶段的结果,并且是同这种艺术在其中产生而且只能在其中产生的那些未成熟的社会条件永远不能复返这一点分不开的。"[①] 有趣的是,瓦尔特·本杰明也对古希腊艺术作了分析,他认为:"一尊维纳斯的古雕像,希腊人把它看作为一个崇拜的对象创造出来了,而中世纪的牧师却把它看作是一尊不吉祥的邪神像。希腊人和中世纪的牧师们是从不同的传统的

---

① 《马克思恩格斯选集》第 2 卷,北京:人民出版社,1972 年,第 113—114 页。

角度看待它的。但是，这两种人都同样地碰到了它的独一无二性，即它的韵味。"本杰明认为，古希腊艺术之所以有永恒魅力，是因为当时的人把艺术的审美观照建立在膜拜价值基础之上，这样便产生了"韵"，即"在一定距离之外但感觉上如此贴近之物的独一无二的显现。"这样只能给予少数人提供欣赏而非大众化，远离了人民大众。①

不管怎样，马克思和本杰明都注意到古希腊艺术永恒魅力即"韵"的存在问题，归纳起来，可以这样说，建立于古希腊人一定的经济基础之上的身体有意识话语，经过审美变形，转化为审美化的身体有意识话语，曲折表达出一定历史阶段的人类身体无意识话语，但在古希腊"正常的儿童"阶段，审美的身体有意识话语都是与人类身体无意识话语尤指内在人性自由表达如此这样的一致，以致中世纪的牧师们把维纳斯塑像看作一尊不吉祥的邪神像。正由于这一点，在现代人眼里，维纳斯塑像成为"一种规范和高不可及的艺术范本"。

然而，按照本杰明的观点，在机械复制时代，随着电影技术等现代艺术技术的出现，无限复制作品使艺术失去原创性，从而艺术品的"韵味"消失了，"一种规范和高不可及的艺术范本"将不复存在。据此，本杰明提出自己独特的艺术生产理论，认为艺术技巧或工具是艺术生产力，艺术技巧或工具不断进步，艺术将发生不断的革命，直到艺术走向大众化、世俗化为止。他的这一观点由于缺乏丰厚的历史和文化根基，尤其不深研意识形态话语的作用，因而显得激进而走向极端。艺术革命最主要是在一般社会意识形态话语基础之上，使审美主体身体审美体验越深越广，关键是如何超脱身体有意识话语的异化和控制，使身体审美欲望达到现代"韵"的表达。

在后现代语境下，由于高新科技的应用，审美和艺术趋向于全球化，任何一个国家，任何一个民族，都会在古今中外的审美幻象叠合作用下，其美和艺术会均丧失了以往魔力一般的"韵"。当代中国文学生产方式就是要通过一定的文学表现能力的培养和发展，来把握一定的审美关系抑或审美意识形态，从而在文学语象构成中按照审美幻象机制来完成文学的生产，满足文学的消费需要。按照马克思、恩格斯在《德意志意识形态》中的观点，生产方式决定交往方式，因而文学生产方式决定了文学的审美幻象交往方式或审美幻象机制，决定了这种交往方式所导致的一定风格。考虑到当代中国在全球化、现代化和民族化辩证统一中进行社会主义建设的幻象叠合、多元共生的实际形势，文学必须弘扬主旋律，提倡多样化。因而文学生产方式也必是社会主义文学生产主元结构下多元话语的共生，这就会产生特殊的风格，我们把文学多元幻象叠合而产生的这种风格称之为"余韵"。"余韵"是当代中国文学生产方式运作中产生的独特的"韵"，因此与

---

① [德] 瓦·本杰明：《机械复制时代的艺术作品》，《西方马克思主义美学文选》，桂林：漓江出版社，1988年。

古代中国文学的"韵"在人文精神上一脉相通。"韵"原指听觉方面的身体幻象效果,声像被移用在诗句的情感性排列与吟咏之中,产生一种节奏感,不断地抑扬反复,就能使语象转化为虚灵的声像以引发人的想象性存在,其"余音绕梁"的效果令人沉迷。为什么余音会使人更感到美的享受呢?因为余音是不断反复而渐渐消失的声像,把人的身体幻象由破碎与烦扰中慢慢调整成完整的自由人性存在,并使烦躁不安的心慢慢平静下来,陷入无穷的身体愉悦和哲思之中。宋代范温在《潜溪诗眼》中写道:韵,"必也备众善而自韬晦,行于简易闲淡之中,而有深远无穷之味。""有余意谓韵。"犹如闻听撞钟,大声已去,语音复来,悠扬宛转,声外之音,乃为有余意之韵。谓之有"余意",即指具有引人进入深远无穷之审美境界,把人从有限的身体幻象束缚之中洒脱地拔出,腾空凌远而悠游自在,便趋向于无限自由之"道"。因此,"韵"之形成决定于"道","道"而有"气"。故没有"气",韵不能自生。谢赫主张"气韵生动",就是主张"气"为先,"气"主导"韵"的生成,而气、韵才生动。"韵"不能在白纸上自动产生,而是凭借文学艺术家的彩笔描绘,在充分彻悟"道"和把握"气"的情境下,以审美幻象的方式表达出来。也就是说,文学艺术家必须对"道""气"或"理""事""情"进行"象"的审美变形,以审美幻象的方式来传达其"韵"味。没有传达出来的,就是不成功的艺术品。苏轼、黄庭坚十分推崇"韵"。苏轼主张:"……萧散简远,妙在笔墨之外,……发纤秾于简古,寄至味于淡泊"(《苏东坡集》后集卷九)。黄庭坚主张:"……语少而意密,……论人物要是韵胜,为尤难得。"(《豫章黄先生文集》卷二十八《题绛本法帖》)寻求艺术中身体幻象的简古淡泊,语少意密,自然就有"韵"。

随着审美崇拜的现代解体,仪式化的文学的"韵"被打开了一个缺口,这就是人的身体幻象在"道"的征途中被现代文明击破而断裂的地方。缺口处涌现或暴露出人原有如此众多的奇形怪状的欲望、姿态和幻觉,在仍然保有"道"的韵味的中国人身上,迅速被纳入其身体幻象现代重构之中,即把古代的、现代的幻象叠合在一起,让"道"的韵味与现代文明携手共进,有时可以"道"的韵味来拯救人文失落和人的绝望,有时用现代文明来改造"道"的韵味。在这种情况下,"韵"给人留下一个无限惋惜和痛苦的思索,变成了"余韵"。从"余韵"追索其"象"之构成,就会明白"余韵"的产生,与当代中国人身体幻象的叠合交错和危机四伏、找不到坐标而漂泊有关,即与当代中国人身体幻象的断裂和延异相关。由这种"象"的特征又追索到当代中国人的"理、事、情",即现实生活关系,或者说身体性实践关系,就会发现之所以有这种"象"之"余韵"风格。正因为当代中国人在市场经济关系中烦躁不安,"多元决定"而丧失自我真实的需要才产生的。人总是要生存,总是要用自己的生存境况的再度体验来增强自己生存的信念和情欲,这犹如原始人在打猎之前举行巫术活动一样,模仿野兽的形象,演练打猎的具体环节、过程。人就要面对自己的"断裂"、荒败的身体幻象生存，然后演练一番，即用审美话语变形来更好地认识和把握它，从而增强生存的信念和情欲。因此，"余韵"比"韵"更加衬托出人性的悲剧性崇高美，衬托出人特有的类本质力量的对象化，在冷漠无情的生存状态中，人必须要有一点点希望的辉光来指引，否则人就会走向寂灭。当代中国人从"韵"走向"余韵"，这是痛苦的悲剧性过程，是历史的必然进程，是不能不正视的一种人文现象！

由"韵"的身体幻象在当代断裂和延异的状态中走向"余韵"的虚空绝望的深渊，一方面存在语象内部强大的意识形态的压迫力，一方面又蕴含着个体走向未来的彻底抗衡的力量。这两种力量在荒败的社会景观描绘之中赤膊相斗，要么个体"我"的力量微弱到完全听凭强大意识形态的压迫力，要么个体"我"的力量避开强大的意识形态的压迫力的锋芒。个体"我"的游刃有余必须依靠想象和情感的推动，想象和情感具有很大的张力，能够在身体幻象的审美话语变形之中产生强大无比的意识形态反抗力量，穿透意识形态的屏障，达到人性自由的审美境界。个体"我"由于具有这种力量而能够保持一份温情和希望，具有优美化的崇高的特征。因此，"余韵"实质上是一种优美化的崇高。这显然打破浪漫主义美学把优美和崇高绝对对立起来的观点，把人世间的一切苦难经过艰苦的斗争和痛苦的反思之后用优美的"韵"来表达，这种崇高感是深刻的、有力的，其刚柔相济特性更符合于人类学的内在要求。

池莉的《看麦娘》是具有"余韵"张力结构的，这集中体现在小说中的上官瑞芳所说的——"在想在的地方！"这句简短的话语，折射出这样的女性现实：她们平日里在她们不想在的地方，这些地方又迫使她们不能不存在着。这就是说，她们的现实存在并不属于她们，而是属于别人，属于他者的话语，也即属于父权制话语，属于现代市场的商品的话语。有的女性可能不得不把真实的情感交流掩盖起来，而学会运用父权制有意识的现实话语和商品话语来实现自己的情感交流，这以小说中的女经理乔万红为代表。相反地，有的女性无法掩盖自己真实的情感交流的需要，在找不到自己情感话语表达的途径和方式的时候，就有可能变得沉默和疯狂，小说主人公易明莉和上官瑞芳就是这样。易明莉在男人的话语中变得沉默不语，但也并不证明她没有话说；上官瑞芳却被男人的话语气疯了，她表情空远，声调平缓，显得莽撞又盲目。在乔万红到易明莉再到上官瑞芳，女性身体幻象在文学审美话语变形描写之中一步步走向"韵"的断裂和破碎。然而这并不证明女性没有了自己的身体，也不能说明女性没有了自己的审美话语表达，即并不证明"韵"彻底寂灭了。显然，"韵"是在女性荒败、断裂而痛苦的人生悲剧中走向"余韵"的张力结构的：一方面是强大的父权制意识形态压迫力，一方面是女性个体生命抗衡压迫的力量。这两种力量辩证统一在女性身体幻象的审美表达中，因而具有了发人深思、回味的魅力。

我们可以把这种"余韵"张力结构称为"断臂的维纳斯"。人的身体幻象即来自生活的基源性幻象,先在完美无缺中被想象激发而完成,然后经历无数次的失落、创伤、断裂而发生残缺不全和伤痕累累的构形和幻象,那种十足的"韵"被削减击破,变成三分"韵"七分"痛",这样显示出极大的想象空间和反思空间,显示出神秘而奇特的审美力量。当代中国文学生产方式应该注意考虑这种"余韵"张力结构的存在,考虑读者的"期待视野"和文本"召唤结构"是否具有这种结构特性,如果没有,这证明文学生产和消费还不能对接起来。单从池莉的《看麦娘》来看,这种结构特性是存在的。

因此,"韵"的身体性审美变形应该成为当代中国审美和艺术的关键。在当代中国,"韵"的身体性审美变形可以用"余韵"来表达,它呈现为中国人身体审美体验的历史过程:由以往"道"的庄严静穆的观照转变为当下现实关系的优美化的崇高体验。"余韵的基本文化品格就在于,它以断裂、荒败的艺术形象,表征出历史的内在连续性和文化整体性的强有力的声音。在情感表达方面,余韵以冷淡、虚静、拒绝性和绝望的形式,传达出对某种虽然微弱得不易分辨,但却充满魅力的东西的热烈追求。"从文化人类学角度分析,中国人的身体审美欲望表达依循层层文化积淀而成的身体无意识话语中的深层结构——原始女性神原型"道"的品性,即使在后现代语境下,这一"道"的品性依然在中国人身体审美话语中发挥着能动地塑造中国人身体审美形象的作用,具有极强的聚力和张力。因而在审美幻象复杂叠合的文化转型期,审美和艺术"余韵"的风格依然以"韵"的身体性存在为依托,这也是整体中华民族坚韧的"道"的品性所致。在"余韵"的美感心理活动中,身体的碎片往往因此而获得优美化重组,残酷的现实关系获得新的思考与新的改造。在审美变形作用下,"余韵"依然指向"韵"的身体性审美体验的终极价值目标:实现身体内在的人性自由,创造属人的幸福生活。

由此看来,"余韵"在美学和历史的当代高度力求女性身体审美话语("道"的优美化品性)和男性身体审美话语(崇高型理想追求)重新赋予人性自由的整合,从而穿越茫茫黑夜寻找到东方的曙光。然而,这并不等于说,身体内在的性别审美话语因此就停止斗争了。相反地,这一斗争将更激烈、更深广,在一定程度上将极大地促进中国社会主义文学艺术的发展,促进中国马克思主义美学的发展。

结　论

从地球上真正意义上的人诞生时刻起,属人的性征及其身体开始逐渐被确认为主体个人的具体存在最为根本的肉体基础,后来产生了区别不同性征身体的概念,即生理性别的产生,性别一旦确立,就会定型下来,并具有了意识形态性。事实上我们就从出生时起,被确定于某一性别,并按其规定的性别模式发展,直到死亡。如果我们其中有人颠倒性别观念和性别模式,他(她)势必与我们的社会不相容，显然我们的社会就是按性别编码的。所以，毫无疑问地，一切社会关系都被性别编码了，这一切也渗透到人们的思想情感和个性发展之中，渗透到人们的审美和艺术之中。这是当代美学和文艺学中性别审美话语理论研究的普遍的社会生活出发点。

在阶级社会，统治阶级必定借助性别观念和性别模式来强化其政治、经济和文化等方面的统治。而对于整个父权制社会（即私有制社会或阶级社会）来说，不但女性遭受其性别观念和性别模式的僵化一面的束缚，男性也不例外。这样，生产关系（经济基础）不能不包含性别关系（两性关系），甚至受到僵化的性别观念和性别模式的左右，由此促进或阻碍生产力的发展。要消除性别观念和性别模式的僵化束缚，就必须消灭父权制，由于父权制建立在私有制基础上，所以就必须消灭私有制。因此，性别问题内含着"阶级斗争"，即我们所说的"变性革命"是指要革新僵化的社会性别观念和模式，推翻父权制，进入"双性辩证统一"的类本质力量的感性现实的占有的共产主义社会。而这一切又必须建立在生产力解放和高度发展基础之上，这只有无产阶级革命才能办到。就我国情况来看，"变性革命"以及妇女解放和男性的解放，必须通过中国特色社会主义建设过程，才能真正实现。在没有消灭父权制之前，即在共产主义之前，人们在性别这一意识形态束缚与遮蔽之下，不可能真实地实现类的"双性辩证统一"的人性自由，而两性之间仍是对立分裂的，二者之间的互相转化与互相统一只能暗中审美想象地进行。正因如此，我们才说，"双性辩证统一"的类本质力量的对象化是人类身体和性及其实践活动的"内在尺度"，而据此来衡量人的身体性存在的主体意识形态话语，我们称之为"身体无意识话语"；而性别及由性别编码起来的社会及其意识形态话语，我们称之为人的身体"外在尺度"；而据此来衡量人的身体性存在的一般社会意识形态话语（包括统治阶级意识形态话语和日常生活意识形态话语），我们称之为"身体有意识话语"。前者是表现为内在的精神活动，而后者表现为外在的物质活动，这种外在的物质活动与内在的精神活动往往断裂即不相融合、不相一致，人的各种激情、欲望和幻想正是从其断裂处大量涌现的。

人们的身体和欲望只能借助于性别这一意识形态话语来表达，而一这样做时，人们的身体和欲望就会不属于自己的了，而属于别人，欲望被"他者化"或异化，欲望反过来压抑人们的情感，激情和幻想于是产生了。人们怎样摆脱这种异化现实呢？实际上人们无法摆脱这种异化现实的，因为欲望是客观存在的事实。这时候，人们就通过审美和艺术来转化身体和欲望为身体审美欲望来表达，这样就出现了身体审美话语和性别审美话语。性别审美话语仍然是一种意识形态话语，不过是审美化、情感化了的，人们就是在身体审美话语和性别审美话语中被塑造着并发展之，即人们的身体和欲望必须通过身体审美话语和性别审美话语来达成身体审美欲望表达。很多人都误以为这只局限于性欲问题，事实上性与性别不同，身体也不单单是指性或者性别的。但欲望一定、必须通过性别审美话语来表达，其他身体欲望亦如此，这当然就会引起身体审美塑造问题。本书所讲的"身体欲望"，包括一个人身体的自然欲望和社会欲望，而后者是人的根本属性。例如，一个男孩要成为一位大有作为的男子汉，这是他的社会欲望；实现这个欲望，他必须按男性审美话语"刚性"形象去要求自己，表达自己，即他必须有男子汉崇高伟大的理想抱负而为之奋斗，须有坚定不屈、百折不挠的意志力，英勇刚强。而他这样做的时候，势必交织着性别审美话语的矛盾冲突，因为女性审美话语"道"的品性是主导、是根基，而两性的对立意识又加强两性审美话语的对抗。事实上，男性审美话语"刚性"不可能脱离女性审美话语"道"的品性而存在的，否则，就会走向极端。而如果他这样极端地发展自己，那这并非他本人内心所愿意，而是在异化现实中，他必须这样做，非得按照父权制社会规定的性别审美话语塑造模式来塑造自己。因而，我们说他是按僵化的性别审美话语模式来塑造自己，所要塑造的"男子汉"崇高形象于是并不属于他自己，而是属于别人或父权制社会的并反过来压抑他自己。这样，欲望在形象上最终无法获得对象化，因为对象化变成异化了。

我们所关注的正是这样的身体审美异化和性别审美异化问题，这个问题是身体异化的一个重要组成部分。正是因为人的身体异化，才引起了性别审美话语矛盾冲突的复杂问题，引起了当代性别审美话语批评的出现。也正因为这样，我们才在这里提出社会主义、共产主义社会"变性革命"的问题，目的是归还人本来的"双性辩证统一"的类本质力量的对象化。而这个问题的解决，归根到底依赖于生产力的发展。比如说，妇女要消除女性审美异化，不是依靠自己主观愿望、意志或某种假定的权力话语的征服、战胜或占领、设定，而是必须到物质生产生活中去寻找其革命的物质基础，这主要就是生产力本身。本书把生产力在这意义上区分为女性生产力和男性生产力，只有在生产力高速发展的基础上，两性生产力总量才有可能相互平衡，性别差异才会在此基础上逐渐地被消除，性别审美异化也就会逐渐地被积极地扬弃。这和私有财产的自我异化的扬弃是一致的。联系当前我国新时代新发展的理念要求，要实现人民美好生活的需要，我们必须关注人民主体个人对自身的审美关系方面存在着性别审美差异和异化现象，在审美意识形态领域要加强对这方面的正确引导，谋求中国特色社会主义崭新的"双性辩证统一"的类本质力量的对象化，切实从性别审美发展方面为民谋幸福，促进中华民族伟大复兴的顺利实现！关于这个问题的探讨，有待下一步研究。

参考文献

[1] 马克思：《1844年经济学哲学手稿》，《马克思恩格斯全集》第42卷，北京：人民出版社，1979年。

[2] 马克思：《关于费尔巴哈的提纲》，《马克思恩格斯选集》第1卷，人民出版社，1972年。

[3] 马克思：《致约·魏德迈》，《马克思恩格斯选集》第4卷，人民出版社，1972年。

[4] 马克思：《〈政治经济学批判〉导言》，《马克思恩格斯选集》第2卷。

[5] 马克思：《〈政治经济学批判〉序言》，《马克思恩格斯选集》第2卷，人民出版社，1972年。

[6] 马克思：《致斐·拉萨尔》，《马克思恩格斯选集》第4卷，人民出版社，1972年。

[7] 恩格斯：《家庭、私有制和国家的起源》，《马克思恩格斯选集》第4卷，人民出版社，1972年。

[8] 恩格斯：《致斐·拉萨尔》，《马克思恩格斯选集》第4卷，人民出版社，1972年。

[9] 马克思、恩格斯：《神圣家族》，北京：人民出版社，1958年。

[10] 马克思、恩格斯：《德意志意识形态》，《马克思恩格斯选集》第1卷，人民出版社，1972年。

[11] 马克思、恩格斯：《共产党宣言》，《马克思恩格斯选集》第1卷，人民出版社，1972年。

[12] [美] 摩尔根：《古代社会》，北京：商务印书馆，1986年。

[13] 《柏拉图文艺对话集》，北京：人民文学出版社，1959年。

[14] 《弗洛伊德文集》（五卷本），长春：长春出版社，1998年。

[15] [德] 瓦尔特·本杰明：《机械复制时代的艺术作品》，《西方马

克思主义美学文选》，桂林：漓江出版社，1988 年。

[16]［瑞士］C·G·荣格：《人及其表象》，北京：中国国际广播出版社，1989 年。

[17]［英］特里·伊格尔顿：《美学意识形态》，桂林：广西师范大学出版社，1997 年。

[18]［英］Darian Leader and Judy Groves：〈Lacan（拉康）〉。张君厚〈译〉，北京：外语教学与研究出版社，2000 年。

[19]［法］拉康：《拉康选集》，上海：三联书店，2001 年。

[20]［美］理安·艾斯勒：《圣杯与剑——我们的历史，我们的未来》，北京：社会科学文献出版社，1993 年。

[21]［德］E·M·温德尔：《女性主义神学景观》。北京：三联书店，1995 年。

[22]［法］西蒙娜·德·波伏娃：《第二性》，北京：中国书籍出版社，1998 年。

[23]［美］凯特·米利特：《性的政治》，北京：社会科学文献出版社，1999 年。

[24]［德］格尔特鲁特·雷娜特：《穿男人服装的女人》，桂林：漓江出版社，2000 年。

[25] 王杰：《审美幻象研究——现代美学导论》，桂林：广西师范大学出版社，1995 年。

[26] 王杰主编：《现代美学原理》，桂林：广西师范大学出版社，1999 年。

[27] 王杰：《马克思主义与现代美学问题》，北京：人民文学出版社，2000 年。

[28] 王杰：《审美幻象与审美人类学》，桂林：广西师范大学出版社，2002 年。

[29] 杜书瀛主编：《文艺美学原理》，北京：社会科学文献出版社，1998 年。

[30] 史泓，杨生平：《性审美学》，北京：首都师范大学出版社，1998 年。

[31] 叶朗：《中国美学史大纲》，上海：上海人民出版社，1985 年。

[32] 牛宏宝：《二十世纪西方美学主潮》，荆门：湖北人民出版社，1996年。

[33] 朱立元主编：《现代西方美学史》，上海：上海文艺出版社，1996年。

[34] 朱立元主编：《当代西方文艺理论》，上海：华东师范大学出版社，1997年。

[35] 李鹏程：《当代文化哲学沉思》，北京：人民出版社，1994年。

[36] 汤龙发：《审美人类学》，桂林：广西师范大学出版社，1996年。

[37] 王岳川：《后现代主义文化研究》，北京：北京大学出版社，1997年。

[38] 陆扬：《后现代性的文本阐释：福柯与德里达》，上海：三联书店，2000年。

[39] 萧兵，叶舒宪：《老子的文化解读——性与神话学之研究》，武汉：湖北人民出版社，1994年。

[40] 叶舒宪：《阉割与狂狷》，上海：上海文艺出版社，1999年。

[41] 老子：《道德经》。

[42] 禹燕：《女性人类学——雅典娜1号》，北京：东方出版社，1988年。

[43] 陈醉：《裸体艺术论》，北京：中国文联出版公司，1987年。

[44] 王绯：《女性与阅读期待》，西安：陕西人民教育出版社，1998年。

[45] 廖雯：《女性艺术——女性主义作为方式》，长春：吉林美术出版社，1999年。

[46] 余凤高：《解剖刀下的风景——人体探索的背景文化》，济南：山东画报出版社，2000年。

[47] 李银河：《福柯与性——解读福柯〈性史〉》，济南：山东人民出版社，2001年。

[48] 教育部社政司科研处组编：《普通高等学校人文社会科学重点研究基础"十五"科研规划汇编》，上海：华东师范大学出版社，2001年。

[49] [美] 芭芭拉·波洛克：《女性主义新观察》，《世界美术》2002年第1期。

[50] 王干:《阿哲的歌声与东方不败的绣花针》,《大家》2002年第1期。

[51] 李衍柱:《文学理论:面对信息时代的幽灵——兼与J·希利斯·米勒先生商榷》,《文学评论》2002年第1期。

[52] 李怀亮:《人的全面发展与文艺学建设理论研讨会综述》,《文学评论》2002年第2期。

[53] 陈晓明:《挪用、反抗与重构——当代文学与消费社会的审美关联》,《文艺研究》2002年第3期。